简单承载丰富

生本理念下的语文教学实践与探索

陈天兰　编著

·广州·

图书在版编目(CIP)数据

简单承载丰富：生本理念下的语文教学实践与探索/陈天兰编著. —广州：华南理工大学出版社，2024.12

ISBN 978-7-5623-7327-8

Ⅰ.①简… Ⅱ.①陈… Ⅲ.①阅读课-教学研究-小学 Ⅳ.①G623.232

中国国家版本馆CIP数据核字（2023）第018802号

Jiandan Chengzai Fengfu: Shengben Linian Xia De Yuwen Jiaoxue Shijian Yu Tansuo
简单承载丰富：生本理念下的语文教学实践与探索

陈天兰　编著

出 版 人：房俊东
出版发行：华南理工大学出版社
　　　　　（广州五山华南理工大学17号楼，邮编510640）
　　　　　http://hg.cb.scut.edu.cn　E-mail: scutc13@scut.edu.cn
　　　　　营销部电话：020-87113487　87111048（传真）
责任编辑：刘志秋　肖　颖
责任校对：梁樱雯
印 刷 者：广州小明数码印刷有限公司
开　　本：787mm×960mm　1/16　印张：15.25　字数：266千
版　　次：2024年12月第1版　印次：2024年12月第1次印刷
定　　价：58.00元

版权所有　盗版必究　　印装差错　负责调换

自　序

乐做阅读"引燃者"

作为生本教育的践行者,我热爱教育这项高尚的事业,热爱学生,热爱读书,同时也积极带动各地家长、学生读书并养成阅读的好习惯。我勤奋而又开创性地开展工作,其中以推进阅读为核心的生本教育教学实践探索在全国多个省市的教育同行中拥有较大的影响力。

我有着强烈的课程改革热情,在推进课程改革的征途上,从未停歇积极推广阅读的脚步。在推进语文阅读的实践中,我总结推广阅读的开展策略是:要以课堂教学为中心,同时还要多管齐下,一手抓线下学校社区读书会,一手抓线上互联网阅读讨论。实践证明,这样的阅读推广方式是非常有效的。在骏景小学全体语文教师的共同努力下,我校学生年阅读量均远超课标要求。我坚定地认为,阅读的星星之火,势必汇成燎原之势!

在推进阅读方面,我主要做好以下四方面的"引燃"角色,充当阅读"引燃者"。

一、以推进阅读为核心的语文课堂教学改革"引燃者"

在二十多年的教学探索中,我带过多届毕业生,在所带的每届学生中都撒播下阅读的星星之火。特别是2005年1月调入天河区骏景小学以来,作为生本教育理念的实践教师,我深入研究生本教育,将其以推进阅读为语文教学核心的理念转化成课堂教学的实践。我的语文课堂,将传统的语文分析变成以推进阅读为核心的语文实践活动,以课文为引子,一篇带多篇，一本带多本，带动学生阅读。我的语文课堂，不管是课前、课中还是课后，都在推进阅读。课前，我精心设置以推进阅读为核心的先学研究，做好引领阅读的课程设计，创设"课前三分钟"交流平台，让学生交流阅读见闻。课中，我搭建阅读交流平台，展示学生阅读成果，将教学目标指向推进阅读和引领思考。课堂以外，我将名著阅读做成一个个系列活动。为推进《三国演义》的阅读，举行"三国PK"活动；为推进《水浒传》的阅读，举办"少不读水浒"辩论赛；为推进《红楼梦》的阅读，举行"红楼人物我来评"活动；为推进《三十六计》的阅读，举行"三十六计我来演"活动；为推进人物传记的阅读，举行"名人伴我同成长"活动；等等。就是这样，一本本的名著、一篇篇的经典注入了学生的心田，阅读和交流已然成为学生的一种习惯、一种文化、一种滋养心灵的幸福良方。

对于我的以推进阅读为核心的语文课堂教学改革，《中国教师报》《羊城晚报》等报刊都进行了报道，我也因此成长为广东省基础教育研训专家、广东省骨干教师培养对象、广州市教育专家培养对象、广州市"名教师工作室"主持人、广州市骨干教师、广州市阅读种子老师、广州市阅读点灯人、广东省书香校园阅读推广人、天河区语文核心组成员。我推进阅读的策略和成果在我的专著《简单带来极致》（2016年由华南理工大学出版社出版）及我主编的《我们这样做生本·语文篇》（2017年由华南理工大学出版社出版）中都有详细阐述。

二、学校、社区读书会的"引燃者"

当今时代被称为信息化的时代，各种信息唾手可得，使得不少人满足于轻松的碎片化阅读。这是浅阅读。而读书，读原汁原味的经典，则与浅阅读不同。为了避免学生成为信息时代的"信息弱者"，我倡导返璞归真、回归古老的"笨办法"——读书会，通过推进阅读，让学生掌握获取真知的"深潜力"。

在我的鼓励和推动下，读书会在我所教的班级热火朝天地开展起来。只要有时间，我都会参加学生的读书会。班级小组的读书会也吸引了很多家长积极参与，取得了良好的阅读效果。读书会现已扩展到社区，形成

"家庭+班级+社区"三位一体的模式，参与的人更多了，阅读范围更广了，讨论的问题更深入了，在社区形成了良好的口碑。在"大语文"逐渐成为趋势的背景下，读书会让教学和阅读实现了"双赢"。

在我看来，物质富足了，人们追求精神富有就更有意义。共建学校、社区读书会不仅带动了学生读书，也带动了家长读书，对构建书香家园、书香社区都十分有意义。而且，读书会还是一个利于所有人成长和施展个性的平台，大家在这个平台上可以各取所需。这种由学校、家庭、社区共建的阅读新模式的思想之根是教育形式的创新，它可以复制，有利于阅读者所在的社区，是探索推进全民阅读道路上撒播下的很好的种子。

三、"互联网+阅读"讨论——传统与科技新结合阅读方式的"引燃者"

我在推广读书会的同时，也注重对当下智能科技的运用，让互联网智能成为阅读讨论的工具，用适合新生代学生的工具与手段，让更多的学生参与"互联网+阅读"讨论。

我曾带领六年级的学生每周五开展"《史记》'互联网+阅读'讨论"，将相对他们的年龄而言艰深难懂的文言文版《史记》较轻松地"啃"下来了，他们中的一些人还成了小诗人。通过阅读《史记》，学生不仅增加了文史知识，加深了对文言文的认识，而且从那些王侯将相身上获得的思想与智慧的启发，对培养他们将来审时度势的能力大有裨益。学生在阅读中的收获都将提升他们的素养，为他们未来长远的人生奠定更坚实的基础。由于有了"《史记》'互联网+阅读'讨论"的成功尝试，骏景小学有更多学生加入了这项读书活动，不同年级、不同性格的学生在"互联网+阅读"这个平台各取所需，并因此受益匪浅。学生因为有了老师的引领，有了交流的平台，读书积极性得以极大提高，读书习惯得到良好养成。低年级是培养阅读习惯的初始阶段，因为"互联网+阅读"平台的开放性和相对自由性，性格较内向的学生特别喜欢在这个平台上自由地讲故事；高年级的学生喜欢思辨，喜欢表达，这个平台满足了他们思辨性阅读与表达的需求。很多学生通过"互联网+阅读"平台，积累了语言，丰富了思想，表达能力得到了提高，写作能力得到了发展，而这些都是语文学习最为重要的内容。

"互联网＋阅读"平台还补充和丰富了课程资源。不管是哪个年级的学生，"互联网＋阅读"平台都为其读通、读透经典文学作品提供了极大的帮助，提高了学生的阅读素养。

四、全国讲学——传递新理念和方法的"引燃者"

作为全国生本研究中心的优秀指导老师，我先后应邀到全国28个省市做学术报告、上公开课近100场。其中，阅读推进课《走进鲁迅》《詹天佑》《红岩》分获部、省、市"优课"；公开课《窃读记》《晏子使楚》《论语八则》《最后一头战象》在各地交流时引起广泛反响，获得了普遍赞誉。

《中国教师报》在2014年12月刊登了《陈天兰：期待每一个奇迹》的专题报道；《人民教育》《广东教育》《基础教育论坛》等杂志也刊登了我成功推进阅读的相关文章。

这些与全国各地同行在交流、学习时所产生的良好教学影响，让我更坚定了推广阅读的决心，也看到了推广阅读的更大的希望。

如何让更多的学生在爱上阅读之后善于阅读？如何在儿童的记忆黄金期加大中国传统文化的渗透，增加学生对中国经典文化的积累？如何让学生将读与思结合起来，从而开发他们的悟能？这些是我一直在探索、研究的课题。作为新时代的阅读点灯人，我所做的一切，都是为了燎原千万阅读的星星之火。

喜欢语文教育的我，乐做阅读"引燃者"，燎原千万星星之火。我愿所接触的学生都能爱上语文，爱上阅读，爱上学习！

是为序。

陈天兰

2024年7月25日

目　录

第一部分　教育思想篇

一、植根语文的实践和探索 ………………………………………………………… 2
　　(一) 植根语文思想的缘起 ………………………………………………………… 2
　　(二) 植根语文的理论背景 ………………………………………………………… 4
　　(三) 植根语文的内涵 ……………………………………………………………… 5
　　(四) 植根语文的核心理念：以阅读为本，为生命植根 ………………………… 6
　　(五) 植根语文基本操作模式 ……………………………………………………… 8
　　(六) 植根语文思想的影响力 ……………………………………………………… 12
二、在课程再造中全面提升学生的素养——我的生本语文课程再造之路 …… 16
　　(一) 实现教学内容再造 …………………………………………………………… 16
　　(二) 探索教学组织形式、教学环境、教学策略的课程再造 ………………… 19
　　(三) 语文课程再造效果凸显，学生各项能力全面提升 ……………………… 19
三、浅谈基于深度教学理念的学习方式转变策略研究 ………………………… 21
　　(一) 课外，巧搭读书交流会平台让自我导向学习悄然发生 ………………… 22
　　(二) 课内，让课堂思辨成为推动问题导向学习的有力抓手 ………………… 24
四、在语文学科学习中推进学生"自主自治"的实践探索 …………………… 28
五、家校社协同育人的实践探索——"家庭演讲嘉年华"活动 ……………… 31
　　(一) 家庭演讲嘉年华活动的具体实施 ………………………………………… 31
　　(二) 家庭演讲嘉年华活动的影响 ……………………………………………… 34
六、青年教师个性化专业发展"2+X"驱动式模式研究 ………………………… 37
　　(一) "2+X"驱动式模式概述 …………………………………………………… 37
　　(二) "2+X"驱动式模式促进青年教师专业成长的举措 …………………… 39
　　(三) "2+X"驱动式模式存在的问题 …………………………………………… 41
　　(四) "2+X"驱动式模式研究小结 ……………………………………………… 42

七、明道至善，享受生本教育 ………………………………………… 43

第二部分　教学实践篇

一、教学课例 ……………………………………………………………… 48
（一）获奖课例代表 …………………………………………………… 48
1. 部优课例：《走进鲁迅》教学设计及教学反思 ……………… 48
2. 省优课例：《詹天佑》教学设计及先学小研究 ……………… 63
3. 市区优秀课例：《红岩》《窃读记》课例代表 ………………… 68
（二）异地课例代表 …………………………………………………… 71
《忆读书》先学设计 ………………………………………… 71
《我变成了一棵树》先学小研究 …………………………… 72
人教版五年级下册第三单元作文发言稿先学小研究 …… 72
（三）校内接待课例代表 ……………………………………………… 74
感受小说文学形象先学小研究 …………………………… 74
《为中华之崛起而读书》教学反思 ………………………… 76
《最后一头战象》教学设计 ………………………………… 77

二、教学延展的探索与思考 …………………………………………… 79
（一）整本书阅读探索与思考 ………………………………………… 79
《鲁滨逊漂流记》先学设计 ………………………………… 79
《鲁滨逊漂流记》先学小研究 ……………………………… 81
《童年》阅读笔记 …………………………………………… 83
《红楼梦》读书报告 ………………………………………… 84
（二）生本，让学生懂得责任 ………………………………………… 86
（三）老子和庄子，东方文化的哲思之根 …………………………… 87
（四）也谈教育的"得民心者得天下" ………………………………… 90
（五）生本，和学生一起high ………………………………………… 93
（六）我的善意一举 …………………………………………………… 94

三、教育心声：给家长和班级学生的信 ……………………………… 95
（一）大阅读提升语文核心素养 ……………………………………… 95
（二）缘起阅读，感恩缘分 …………………………………………… 98

（三）阅读、生活和诗意……………………………………………… 100
　　（四）阅读若春风，催开繁花似锦………………………………… 102
　　（五）读书会，会读书，触摸幸福………………………………… 103

第三部分　教学反馈篇

一、新闻报道……………………………………………………………… 106
　　（一）《陈天兰：期待每一个奇迹》……………………………… 106
　　（二）《大语文向阳而生，精神力量何在？》…………………… 107
二、同行点评集锦………………………………………………………… 109
　　（一）腹有诗书气自华……………………………………………… 109
　　（二）品享生本课堂盛宴，汲取生本理念精髓…………………… 113
　　（三）得天下英才而生本地教之，是为师者最大的快乐！……… 115
　　（四）课堂变得魅力无穷，生命变得更有活力…………………… 117
三、送教交流……………………………………………………………… 118
　　（一）专家进校促阅读发展，教师齐聚享教育盛宴……………… 118
　　（二）名师领航展风采，送教下乡共成长………………………… 119
　　（三）送教促交流，互助共成长…………………………………… 122
　　（四）教育激扬生命，交流促进成长……………………………… 123
　　（五）生本显成效，交流促成长…………………………………… 126
　　（六）守教育初心，行育人使命…………………………………… 128
　　（七）名师送教展风采，专家引领促成长………………………… 130
　　（八）名师教学盛宴，课堂精彩纷呈……………………………… 131
四、跟岗通讯……………………………………………………………… 134
　　（一）顺德市北滘教育局骨干教师到骏景小学陈天兰名师工作室跟岗
　　　　　学习通讯………………………………………………………… 134
　　（二）世行贷款项目骨干教师参加骏景小学陈天兰名师工作室跟岗
　　　　　学习通讯………………………………………………………… 136
　　（三）"善恕慧雅，生生日新"多彩时光　广东省骨干教师第一小组到
　　　　　陈天兰名师工作室跟岗学习通讯………………………………… 136
　　（四）内蒙古包头第一实验小学教师参加骏景小学陈天兰名师工作室
　　　　　跟岗学习通讯……………………………………………………… 138

（五）广东省骨干教师到骏景小学陈天兰名师工作室交流学习通讯…… 138
　　（六）陈天兰名师工作室跟岗教师教育交流信息反馈表…………… 141
五、家长心声……………………………………………………………… 149
　　（一）感知幸福，预见未来…………………………………………… 149
　　（二）读经典养浩然正气，玩诗词润雅慧少年……………………… 150
　　（三）在书里一起走过三年…………………………………………… 152
　　（四）走进骏景小学"读书会"……………………………………… 154

第四部分　陈天兰名师工作室教师成长篇

一、苏建敏老师的论文与教学设计………………………………………… 156
　　（一）推进小学二年级学生大阅读的策略…………………………… 156
　　（二）《千年梦圆在今朝》教学设计………………………………… 160
二、吴姝俐老师的论文与教学案例………………………………………… 162
　　（一）基于语文核心素养的"1+X"主题阅读实践研究案例……… 162
　　（二）浅谈生本理念指导下的一年级识字教学策略………………… 165
三、许敏妮老师的论文与教学设计………………………………………… 170
　　（一）基于核心素养的小学生研学课程的开发与探索……………… 170
　　（二）《米兰的秘密花园》名著阅读指导课教学设计……………… 175
四、李海燕老师的论文与教学案例………………………………………… 180
　　（一）部编教材小学语文综合性学习活动的策略与思考…………… 180
　　（二）《花儿朵朵开——解读花儿的心事》儿童诗教学案例……… 185
五、任相蓉老师的论文与教学案例………………………………………… 196
　　（一）试论搭建创意写作平台的三板斧……………………………… 196
　　（二）《方帽子店》教学案例………………………………………… 199
六、江丽美老师的论文与教学设计………………………………………… 202
　　促进思维发展，加深阅读感悟………………………………………… 202
七、张铭伟老师的教学故事与教学设计…………………………………… 206
　　（一）"孩子，让我和你一起慢些来"生本教育案例故事………… 206
　　（二）《玩游戏，识拼音——声母复习》展示课例………………… 210
八、张梓渤老师的论文……………………………………………………… 212
　　小学习作与科学融合课程的开发……………………………………… 212

九、林春梅老师的教学案例 ……………………………………………… 219
    （一）部编版语文教材的创意使用 …………………………………… 219
    （二）以读引读，以读促写 …………………………………………… 223
十、王新芸老师的教学设计 ………………………………………… 226
    语文综合性学习教学设计 ……………………………………………… 226

第一部分

教育思想篇

一、植根语文的实践和探索

> 语文的根是阅读和生活。植根语文就是通过语文教学,带领学生开展广泛而又深入的阅读,带领学生观察和深入生活,让学生到母语的密林中穿梭,到广阔的生活中去观察、体验;通过博览群书,通过大量的语言实践活动,让学生在活动中练就终身需要的本领,将阅读、思考和表达等学习品质和学习习惯深深植入生命之中。

我从事教育工作已经 28 个年头,高兴的是我一直走在语文教学探索的路上,自己所从事的小学语文教学是为孩子终身发展奠基的最重要的工程,语言能力是一个人发展的核心能力,所以我要做的是植根工程。

(一) 植根语文思想的缘起

在自然界中,根是植物的营养器官,具有吸收水分和养分的能力。根系由主根、侧根和不定根组成。主根粗壮,向下往土壤深处钻,可以向四面八方分叉,形成许多侧根;侧根又能够再次分叉,形成三级根、四级根等。主根和侧根上可以生出很多微小的根,它们是吸收水分和养分的尖兵。根系在土壤中的分布有深、广、多这三大特点:深即根扎进土壤的深处,广即根分布的范围广泛,多即根的数量多。由此看来,植物的根系愈发达,对于植物的生长愈有利。语文教育亦是如此,只有不断探索出语文教育之"根",才能灌溉出枝繁叶茂之"树"。道法自然,人的成长,也要注重根基的培育。

《义务教育语文课程标准》(2022 年版)(简称"新课标")立足学生核心素养发展,落实立德树人根本任务,回答"立什么德、树什么人"这一关键问题,体现了国家意志;同时,也规定了教育目标、教学内容和教学基本要求,明确提出了"培养什么人、怎样培养人、为谁培养人"的时代命题。这充分肯定了新课标强化课程育人的导向作用。因此,学校、教师要与时偕行,进一步优化育人蓝图。在课程目标上，义务教育课程以人的发展为宗旨，聚焦学生核心素养培育，一定要实现语文学科的育人价值，充分发挥语文课程的育人功能。

"道生一，一生二，二生三，三生万物""君子不器，君子求道""君子务本，本立而道生"，这些耳熟能详的经典语言总在我的耳畔回响。语文教学之道是什么？那就是语文学科的育人之道。

从教以来，我一直走在语文育人的实践和探索之路上。

2001年，我开始接触原中央教育科学研究所研究员潘自由先生的"个性化作文教学"的课题研究。从这个课题的研究，我理解了作文是一个人思想的综合表达，这种表达会走向个性化。

2003年，我开始接触原中央教育科学研究所的"活动教学"课题研究。从这个课题的研究，我理解了课程的本质是会呈现活动化趋势的，我们在实施课程时，要积极搭建活动平台。

2005年至今，我接触并深入研究华南师范大学教授、原广东省教育科学研究所所长郭思乐教授的"生本教育"课程体系。常年深入该课题的研究和实践后，我明白了语文课程的方向和语文教学的基本策略。结合课标的核心精神，语文课程方向就是一定要推进阅读。

2008年开始，深入开展传统文化的学习，《易经》《道德经》《论语》《千字文》《礼记》等均成为我的案头读物，这些书籍极大丰盈了我的语文教学思想。这些课题的研究让我慢慢开启探寻语文教育的育人之道。

在语文教学的实践路上，有很多理论思想对我影响很大，其中，建构主义理论、多元智能理论和生本教育的理论体系对我影响最大。2018年开始，我接触了深度教学理论；在阅读《21世纪学生发展核心素养研究》等关于核心素养的理论丛书时，也有很多收获；再加上《易经》《论语》《道德经》等书籍中修身成德的思想，对沉淀我的语文教育思想是有莫大帮助的。其中，郭思乐教授的《国家课程从教师课程形态化归学生课程——生本教育20年之策略》对我启发较大。他在文中指出，课程的"根"，同大自然中植物的根含义相通，特点是接地气，也就是说能连接人学习成长的起点，也能连接知识发生的出发点，能长成大树，足以完成整个成长过程。这里的根，就是一个研究的出发点或者一条思维生长的"根"，整个课程就像是大自然小苗所处的"根＋空"（小苗拥有根，还拥有生长的时间和空间）的境地。人是自然的产物，人的成长，也要奠定扎实的人生基础。

作为教育者，一定要研究儿童，研究儿童习得语言文字的规律。教师在语文教学过程中，应顺应儿童爱玩、爱动、好奇、爱想象、爱探究新知的天性，所有的教学设计都应顺应、尊重这些天性，在此基础上，让学生自觉地爱上祖国的语言文字，尽情地在母语的密林里穿梭，从而习得语文素养和形成语文能力。因此，带着学生在母语密林里穿梭就成了我植根语文的思想基础。

（二）植根语文的理论背景

植根语文，到底是为了什么？我一直在思索。

义务教育阶段，时代新人培养的具体目标是"聚焦面向未来的正确价值观、必备品格和关键能力"。语文教育要明确和落实义务教育阶段新时代党和国家对人才培养的新要求，要培养"有理想、有本领、有担当"的时代新人。

新课标关于阅读教学的目标包括：学会运用多种阅读方法，具有独立阅读能力；主动积累、梳理基本的语言材料和语言经验，逐步形成良好的语感；积极观察感知生活，发展联想和想象，激发创造潜能，丰富语言经验；等等。由此，我想起著名特级教师窦桂梅曾这样说过："在学习一篇文章或一部作品时，你首先感受到的是人世间的爱恨与冷暖，领悟到的是大自然万物的生命短暂和崇高；你可以与古今中外的智者进行心灵沟通；感慨高科技带来的神奇和悲欢……也就是说，首先吸引你的是无形的精神滋养，而不是那些操作性很强的语言表达技能。"同时，新课标指出，义务教育语文课程培养的核心素养，是学生在积极的语言实践活动中积累、建构并在真实的语言运用情境中表现出来的，是文化自信和语言运用、思维能力、审美创造的综合体现。语文课程核心素养分为四个方面，即"文化自信""语言运用""思维能力"和"审美创造"。

"蒙以养正"，小学阶段最重要的就是"养正"。养正要回答"培养什么人、怎样培养人、为谁培养人"的时代命题。培养学生最忌舍本逐末。我国基础教育从"知识本位"走向核心素养时代，而核心素养的培养，是以培养"全面发展的人"为核心，语文学科所能做到的是，通过教学引导，让学生阅读到文学文本和文化文本，满足他们对社会、自然、人性和美丑的鉴赏需求，让他们体验到文学带来的愉悦、情趣，让他们接受文化的熏陶、滋养，唤醒他们对文学和文化的热爱，从而培养他们的鉴赏力和创造力。文以载道，以文化人，语文能润心启智、养德育人。在语文教学中，更是要让学生深植智慧之根，树立德性之美，让语文达到润心、启智、养德的三大目标效果。

同时，语文学科又有着自身的学科特点，只有厚积薄发，丰富积累，才能培养良好的理解力和判断力，显然，这一过程只有靠阅读、思考和表达才能实现。那么，对语文学科来说，什么是最有意义的实践活动？是阅读。苏联教育家克鲁普斯卡娅说："儿童阅读在孩子生活中起着重大的作用，影响孩子进一步的发展。"我一直强调的输出式阅读就是将阅读、思考和表达融于一体的语言实践活动。

植根语文是基于效仿自然之道，结合立德树人根本任务及新课标总目标要求的大背景下产生的。

（三）植根语文的内涵

"根，始也"——《广雅·释诂一》；"根者，书之所谓柢也"——《韩非子·解老》；"万物有所生，而独知守其根"——《淮南子·原道训》；"根深，则视久"——《韩非子·解老》。根是由主根、侧根和不定根组成的；根的作用是吸收水分和无机盐、新陈代谢、固定植物。木有根，水有源，人的成长也是这样。植根语文是基于校情提出的。骏景小学是广东省基础教育研究基地、全国生本教育研究基地，也是广州市深度教学试点校，海量阅读植根是学校闪亮的名片，深化"以学生为本，为生命奠基"的课程改革是学校一直以来坚定的做法。

根者，事物之本源。而小学语文教育，是所有学科之根，也是人生精神成长之根。

植根的意思是扎根，比喻深入到人或事物当中，打下基础。特别是在落实立德树人根本任务的过程中，培养"有理想、有本领、有担当"的时代新人要做到"三植"，即广植心灵之根、深植智慧之根以及厚植美德之根。语文的根是阅读和生活。植根语文就是通过语文教学，带领学生开展广泛而又深入的阅读，带领学生观察和深入生活，让学生到母语的密林中穿梭，到广阔的生活中去观察、体验；博览群书，通过大量的语言实践活动，让学生练就终身需要的本领，将阅读、思考和表达等学习品质和学习习惯深深植入生命之中，让学生在阅读中润泽心灵，在思考中启迪智慧，在表达中涵养美德，在语文学习的过程中，构建理解作品、理解生活、表达自我的能力。

植根语文的实践遵循以下几个原则。其一，以生为本。其二，家校社协同育人。植根语文强调在儿童成长关键期植入阅读，小学阅读书籍要广，文学、历史、哲学、科学、传记、地理等方方面面的书籍都要重视，而阅读的落实在于学校、家庭、社区能够联动，建设书香校园、书香家庭、书香社区，最后通过阅读这个桥梁，真正实现家校社协同育人。其三，内外结合。教师在课内外都以推动阅读为己任，还学生阅读以正道。同时，语文就是活生生的生活，一旦脱离了生活，便会变得索然无味。所以教师在教学中应把学校内外、课堂内外和教材内外联系起来，充分利用学校的现代化教学设备，为学生创造一个更好的语言学习环境，让学生及时了解国内外新闻，培养学生关心国家、关心社会、关心人类、关心自然的人文精神。但长期以来，学生阅读的自觉意识不强，而且多数学生的家庭缺乏浓厚的读书氛围，因此，培养学生读课外书的兴趣是小学语文教师的重要任务。对此，我探索了小组读书会这种面向全体、益于推进语言实践的组织和平台，驱动所有学生走上一条自主的、幸福的读书之路。

（四）植根语文的核心理念：以阅读为本，为生命植根

新课标指出，语文课程是一门学习祖国语言文字运用的综合性和实践性课程。工具性与人文性的统一，是语文课程的基本特点。语文学科主要解决两个问题：语言输入和语言输出，也可以说成是认字和用字。从哪里输入？当然是阅读。这里所指的阅读含有两层意思：一是阅读生活，二是阅读书籍。儿童是天生的学习者，天性爱阅读；整个母语体系都是儿童自己掌握的。北京大学温儒敏老师也指出，读书是语文课程改革的"牛鼻子"，因此，语文教学的核心任务是推进阅读，让学生学原汁原味的语文，读原汁原味的经典。语文教育要以学生为本，着力于语文素养的整体提高，也要教文育人，为培养学生成长、成人、成才服务，更要有目的、有意识、有感情地用民族的优秀文化和民族精神哺育学生，做到文以载道、文以化人。

著名教育家朱永新说："一个人的精神发育史就是他的阅读史。"因此，我在语文教学中，始终坚持"植心灵和智慧之根、树德性之美"的语文教育理念，充分发展学生"文化自信""审美创造"的德性和心灵主根，以及"语言运用""思维能力"的智慧侧根，希望学生通过小学六年的语文学习成为博学善思的人，成为会读书、会学习、博览群书的人。

教育要注重学生的成长，发展学生的个性。植根语文课堂自然应将促进学生的发展作为出发点和归宿，语文课堂应该成为学生"自主、合作、探究"学习的主阵地，使每一位学生都能在语文学习中主动自觉，进入丰富多彩的语文天地，感受语文的魅力，享受语文的乐趣，体验学习语文的成功，发展自己的个性，完善独立的人格，提高语文素质和人文素养。在我的课堂上，课内以教材为引子，以一篇带多篇，以一本带多本，大量输入；在课外，学生在学懂字词、读懂文章后，都能通过课文的兴趣点或感动点等触发思考、实现迁移，打通课内和课外的连接，对每个兴趣点或感动点都有自己的思考和见解，每一处见解都能有课外见闻支撑，实现"人人有点，点点有思；思思有文，文文可乐"。植根语文在强调输入的同时，也很强调输出，而这里所指的输出包含书面表达和口头表达，所以，我的植根语文教学淡化语文分析，强调语言实践，将传统的课文分析变成语言实践，重点做好三件事情——阅读、思考和表达。

植根语文教学观和课程观

在教学上，植根语文是以大阅读为核心，带动听说读写的语文实践活动，使学生从中获得语文整体能力和素养的提高。

《礼记·曲礼上》中讲到，"博闻强识而让，敦善行而不怠，谓之君子"。基于对这句话的深度认识，为了让课堂呈现学生更多的阅读和思考，教师要减少分析，优化学程。为满足学生好学的天赋，教师在这个过程中要努力地把教转化成学，把教程变成学程，让课程呈现活动化的特点。因为，活动能保证人人参与、人人体验，满足人人成功的需要。

基于以上特点，我的植根语文教学具体策略如下：

策略一，先做后学，先学后教，实现以学定教乃至不教而教（在语文学习中，学生认识了大量常用字，就可以大量阅读文章，推进阅读）。策略二，以读引读，以读引说，以读引写，以读引研。在具体实施时，教师可以把语文教学分成大阅读、大积累、大表达、大写作和大评研等五大板块，探索丰富多彩的植根课程体系。因此，为了更好地植根，我在教学时，以阅读和生活为出发点为学生努力寻根，培养学生博闻强识的心灵品质。策略三，强调读思结合、读悟结合，引导学生植下慎思明辨的智慧之根。

实践植根语文教学，必须牢固树立郭思乐教授（生本教育创始人）"根＋空"的思想。语文教学的根就是字和篇，根要连接学生的知识和思想的起点，有了字的基础，教师就能够结合课程设置推进学生阅读和思考。在教学时，为了植根，我努力实现课程和教学的重构，具体举措如下。

第一，树立"根+空"思想，"小立课程，大作功夫"（朱熹语）。教师交给学生的基础根要尽可能精简，以腾出时间和精力让学生大量地进行语言实践活动，在整个教育过程中实现教少学多。在具体教学中，以教材为蓝本，举行丰富多彩的语文实践活动，从而提升学生的各种能力和素养。

第二，建构小组学习的组织形式，将热烈的"小组讨论"作为植根语文的常态学习形式。教师将一个班级的学生按照同质异构的原则构成合作学习小组，实行小组管理机制。在课堂上，在不同的学习阶段，小组成员各司其职。在自学阶段，学生独立思考，自觉探究，在独立思考与探究的过程中形成慎思明辨的思维能力；在交流阶段，学生轮流发言，认真倾听、记录、思考、补充、升华，有序有效；在汇报阶段，学生分工明确、细致，会展示、会补充、会完善、会提问题并合作解决问题，发扬敦善行而不怠的良好美德，利用自身资源与他人互补，完成积极、欢乐、高质、高效的课堂学习，实现人人参与、人人思考、人人成功。

第三，设计先学小研究。充分的"先学"，是寻根和给根的捷径，是植根语文课堂构建的法宝。生本教育认为，学生既是教育对象，又是教育资源，因此，先学小研究的设计突出精确、精练、浅入、开放的原则。学生在做先学小研究时，可以打开自己的思维空间、想象空间、生活空间，结合自己的生活阅历、阅读见解、兴趣特长等拓展，先学小研究中的每一次发现都来自学生的独立思考和感悟，并成为学生学习的动力之源和能量之库。

第四，搭建课外读书会平台，建设小组学习自课堂。一是搭建自主阅读平台，精简书面作业，让学生有时间阅读；二是搭建轮值家庭平台，遵循组内异质、组间同质的原则，组建4～6人的读书小组，每周由小组轮值家庭组织一次读书交流会；三是搭建微信阅读云平台，教师在线答疑，解惑零延误；四是搭建班级反馈平台，教师每周就轮值家庭做好的阅读记录在班级进行点评，给予点拨与指引，以点带面，促进课外阅读蓬勃发展。

（五）植根语文基本操作模式

植根语文的基本操作模式可以分为课内和课外两部分。

1. 课内，植根语文探索课型和课堂操作模式

（1）植根语文教学模式的基本框架

"植根语文"课堂一定会是少教多学的，这种教学模式的基本框架如图1-1所示。

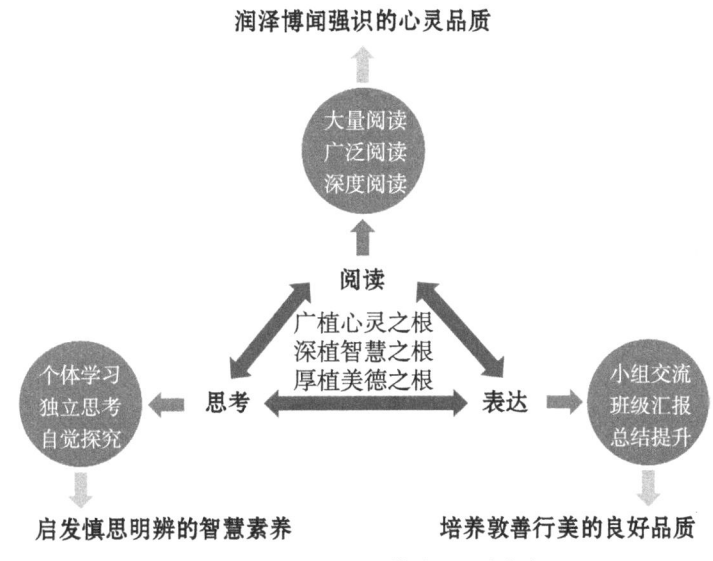

图1-1　植根语文教学模式的基本框架

（2）植根语文课堂基本教学策略

植根语文的核心思想是：小学阶段的语文学习是植根的过程，教师要帮助学生寻根和给根。所谓寻根，就是教师通过课程设计推动学生阅读和思考；所谓给根，就是教师根据学科育人的需要，让优秀的传统文化深深扎根于学生的心田。通常是，教师通过创设情景，让学生阅读和思考的个性化成果得以展示和交流；做好顶层设计，让学生广泛地了解中华优秀传统文化、革命题材作品等，让中华文化之根深深地扎于学生的心田。因此，教师要整合课程，落实大单元设计，落实六大任务群的顶层设计，落实跨学科课程的设计；抓住语文课程本质特点，落实学段目标或单元目标，实现教材的二次开发。有关教学策略如图1-2所示。

落实植根语文教学模式，教师要做好课程规划，做好课程设计，落实学期书单，设置讨论问题，落实大单元教学。

教师要用心搭建课堂结构，使课堂结构呈现板块化的特点，教学环节明

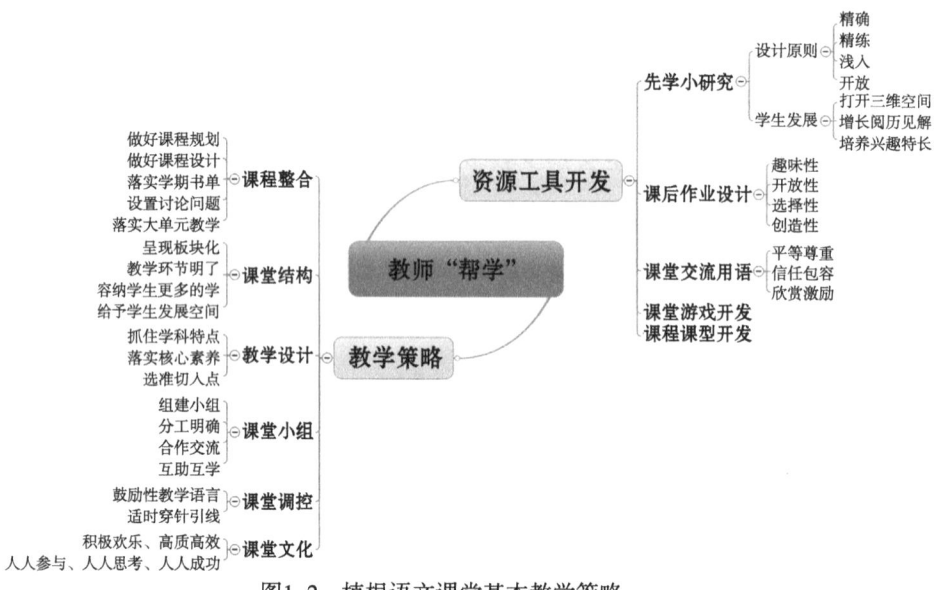

图1-2 植根语文课堂基本教学策略

了，以容纳学生更多的学，给予学生更多的时间和空间自主发展。

教师的教学设计要抓住学科特点，落实核心素养，选准切入点，设计学时要做到浅入、简单、根本和开放。

教师要用心指导小组建设，让学生组建小组、分工明确、合作交流、互助互学，营造良好学习氛围。

植根教育小组建设要求如下：小组的建设要遵循同质异构的原则，组与组之间实力相当，分工明确。师生之间、生生之间的课堂交流用语，体现平等尊重、信任包容和欣赏激励的要求，师生共荣共进。

教师要很好地进行课堂调控。在学生交流的过程中，教师的教学语言要有鼓励性，在学生多讲的前提下，教师可适时地穿针引线，起到甄别、补漏、激励和鼓舞的作用，进一步激发学生的学习愿景，形成良好的班级课堂文化。

教师要做好作业设计，注意作业的趣味性、开放性、选择性和创造性；要鼓励学生做好读书笔记、读书报告、读后感及语文实践等作业。

教师要提前布置先学小研究。小研究的布置要遵循精确、精练、浅入、开放的原则，利于学生独立思考并写出自己的阅读见解。

除教师的"教"之外，植根语文也强调对学生"学"的评价。课堂教学是否高质高效主要看学生，可以从"四度"评价学生的学：课堂学习的参与度、自主学习的强度、探究学习的深度、合作学习的效度；也可以从"四高"

评价学生的学：高参与、高热情、高效率、高创造。"高"指的是强烈的、个性化的表现和需要得到满足，即体验与参与的需要、交往与互动的需要、表现与分享的需要、发现与创造的需要，以及受表扬与被认可的需要。

植根语文教育可利用自身的特点和优势，开展丰富多彩的课内外语文实践活动，帮助学生挖掘潜力，提高其学习语文的积极性，通过学生学习、活动和交往，把语文教育教学的目标落到实处。

2. 课外，建立小组读书平台

读书会为常用的交流平台。在植根语文思想下探索的"小组读书会"阅读模式实施5年来，取得了很好的效果，形成了鲜明的特色和创新。

（1）拓宽阅读交流渠道，实现深度阅读

搭建小组读书会交流平台，可以拓宽学生的阅读和交流渠道，构建深度阅读策略体系。进行深度阅读的学生能够长时间专注而持久地阅读书籍，并在阅读的过程中调动自己的感知，对书籍内容进行深入思考，从中获得知识的提升或情感的体验。

（2）打破局限，实现阅读时空无边界

语文教材中的课文是通向广阔语文天地的阶梯，阅读教学由课内延伸到课外是语文教学的必然选择。因此，语文阅读教学应当将课内阅读与课外阅读进行有机结合，借助家庭资源、生生组团合作资源以及社区资源，打破教室作为空间载体的局限，鼓励学生更合理、更有效地在教室之外实现自主阅读；打破课堂40分钟的时间限制，把阅读活动延伸到课外时间，实现时间的最大程度利用。

（3）组建读书小组，实现阅读教学模式的创新

"小组读书会"的阅读模式一改传统课堂中的教学结构，引发师生角色和课堂模式的变革。学生掌握了阅读的自主权，制订个性化的阅读计划，使用个性化的阅读资源，形成个性化的阅读体验，获得个性化的评价反馈，使得阅读活动更具灵活性和参与性。教师可以不再占用大量的课堂教学时间进行阅读知识的讲授，而是转变成阅读活动的引导者和参与者。交流中，学生可以在同伴、教师或家长的评价、反馈等基础上主动形成阅读的内省和升华，获得更为深刻的阅读体验。

（4）实现阅读资源的深度融合，为学生的长远发展打下扎实的根基

一是阅读深度。在课内精读或略读的基础上，学生带着思考开展课外阅读，在小组交流会上轮流发表见解并就感兴趣的话题展开讨论，可以很好地完成深度阅读。

二是阅读厚度。教师依托教材的特点，在学期初推荐阅读书单，内容涉猎文史哲、科技、启蒙等古今中外经典，可以奠定学生厚实的阅读根基。

三是阅读广度。全员沉浸式阅读使每个学生参与其中，不漏掉一个孩子，人人齐头并进，是学生参与度最高的阅读。以分为8个读书组的某教学班为例，在2019年里，该班的各读书小组累计开了300多场读书会，每周讨论一本名著，一年下来，经读书会讨论的名著近50本。活动深受家长喜爱，在社区引起了强烈的反响，也引发了邻近社区的效仿。6年下来，学生讨论了数百本图书，小组读书会让优秀文化的根基深深植入学生的心里。

四是阅读宽度。骏景小学的读书会由学生影响家庭再惠及社区，学生在读书会中互助互长，提升了合作交流和质疑答辩等综合素养；家庭因为轮值服务密切了亲子关系，夯实了阅读效果；社区因为读书讨论建构起新型邻里关系，书香满园，为学生的持久成长打下了最宽厚的根基底色。

（六）植根语文思想的影响力

（1）这几年，我应邀到各地上公开课，在与同行的交流切磋中，我的植根语文思想产生了不错的影响，得到广泛好评。以下摘录两篇参与公开课教师分享的感受。

> 这个周末我参加了丛台区生本教育培训，我感到自己又学到了很多的知识，受到了很大的教育，现在我谈谈感受。
> 周六上午我们听取了陈天兰老师的讲座，感到颇为震惊，听了她的讲座我才知道什么是快乐学习、主动学习、素质教学。我认为作为她的学生是幸福的、快乐的。他们没有把学习作为一种负担、一个任务，而是认为学习是一个展示自己风采的平台。
> 陈老师为每一个年级设定了相应的阅读量，但不是死读书、死背书，而是通过燃起学生的斗志促进学习、促进合作、促进交流，改变教师在学生学习中的地位，使学生真正地爱上学习。

"思考在课外，提升在课堂"；"积累在课外，交流在课堂"。陈老师主张语文应该大阅读、大积累、大思考、大表达。陈老师说，谁成功地推进了大阅读，谁就是成功的语文老师。生本语文是以大阅读为中心，带动听说读写的实践活动，它让学生在大量的阅读中进行严密的思考，在强化的思维训练下，总结出自己的思想结晶，然后在更大的平台上交流表达自己的观点，从中获得语文整体能力的提高。

——河南张蕾

再次看到理想的课堂

课前是一段视频展示，这个班的孩子们对着摄像镜头向大家讲述自己愉快的暑假生活。我很想听一听，但是始终听得不太清晰。不过没关系，从孩子们洋溢着幸福的脸上，我能感觉到孩子们的暑假生活很精彩、很丰富；从孩子们落落大方的姿态上，我能领略到他们非同一般的语文素养；从孩子们展示的暑假生活照片上，我能感受到他们乐意与人分享的友好心态。

陈天兰老师被小主持人请上场了。陈老师没有一句花哨的语言，直接带领学生进入学习。本节课的学习内容是人教版六上第五单元"走进鲁迅"，黑板上已经写出了本单元四篇课文的题目：《少年闰土》《我的伯父鲁迅先生》《一面》《有的人》。看到这些，我想：陈老师会怎样带着孩子们在一堂课里学习这四篇课文呢？她会设计哪些问题或者话题、活动来展开对话呢？她又会采取哪些策略保证这四篇课文让学生学习到位呢？

这节课的学习分为四个步骤：

第一步，说说喜欢鲁迅的理由。第二步，交流最喜欢哪个评论家对鲁迅的评论。第三步，交流最喜欢鲁迅作品中的哪一个人物。孩子们在小组交流后，立刻进行全班汇报，天哪，孩子们对人物的分析，让我们咋舌！孩子们从《故乡》中的少年闰土、中年闰土，谈到《祝福》里的祥林嫂；从《阿Q正传》里的阿Q，谈到《孔乙己》里的孔乙己；从《伤逝》里的涓生和子君，谈到《藤野先生》里的藤野先生……发言人数达到17人次（很少有重复）。最难能可贵的是，学生总能以辩证的思想对待这些人物或者分析人物身上所具备的特点。比如，学生谈到阿Q的"精神胜利法"时，就说道："我们要学习积极面对生活中的各种挫折……在失败时，面对挫折，要学会自己安慰自己，争取下次做得更好。

但是，也不能过分地使用精神胜利法，那样会使自己堕落。"第四步，展示送给鲁迅的话。这个环节的教学，真是令人击节赞叹！孩子们纷纷用精彩的文字抒发自己对鲁迅的敬仰、爱戴、尊崇、怀念。有的是一段话，有的是一首诗……有一个学生还写了一副对联！这是一个表现活跃的男孩子，他的对联是：一声呐喊以笔为刀医大众，半世彷徨以书为药救国人。

学生广博的阅读、深刻的思考、流畅的表达、精彩的创作、强烈的分享，让这节课变得如此妙不可言！而这背后折射出的是陈天兰老师坚定的信念和艰辛的付出！因为她相信学生的无限可能、相信阅读的无限可能！

"君子不器"！君子该做什么？君子该去追求道！有了语文教育的大道至道，那些雕虫小技还算什么呢？

"人法地，地法天，天法道，道法自然"！取法于"道"，才能水到渠成。如果违背了"道"，恐怕只会南辕北辙了！

——东莞市松山湖实验学校陈德兵

（2）笔者多次发表作品简述、总结植根语文教育探索理念、路径等，其中出版了一本专著《简单带来极致》；在《人民教育》《广东教育》《基础教育论坛》《生活教育》等刊物上发表了《"教少学多"如何实现》《用"简单"换取"极致"》《语文教学的养正之道》《让学生的素养在课程再造中提升》《以学生阅读为己任，还学生阅读以正道》等文章十多篇。

（3）多家媒体对植根语文教育探索进行过报道。比如，《中国教师报》刊登了专题报道《陈天兰：期待每一个奇迹》；《羊城晚报》刊登了特别报道《大语文向阳而生，精神力量何在？》；《广东少儿》报道了学校小组读书会的情况。

（4）笔者主持的公开课《走进鲁迅》获评教育部优课；公开课《詹天佑》获评广东省级优课；公开课《红岩》获评市级优课。

（5）在探索植根语文教育理念的路径上，笔者参与和主持了十多个课题和项目，有"建立适应新课程需要的小学管理制度研究"、省级项目"以学生为本，为生命奠基的课程改革实践和探索"；有省级课题"互联网＋小学儿童文学阅读兴趣和效能研究"；有市级课题"小学语文组团式教学策略研究""小学高年段经典诵读的校本导读策略研究""利用爱国主义教育基地研发教学课程资源专项课题""小学中高年级社团式学习策略研究"等。这些课题均已结题，并取得很好的社会反响。

总之，在多年的语文教育探索中，笔者对植根语文的实践和探索越来越清晰，越来越坚定。当然，在植根语文的实践和探索中，笔者还存在以下几点困惑和思考：其一，在植根语文思想的影响下，绝大部分学生在小学阶段能够博览群书，阅读量超过国家课标要求十倍以上，但是，也有少数学生的阅读速度没能跟上，如何提高这部分学生的阅读速度，是植根语文要思考的问题；其二，要实现植心灵、智慧、美德之根，需要阅读经典、博览群书，在植根语文的实践过程中，有少数学生阅读仅仅凭自己的兴趣，如何让所有学生都能阅读各类经典书籍，也是需要不断积极探索的。

参考文献

［1］郭思乐.教育激扬生命［M］.北京：人民教育出版社，2007.

［2］郭思乐.教育走向生本［M］.北京：人民教育出版社，2001.

［3］叶圣陶.语文教育论集［M］.北京：教育科学出版社，1980.

［4］中华人民共和国教育部.义务教育语文课程标准（2022年版）［S］.北京：北京师范大学出版社，2022.

［5］庞维国.自主学习 学与教的原理和策略［M］.上海：华东师范大学出版社，2003.

［6］庞国斌，王冬凌.合作学习的理论与实践［M］.北京：开明出版社，2003.

［7］霍华德·加德纳.多元智能［M］.北京：新华出版社，1999.

［8］乔治·库罗斯.面向未来的教育［M］.刘雅梅，译.北京：机械工业出版社，2019.

［9］丁之境.语文·生长［M］.广州：花城出版社，2018.

［10］孙瑞雪.完整的成长［M］.北京：中国妇女出版社，2015.

［11］张公非.大师教语文［M］.桂林：广西师范大学出版社，2015.

二、在课程再造中全面提升学生的素养

——我的生本语文课程再造之路*

生本教育是为学生好学而设计的教育。生本教育强调语文是综合性、实践性很强的学科，它上下五千年，纵横几万里，不仅是学好其他课程的基础，而且是促进学生全面发展和完善个性的重要保证，更承载着传承文化的神圣使命。针对如此重要的语文学习，郭思乐教授强调，必须寻找本质的、契合学生生命需求的语文教学方法。要踏上这个坦途，阳光大道在哪里？在多年的生本语文教学中，个人认为这个根本的方法就是：以语文实践取代语文分析，转变传统的以语文分析为主的模式，开启以学生实践为主体的语文教学，康庄大道就是课程再造！回顾自己践行的生本语文课程和教学再造之路，主要有以下几个方面的探索。

（一）实现教学内容再造

生本教育强调课程的再造，把语文的核心性学习还给学生，强调听说读写思结合。读是指阅读原汁原味的经典，思就是依据阅读而启发的自身提炼。教材通常是经典选篇，教师在课程再造时，应主要思考学生该读什么，要通过选篇的教材做引子，还原学生经典的阅读。因此，课程再造首先是内容的再造，在这方面我做了如下探索。

1. 整合教材，实现课程的再造

在教六年级上册"人与动物、动物与动物之间的感人故事"这第六组课文时，我整合整个单元的四篇文章——《老人与海鸥》《跑进家来的松鼠》《最后一头战象》和《金色的脚印》，回顾五年级的《珍珠鸟》《松鼠》，并就单元主题让学生拓展阅读如《狼王梦》等沈石溪的系列动物小说、西顿的

---

*注：原发表在《基础教育论坛》。

动物系列小说、美国作家杰克·伦敦的小说，还有日本椋鸠十的作品。在学习这个单元时，我先让学生整理对课内文章的感知体会，让他们了解本单元的动物主题，列出关于动物小说的阅读书单。接着，让学生做两个课程研究：其一，以作家为研究的根，研究其动物小说，发现其笔下都有哪些动物，写了动物的哪些故事，哪些故事是最打动人的；其二，以同种动物的文学作品为根，研究作家笔下同类的动物，比如，同样是松鼠，法布尔笔下的《松鼠》和俄罗斯作家斯克列比茨基笔下的《跑进家来的松鼠》有什么异同；其三，以教材的编排体例研究为根，比较六年级上册第六组四篇有关动物的文章和以前学的有关动物的《母鸡》《鹅》《我们家的猫》等课文，思考两组文章的异同，从而完成有效教学内容的实质再造。

2. 学习中华优秀经典文化，实现课程的再造

中华文化，灿若星河。小学阶段应该更多地向学生渗透中华优秀传统文化，生本语文做到了。从一年级开始，骏景小学就大规模开展中华优秀传统文化的学习，《三字经》《弟子规》《声律启蒙》《千字文》《论语》《大学》《道德经》等都成了学生的必背书目。学生背完后，教师还会巧妙地从中选择优秀内容，设计相关研究主题，或者形成系列活动，让学生深入又系统地品味文化，在变学于玩的过程中，让学生陶醉其中，在品味文化中提升语文素养。

比如，我在引导学生学习《论语》这部经典时，就形成了以下系列文化活动：活动一，寻找最美《论语》句子，学生谈谈自己对这个句子的理解，结合阅读和生活谈谈自己为什么喜欢这个句子，并结合这个经历写写体会；活动二，"我是小小辩论手"，围绕《论语》里面的一句话，如"以德报怨，何如？""何以报德？以直报怨，以德报德"设计辩论，正方辩题为"以德报怨好"，反方辩题为"以直报怨好"，让学生选择观点，结合生活和阅读中的例子，结合名言警句等进行辩论；活动三，讨论《论语》中交友的句子，并让学生结合课内外阅读和自己的生活理解"益者三友"和"损者三友"；活动四，说说《论语》中关于学习方法的句子，比拼一下，看看谁知道得最多，应用得最好。

实践中，还以一篇经典课文为点，带动其他经典文化课程的再造。我在教《晏子使楚》这篇课文时，就整合了《史记》中的《管晏列传》和另一部有关晏子的历史典籍《晏子春秋》。除此之外，我还让学生拓展阅读《世说新

语》及当代著名的语言艺术故事。在这样的大阅读下，学生不仅对晏子出使楚国这个故事有了了解，更是了解了晏子这位千古贤相的一生，既提升了语文素养，还丰富了历史知识，坚定了文化自信，非常有意义。

3. 在同系列的多本书籍阅读中，实现课程的再造

"童蒙养正，少年养志。"语文的学习思接千载、视通万里，小学高年级的学生最需要养的是心志和方向。因此，学生到六年级时，名人传记的阅读就极为重要。随着学生对贝多芬和达·芬奇的了解加深，结合《月光曲》和《蒙娜丽莎之约》的学习，我在班里开启了名人传记的阅读之旅。学生开始阅读系列名人传记，在大量阅读中外名人传记时，除了研究人物的事迹和影响外，还要根据我布置的研究性很强的题目，研究名人和他（她）的朋友，研究朋友文化。学生进行了深度阅读，不仅知道了名人的事迹、影响，更为可贵的是深度了解了这些名人的朋友，而且每个学生的感悟都是极有思想的。有的说，通过看名人的朋友，知道了交友对人的发展是非常重要的；有的说，通过看名人的朋友，知道了如果一个人能把敌人化为朋友，他一定是非常棒的。在这个课程再造过程中，学生的收获是极大的。在名人传记阅读活动中，最厉害的学生在两个星期里阅读了13本名人传记，其余学生普遍在两周内阅读了4~5本名人故事，我想，这些名人的伟大事迹、伟岸人格一定会深深地扎根在学生的思想深处。

4. 以一本名著的深度阅读为抓手，实现课程的再造

生本教育强调大阅读，很多单元教学中，教师都会推荐必读书目，比如六年级的时候要读革命题材的书籍，如《红岩》。但是如果不形成活动，不形成读书系列，学生是不会深读的。为了加深学生对《红岩》中典型人物形象的理解，领悟革命英雄的高尚理想和坚定信念，我设计了以下任务让学生加深阅读理解：任务一，谈读完整本《红岩》的感受；任务二，赏析书中最能打动自己的地方；任务三，交流其他革命题材小说的阅读心得；任务四，用笔赞美《红岩》中的革命英雄。在学生大量地阅读了革命英雄作品，深度理解了人物事迹的背景下，再让学生情动辞发地去歌颂英雄，就是非常自然的事情，他们一定有很多话说，这时候锻炼学生的写作就是水到渠成的事情；最后，形成辩论活动，设计辩题：《红岩》描写了一大批为了民族大义而英勇献身的英雄们，他们的崇高境界和坚强意志令人无限崇敬。那些革命者大

多出身于富裕的家庭，受过良好的教育，可是为了理想、为了民众，他们经历了无法想象的严刑拷打，依然坚贞不屈，甚至献出了自己乃至孩子的生命。他们抛头颅、洒热血，荡气回肠，可歌可泣。人们说，那是一个有信仰的时代，三九严寒无所惧，一片丹心向阳开。现在是和平时期，大家生在新社会，长在红旗下，还会出现这样的英雄吗？还有学习和宣传这种英雄的必要吗？"我请同学们围绕上述观点，畅谈自己的想法和思考，从而达到深入学习名著的目标。

（二）探索教学组织形式、教学环境、教学策略的课程再造

生本教育强调先学后教、以学定教。学生从认识字开始，就可以自己读书，语文教学强调课前让学生个体读书，课中展示学生读书成果和思考，课后进一步延续层次更深、范围更宽广的读书活动。为保证所有学生都能参与课堂讨论，我非常强调小组学习和交流。除了常态的四人小组外，我提倡组团学习，学生可以根据自己的喜好组团，在自发组织的团队中，他们组织各项学习，开展演讲会、宣讲会、办报纸、小记者采访等活动，组织读书讨论和交流，开展各类语文实践活动。一个个社团如雨后春笋般涌现出来，有郎朗戏剧社、溢墨文学社（在学校的义卖活动中，溢墨文学社将近400元的社稿费捐给留守儿童）、翰墨书法社，筹办了《杨林快报》和《小甲鱼周报》两份报纸。学生在这些语文实践活动中自主展示自己，大胆锻炼自己，全方位发展自己，"三剑客"读书会的发动、举办就是一个有力的明证。这样的读书会，既带动了学生进行深度阅读，还推动书香家庭、书香邻里、书香社区的发展，对推动全民阅读做了有力的探索。生本语文课堂从学校延伸到了家庭，从家庭延伸到了社区。

（三）语文课程再造效果凸显，学生各项能力全面提升

在生本语文的课程改革中，我常惊叹于学生可以如此优秀。就拿我所教的班级来说，2016学年被抽中参加广州市阳光评价测评，从这次测评来看，学生的成绩优异，超出市平均分8.05分，超出区平均分5.9分，而且在升入不同的中学后，成批的学生成为各个中学语文学习的"领头羊"。特别可贵的是学生博览群书，读书最多的学生几乎每天可以读一本书；不少学生在课堂

上旁征博引，在课外写下了几万字的小说，文章诗词精彩绝伦；不少学生文言文阅读、理解的能力都得到了很好的发展，有些甚至还开始用文言文写作，让读中文专业的我都深感钦佩。这一切都得益于生本教育对学生的解放，得益于在生本理念下我们对课程和教学实现了再造。

综上所述，通过生本语文的课程再造和教学重构，教师推进了学生阅读的广度和深度，推动了学生在课堂的深度对话，推动了学生的深度思考，学生的阅读能力、理解能力、组织策划能力、表达能力、审美能力都得到了很好的发展。生本教育创始人郭思乐教授说过，"语文学习，根深才能叶茂"。通过课程再造，学生对语文学习兴趣盎然，在教转化为学、学转化为玩的征途上，我们让学生走上了语文学习的坦途，走上了郭教授所倡导的学习快乐、素质提升和成绩优秀等多赢的语文学习康庄大道。

三、浅谈基于深度教学理念的学习方式转变策略研究

> 深度教学强调帮助学生对知识结构进行建构，教师在课内外要逐层搭建这种建构，引导学生的思维向更广阔、更深的层面探索拓展，引导学生发展高阶思维。因此，在此理论的基础上，教学要指向生成性，要努力达到"让学生沉浸、让思维发生、让合作可见、让学习可见、让文化浸润、让能力表现"。我探索了基于深度教学理念的学习方式转变策略：课外，巧搭"读书交流会"平台，让指向学生的自我导向学习悄然发生；课内，让课堂思辨成为推动问题导向学习的有力抓手。

"双减"政策吹响了课程改革的号角，提升课堂教育教学质量是教育教学改革的新要求，而教学方式的变革是极为重要的。教学策略是教师有计划地引导学生学习，力求达成教学目标的教学取向，是一整套教学行为系统，也是行为策略。而深度教学的发生，需要培养投入的学习者，激发导向成功的学习热情发生，需要学生对学习过程深度投入、具身沉浸。十多年来，我在"一切为了学生、高度尊重学生、全面依靠学生"的生本理念引领下，在推动学生自主学习、合作学习、探究学习的学习方式转变上，做出了很多探索。在"双减"背景下，我们要努力培养"自驱娃"，从传统的以"教"为中心转向以"学"为中心，这是时代的要求。多年的生本教育实践让我有了一定的探索成果，然而这还是不够的，指向深度教学理念的学习方式转变让我有了明确的深耕方向。深度教学理论指明，指向深度教学的学习方式有自我导向学习和问题导向学习。在进行自我导向学习时，学生要有情感的投入，在学习过程中有内在动力的支持，并获得积极的情感体验。基于此，我探索了指向深度教学的学习方式变革策略，策略分课内和课外两个板块，具体如下。

（一）课外，巧搭读书交流会平台让自我导向学习悄然发生

生本教育理念创始人郭思乐先生反复强调，语文教学成功的"金标准"是推进了阅读；而统编教材的主编温儒敏先生也反复强调，读书是牵动语文课程改革的"牛鼻子"。同时，多年的实践告诉我们，读书宽广对学生语文学习是非常重要的。为了让学生读书更深入，也为了让读书更广泛，我早已开始了"依托教材，一篇带多篇、一本带多本"的推动阅读探索。为了进一步推动读书，我积极建构读书小组，将每个班的学生根据同质异构的特点，组成约五人为一组的读书小组对指定的读书书目进行自主阅读、自主交流，下面介绍读书会的组织实施和具体成效。

1. 读书交流会的组织实施

读书会按以下步骤推进：

①教师颁发学年书单，并根据年段实际，列出值得讨论的内容。

②组建读书交流小组（同步建构微信读书群组）。将全班学生按自愿的原则，以4~5人为一组建构读书小组，并实施组长、主持人在组内轮值的策略，推动所有学生全面体验各种小组角色，积极参与读书会，并发展所有学生的领导能力、组织能力、协调沟通能力等多方面能力。

③大组长列出小组该学期读书讨论计划。

④主持人围绕本周将要讨论的书自设问题（该问题也可以通过与组内其他成员讨论产生），将问题提前放入读书小组群，让小组成员带着问题阅读。

⑤读书小组成员按照指定时间到指定地点或在线上围绕自己预设的问题展开讨论。

在这样的部署下，各组将各自每周一次的读书会办得有声有色。学生都积极参与各小组读书会中，从浅读到深读，从泛读到精读，大家同读一本书、同赏一首诗，相互帮扶、相互鼓励、共同成长。小组读书会的开展，成功地指向了深度教学，学生自我导向的学习就在读书会中悄然发生。

2. 读书交流会的创设对推动深度教学的作用和实施成效

在读书会交流中，学生的综合素养和核心素养得到全方位提升，取得了显著的成效。

读书交流会的推进，推动了学生对文本或名著的深度理解，强化了以下几种能力或素养。

①读书会强调了学生的主体地位，推动了学生的感悟能力发展，推动了名著的深度阅读。学生在形成读书报告或读书笔记时，通过概括、归纳等思维活动，理解名著的思想内容及语言特色等。学生在读书会中，通过自主设置问题，现场提出问题，质疑和解答同伴问题，提升了自己的审辩思维能力、批判质疑能力。

②深度教学指出"学生学习需要交往"。在小组读书会中，学生的合作素养得到了锻炼。为开展读书会以及开好读书会，学生之间要多次沟通、协调，有关细节才会得以落实；在交流过程中，如何组织每个人的发言，如何应答和补充其他同学的问题，如何有序地畅所欲言，等等，都需要学生合作。读书会延展了人际互动的场所，建立了合作互助的交往关系，推动和发展了学生的合作能力，推动了学生之间的交流和互动，给学生们提供了一个原生态的交往成长平台。

③在讨论中，学生的各种能力得到了发展。学生的提取信息能力、综合迁移能力，发散性思维、批判性思维、反思性思维，以及理解能力、评价能力和创造能力都得到了充分的发展。

④深度教学指明，在阅读中，学生对文本所包含的美进行了感受和欣赏，如对作品中的人物形象、感人的行为、情境充分地进行交流。读书会围绕之前主持人就文中的人物、情节、读后感悟等设置的问题展开，也让学生的阅读能力得到了充分的发展。同时，为了更好地引导学生，老师也要用心地读名著，只有这样，才能更好地为学生答疑解惑。读书交流会推动了教师与学生的相互对话、相互耦合、相互融合，使学习的过程是一个动态生成的过程，同时也提升了师生的文学鉴赏能力。

⑤读书会创建了一个共同学习体。这个共同体增强了文化理解和传承。老师每学期发放学期书单，并在书单中注明哪些是一定要通过读书讨论会推进深度阅读的。当然，凡是需要通过读书会深度阅读的书，都是原汁原味的经典，学生通过自读自悟初步领会经典，再通过讨论交流深化对经典书籍的理解认识。

⑥由于提前设置了讨论问题，学生在阅读前会有方向，在阅读的时候会独立思考，做好读书笔记，为会上讨论的问题做准备，交流时积极思考，不断参与到预先设置问题的讨论中，从不同角度补充同伴的发言。这很好地培

养了学生发散思维的习惯。

（二）课内，让课堂思辨成为推动问题导向学习的有力抓手

读书交流会是课前课后的读书交流模式，相比而言，课堂思辨是把课堂交给学生、以生为本的教学模式。

新课标指出语文学科的核心素养包括语言运用、文化自信、思维能力、审美创造四个方面。课堂辩论可以让学生提升学习参与度，主动学习，学会辨析不同的观点和看法，加深对相关书籍的理解，训练和发展逻辑思维、发散思维和批判思维，提升核心素养。

1. 在推动名著或课文深阅读的探索中实施课堂思辨的可行性

语文课程的总目标之一是："乐于探索、勤于思考，初步掌握比较、分析、概括、推理等思维方法，辩证地思考问题，有理有据、负责任地表达自己的观点，养成实事求是、崇尚真知的态度。"在推动名著或课文深阅读的探索中，可以实现以下几点提升。

①学生通过自主阅读，掌握了课文或名著的基本内容，为思辨打好了一定的基础。

②通过小学中年级的学习，小学高年级学生已经具备了较强的自主学习能力，再开展深阅读时，学生更能自主探索，发现阅读之美。

③新课程强调自主学习、合作学习、探究学习，学生掌握了一定的搜集整理信息的能力和技巧，也具备了一定的综述和整理知识的能力。

④由于大量阅读，学生具有了一定的分析能力和分辨能力。

⑤学生通过小组读书会、课堂小组学习等训练，在团队分工协作等方面得到了锻炼，具备了分组辩论的基础。

学生有了这几点，就具备了开展辩论的基础，由此既能开展团队合作，又具备开展辩论的个人能力。

2. 课堂思辨的教学设计

（1）辩题设置

为了让学生能更深入地理解名著，教师要精心设置辩题。辩题不仅要有利于推动学生对文本的理解、分析，还要有利于推动学生发散性思维和批判

性思维的形成与发展。

（2）课堂辩论的具体实施

生本课堂强调"课前—课中—课后"三段式一体连贯的教学过程，因此课堂辩论的实施也将从教师和学生两方面分为"课前—课中—课后"三阶段组织教学策略，开展教学活动，见表1-1。

在课前，学生根据各组设置的问题进行自主阅读，并依据问题做好读书笔记。

表1-1 课堂辩论实施方案

角色	课前学习	课堂学习	课后学习
教师	结合本单元内容推荐名著	（1）由课文或名著相关话题引入辩题，如阅读完《哈利·波特》系列，引出辩题"哈利·波特最后的选择是合适的还是不合适的？" （2）将课堂主导权交给辩论主持人，辩论结束后进行点评和总结； （3）组织好辩论，恰当地引导并及时点评	答疑解惑
学生	完成课前先学设计	（1）完全按照辩论赛的赛制组建正方和反方，开展相关辩论； （2）辩论赛上互动交流，辩论赛后点评； （3）完成作业、讨论交流、学生互评	（1）没能参与课堂辩论正反方的每位学生自由提出1个疑问，或问正方，或问反方； （2）完成辩论总结

在课堂中，教师以问题或情境引出辩论的主题，指导学生选好辩论评委。在引发了学生的思考之后，将课堂主导权交给辩论主持人并进入正式的辩论环节，参照正式的辩论赛推进流程。在辩论结束、评委评分的时间里，引导作为听众的学生积极提问并讨论，引发更多的思考，提升学生的参与度。在课堂结束前，评委得出辩论赛结果并进行点评和总结，教师根据当天辩论和提问环节中讨论得最激烈的问题继续设计3个开放性讨论题目，由学生在课后进行思考，可以在下节课的课前或者读书会开始前进行汇报、讨论，教师或小组组长进行点评。

(3) 课堂辩论存在的问题和难点

课堂辩论可以培养学生的思辨能力,加深学生对知识的认知和思考,但在课堂辩论中往往需要注意以下几点。

①在实际辩论过程中,会出现学生论点论据不充足、反复在不重要的问题上纠结的现象,使得整个辩论过程无序且无意义。这种问题在课堂辩论中常常出现。为解决这个难点,教师不仅应该在课堂中及时引导辩论的大方向,促进整场辩论向更深的角度推进,还应该积极参与课前学生进行论点论据准备和探讨的过程,适当给出一些参考资料,从一开始就引导辩论的广度和深度,同时给予学生一定的课前思考。

②在课堂辩论中,教师可以使用一定的激励手段。

③在辩论结束后,教师的点评环节以及根据当天辩论和提问环节最激烈的问题和知识点设计的开放性讨论题目也非常重要。

(4) 课堂辩论实施过程

开展课堂辩论一共分为三个阶段,分别是前期准备、辩论环节和反馈总结,具体安排如表1-2所示。

表1-2 课堂辩论流程

过程	内容	方法
前期准备	1.阅读相关书籍	学生先学课文或自主阅读相关书籍
	2.确定辩题	教师设置辩题,也可以由学生自主讨论选择辩题
	3.组织辩论	提前一周告知辩论时间安排,学生自行选择正反一方
辩论环节	1.辩论开场	教师创设情景,再将课堂主导权交给主持人
	2.亮出观点	双方一辩亮出观点
	3.盘问	双方二辩相互盘问
	4.对辩	双方三辩展开对辩
	5.自由辩论	双方自由辩论
	6.结辩	双方总结陈词
反馈总结	1.学生提问	作为听众的学生积极提问并讨论
	2.评委点评	评委得出辩论赛结果并进行点评和总结
	3.开放式讨论	教师根据辩论中最激烈的问题设计3个开放性讨论题目

3. 课堂辩论在推进深度教学中的作用及实施效果分析

课堂辩论在推进深度教学上起到了以下作用。

（1）推进学生对文本或名著的深度理解，发展了学生思维，推进了教学目标达成

在实施课堂辩论时，一定是围绕学生比较难理解或理解时有争议的问题进行辩论。在辩论时，学生要构建自己的语言，用自己的方式表达出来，这种输出式的教学是有利于培养创新能力的。

（2）让学生养成自主学习的习惯，锻炼了综合能力

通过设置学生自主选题、辩论及学生点评环节，让学生全面参与课堂教学，学生学习兴趣有了明显改善，学习效率大大提高，真正体现"以学生为中心"的教学理念。

通过课堂辩论赛，学生好奇争胜的欲望得到一定满足，团队合作意识增强了，临场应变能力和发散思维、批判思维能力得到了不同程度发展，这是深度教学特别强调的。很多学生表示"喜欢辩论，辩论时间过得很快"。

（3）把课堂交给了学生，实现了教师的角色转变

在新课程改革背景下，教师是教学组织者、引导者和服务者，是课堂辩论的组织者与指导者，而学生是课堂辩论的主要参与者。课堂辩论让学生成为学习主体，学生都必须参与其中并主动思考，符合教学改革的要求。

总之，在多年的实践和探索中，课堂思辨的建立和读书讨论会的实施推进了深度教学，也推进了当前小学语文课程改革，更推进了语文核心素养发展，取得了一定的成效。同时，它们也存在一些有待改进的地方，比如，如何评测学生阅读水平、层次等，如何引入指向"改进学习"的学业质量评估，如何进一步提升教师的课程意识等，都是在以后的探索中要逐步丰富和完善的。

参考文献

[1] 郭思乐.教育走向生本[M].北京：人民教育出版社，2001.

[2] 郭元祥.深度教学——促进学生素养发育的教学变革[M].福州：福建教育出版社，2020.

[3] 中华人民共和国教育部.义务教育语文课程标准（2022年版）[S].北京：北京师范大学出版社，2022.

[4] 陈玉琨.慕课：一场正在到来的教育变革[J].基础教育改革动态，2014（5）：23-25.

[5] 崔永漷.指向深度教学的学历案[J].人民教育，2017（20）：43-48.

四、在语文学科学习中推进学生"自主自治"的实践探索

在生本教育本着"一切为了学生、高度尊重学生、全面依靠学生"的办学理念引领下，在语文教学生涯中，我走的是"带领学生读书和实践，突出阅读和思考，突出积累，注重人文熏陶，发展个性特长"的路子。我在语文教学中不仅注重学科教育，也特别注重人格和习惯的培养，这样有助于学生全面、和谐、主动、活泼地发展，也凸显了语文学科的育人作用。

在推进学科育人工作中，我主要突出学生的主体地位，强化其责任意识，重视"明自己，有他人，利集体"的关键能力和必备品格的培养。

"我主动""我组团"是贯穿班级治理的主线。围绕着"我主动"，我构建了主动灵活的班级治理体系，在学生与家长两个方面开展了一系列的工作。

班级治理"我做主，我组团"。语文班干部实行"我主动"班干部轮换制。班级每隔一段时间都要对班干部进行轮换，通过学生申请、教师认定等环节，努力让每一个学生都加入班干部的队伍，并定期让学生主动总结分享当语文班干部的工作职责、心得、体会等。

我经常创设各种机会，强化学生在学校的主人翁意识，让学生进行岗位体验，提升自我能力。班级小干部往往采取民主选举选出，实行轮换机制，使更多的学生参与班级管理。在班干部招聘会上，学生自出竞聘广告，经过自我推荐—演讲—特长展示—选举等环节产生早读员、每节课课前三分钟主持、语文活动总策划、读书督察员、图书管理员、听写负责人、语文学科小导师等角色。学生在体验不同角色的同时，极大地提高了自主参与班级管理的积极性。

在常态学习中，我鼓励学生成立丰富多彩的各类社团，并自主选择、自由参加自己喜欢的社团，以丰富和发展自己的兴趣特长。现在，我做的组团学习，也进一步让学生在团队活动中发展自己的能力，完善自己的人格。

我的学习"我做主,我组团"。 秉承"我做主"的理念,开展学习"我做主,我组团"的课堂研究,学生课前主动学习,课中主动交流、主动展示、主动探究,课后主动实践、主动总结,"主动、结伴学习"的意识深入人心。

课前,我们会布置一些前置性的作业,鼓励孩子们"先学后教,先做后教"。例如,教《为中华之崛起而读书》这一课之前,我们在前置性作业中就会让学生收集周恩来总理生前图片、文字等相关资料,让所有的学生都参与。预备铃响后的两分钟,各班根据自己的情况进行成语、格言、经典背诵或新闻播放等活动,展示各自的阅读思考和积累等。

课中,师生平等对话,演绎精彩课堂。对话过程要凸现学生的主体地位,因此我们在授课时,根据各年级学生的心理特点,把基础放在有教师点拨的"自主学习"上。借助创设情景,以引导、唤醒、激励和鼓舞等教育手段,在融洽、和谐、平等、民主、活跃的氛围中,让学生在情感、思维、意识、动作等方面积极、主动、愉悦地参与学习的全过程。在课堂上,我们运用同位交流、四人小组讨论等方法,创造了全员参与的条件;在导入、探究、质疑、读议等各个教学环节,提供机会给学生,使学生在学习过程中经历感知、迁移、体验、领悟、理解、掌握的全部思维过程;在教学过程中,让学生既动口动脑,又动手实践,充分参与到语言实践活动中。

课后,深化探究主题,进一步激发学生求知欲望。在课后,我们往往将课中学生引发的有价值的思考往纵深处发展,如在《为中华之崛起而读书》的课后创设了"读书是为了赚钱吗"的辩题,让活动"立起来"。引导学生自己布置作业,自己定下一节课的学习计划。

家校携手"我做主"。 发挥家长的教育力量,利用家长的特长与社会关系,组建了"家长导师"团体,让家长导师为学生授课,帮忙组织读书会,帮忙整理读书会资料,与学生一起同台演讲。

我在抓好校内学生教育的同时,积极整合社会教育资源,充分利用家长资源优势,举办亲子阅读活动,让家长导师为学生授课、帮助组织读书会、与学生同台演讲等,将学习深入到家庭和社区。我的学生大都生活在骏景小区,每逢节假日,我都会提倡学生为小区、为家庭做一件实事。我的学生为社区幼儿园的小朋友讲故事,宣传环保知识,组织义卖活动,为社区献爱心,等等,做了力所能及的好事和实事。这些活动使学生体验到了父母工作的辛苦、助人为乐的乐趣、服务社区的自豪感，增强了活动的自主性。通过发挥家长的教育力量，学生在社区里找到了可供体验的岗位，在实践中受到教育，他们的参与意识增强了，实践的能力也提高了。

班级互助"我做主，我组团"。在班级建立爱心助人社，社长轮流当，怎样组团、如何助人都由学生自己做主。

把选择权还给学生，强化学生的主体意识，既是对学生的尊重，更是在学科学习中强化育人导向，培养有担当、负责任、善合作的时代新人的需要。

记得王安忆说过，"一个人的发展，主要来自两种力量：一种是外在的影响，一种是个人的内在动力"。而后者才是真正决定一个人如何发展和发展到何种程度的主要因素。为学生创设一个平台，让其主动，乃至让家长主动，共同为每一个学生的发展而努力，让学校成为社会认可、家长信赖、学生向往的育人摇篮，这是我们努力的方向。

总之，"自主自治"有利于打好学生培养优良心理素质的基础，通过实践，班里的学生"乐学"了，也"会学"了。学生全方位、全过程地参与班级的活动，参与意识增强了。"自主自治"也让学生的个性得到了全面有效的培养和发展。个性是创造性的基础，学生的个性得到发展，便必然会有创新，也必然培养出敢于创新、不畏权威、能实现个人理想的创新精神。

五、家校社协同育人的实践探索
——"家庭演讲嘉年华"活动

家庭教育是教育的上游,每个家庭都有有价值的奋斗史,整合利用家长资源,充分发挥每个家长的优势,有利于学生成长。

学生读到六年级,已经到了发育期。对于这个年龄的学生,如何优化他们与父母之间的亲子关系,如何让学生与父母之间有更多共同的交流语言,如何加强家校合作促进学生的发展?同时,如何把学生在小学六年沉淀的强项做一个展示,如何让学生更深刻地认识父母所从事职业的特点、价值等,如何更好地促进亲子关系的融合发展?这些都是我思考的内容。

现在的家长都特别关注孩子的成长,想要解决孩子在学习、成长路上出现的各种问题。随着学生逐渐长大,他们的思想独立意识越来越强,不少家庭会出现沟通问题,如孩子顶嘴、孩子不听话、孩子叛逆等。

每个家庭都有故事,原生态呈现最有魅力!记得2018届的学生即将毕业,我在思考如何给他们更生动的课堂,让他们吸收更多知识的营养。同时,我也在思考让家长参与学生的课堂,给学生的毕业季画上完美的句号。基于上面的考虑,我和家长们沟通,双方在思想上达成了高度共识,大家商量后发起了"家庭演讲嘉年华"活动。

(一)家庭演讲嘉年华活动的具体实施

1. 了解和调查孩子和家长的意向

教师先制作一份问卷,了解学生的想法和家长的意愿,同时在问卷中特别强调:"做这个活动的初心是希望丰富课程资源,让同学们从小对各类职业有一定的感知和了解,同时,对自己六年沉淀的强项做个总结和思考,也是为了更好地促进家校沟通,为青春期的孩子与父母建立良好的关系做铺垫。"

就这样很快获得了家长的首肯。

2. 鼓励大家报名,给学生和家长搭建平台

【案例呈现】朱彦隽、朱彦祈家庭的演讲——"爱好与梦想:双胞胎的成长之路"。

朱彦隽、朱彦祈同学生动地给大家演讲了双胞胎兄弟与篮球的故事。两兄弟绝对是班上的运动健将,特别热爱篮球。刚结束的学校年级篮球赛,我们班稳稳拿下年级第一名,兄弟俩立下了汗马功劳。篮球场上的3分球,对兄弟俩来说,一投一个准!

双胞胎一唱一和地演讲后,兄弟俩一再要求妈妈一起参加家庭演讲,可妈妈一直没有同意。孩子机智地告诉妈妈,同学评价,他俩的妈妈是班上两位最让人觉得恐怖的妈妈之一。这个时候,这位低调的妈妈被儿子的"激将法"激发了潜力,终于勇敢地决定和孩子一起参加家庭演讲。估计她是想向其他妈妈学习,用自己的演讲获得孩子的理解,来为自己"平反"吧。这位双胞胎的妈妈始终没明白,为什么还算是温柔的自己,会让孩子觉得恐怖呢?

图1-3 家庭演讲嘉年华活动

这位温柔美丽的双胞胎妈妈随后用最真挚的感情讲述了孩子从出生到小学即将毕业，属于他们家庭的特别故事。她的演讲主要分为三个部分：一是双胞胎的孕育、养育故事；二是父母是如何协助孩子找到兴趣爱好的；三是在以爸爸教导为主的潮汕家庭，好家风是如何言传身教的。这位妈妈的演讲朴素而真挚，深深地打动了全班同学。

听完这个演讲后，同学们现场踊跃发言！

同样是来自双胞胎家庭的罗子威同学在这之后第一个上台发言："我也来自双胞胎家庭，刚听了朱彦隽、朱彦祈两兄弟的家庭演讲，我很有感触，勾起了我太多童年的回忆，我小时候也经常跟我的双胞胎哥哥抢东西。我觉得彦隽、彦祈他们家是十分温馨的家庭，他们的妈妈讲他们的养育和成长故事，（我们）也很难想象父母养育他们的艰辛，他们俩也是我们班的运动健将，他们从出生就得进保育箱成长为今天的运动健将，离不开父母的养育。双胞胎家庭真的很幸福，我也要特别感谢我的父母。"

王若晴同学如是说："我是早产儿，我妈妈说，因为早产，我小时候也特别不好带，晚上也不睡觉，要爸妈抱着才能睡。爸爸承担了更多的家庭责任，在外奔波，也特别爱我们，基本满足我们的各种要求。妈妈家兄弟姐妹特别多，她也承担了她那个家庭的责任。我上小学，妈妈就全职照顾我和哥哥，我俩都有些叛逆，特别是我哥哥，我们兄妹俩也经常惹我妈妈生气。但我真的特别爱我的妈妈，我知道她也特别不容易。我小时候体弱多病，都是妈妈细心地照顾我和我哥哥。我妈妈常说她是位'懒妈妈'，她对我的学习只是提指导意见，基本以我的爱好为主，让我从小学会自我管理，自己的事情自己完成。但妈妈会跟我沟通生活中的各种道理，用我们家发生的各种事情来跟我分析问题。妈妈的这种方式让我明白了更多的道理，也让我更加自主、独立。我也希望自己能更强大，我真的很爱我的妈妈，爱我的家！"

王若晴同学发言时，几次激动落泪，哽咽。讲台下的同学给她送去了纸巾，很多同学都感动到流泪，班主任张瑜老师过去安慰若晴，她的眼眶也红了，连台下的家长也在默默地擦眼泪。朱彦隽、朱彦祈妈妈讲的孩子出生的故事，击中了现场听众的泪点，王若晴同学的发言也带给大家特别多的感动。

接下来，班长赵庭珺同学也分享了自己出生的故事，他的发言让现场气氛轻松起来，"我妈妈说我生下来8斤，有两个朱彦隽重，是剖腹产的，但当时情况紧急，胎心下降，麻药都不能先试验是否适合产妇，医生就给妈妈用了麻药，开始剖腹产。妈妈说她还能清醒地感受到刀子剖开肚子的感觉……"

"大家都知道，去年，我也多了一对双胞胎弟弟，我现在也特别喜欢我弟弟。当时我只知道即将有一个弟弟，不知道是双胞胎弟弟。我是听到月子中心打电话给我妈妈，才知道我将有两个弟弟，当时我特别郁闷，我只想要一个弟弟，我不想要两个弟弟！于是，我和我妈妈生闷气。我也是担心，如果有两个弟弟，那不就更加分走了父母对我的爱嘛。这时，妈妈耐心地跟我谈心，我才勉强接受了即将到来的事实。两个弟弟出生后，整天就像打仗一样，我妈妈几乎都没时间睡觉。我现在更理解我的父母，也更加爱我的弟弟了……"班里一直以来的"学霸"蔡灏霖同学也分享了自己成长的心路历程，他的发言让大家开心大笑。

陈达为同学的发言也透露着对妈妈的理解与爱。"爸爸为了家庭工作很辛苦很忙，妈妈要上班，还要照顾我和妹妹。我和妹妹的性格完全不同，而且我特别调皮，让妈妈操了太多心。我妈妈也很严格，对我来说，（她）就是一个侦探，我的淘气调皮都逃不过侦探妈妈的法眼。马上上初中了，我也希望自己能长大，让妈妈对我放心，主要是不想妈妈那么辛苦……"

同学们的踊跃回应和强烈共鸣，的确让人感受到了这场演讲的成功。

（二）家庭演讲嘉年华活动的影响

家庭演讲有什么魔力让家长和学生如此感动？又是什么样的魔力让学生都踊跃发言，表示理解自己的父母，感恩自己的父母，爱自己的父母呢？这场演讲的哪些内容走进了学生内心最柔软的地方呢？

从演讲内容蕴含的感情因素来看，演讲的第一部分才是打动现场听众的关键所在。其实我们也可以从学生踊跃发言分享自己的出生故事来判断，从现场家长的发言中来判断，关于生命诞生的话题，关于父母养育孩子成长的故事，走进了他们的心里。这些话题与故事是通过情感共鸣走进大家的心里，让我们自然而然地想到自己的成长故事，触动了我们内心最深处的情感，感动也就是自然而然的情感体现。

1. 家庭演讲嘉年华活动让学生充分感受到爱的教育，融洽了亲子关系

这些真情的演讲，将每个人的情感共鸣激发了出来，让我们感受到了伟

大的爱。从学生们的发言中我们不难看出,他们最需要的还是父母的爱。

孩子毫无理由地爱父母,对父母也更包容。父母对孩子严厉也好,宽松也好,都一定要让孩子感受到父母是爱他们的。爱还需要表达出来,用言语也好,行动也好,都要让孩子感受到。爱是孩子成长道路上长久的理解与陪伴。这种理解与陪伴,或许是父母最真实的日常生活的体现,或许是父母与孩子一起参与一件好玩、有趣,甚至就是单纯喜欢做的事情。家庭演讲嘉年华就是围绕爱与表达的有意义的活动。好的亲子关系,良好的家庭教育都是从爱开始的!

教育家苏霍姆林斯基说:"每瞬间,你看到孩子,也就看到了自己,你教育孩子,也是在教育自己,并检验自己的人格。"发展心理学家皮亚杰指出,孩子是天生的心理学家,孩子对爱、对真善美,有着极其敏锐的观察力和接受能力。同时,在孩子成长过程中,妈妈是孩子认识世界的第一人,孩子与妈妈的关系是否亲密、融洽,直接影响着孩子一生的成长。

2. 每一场演讲都是很好的课程资源

每一场演讲内容都来自生活,都与每个家庭的生活息息相关。这些演讲成功地将学生的生活与成长联系在一起。陶行知说:"生活即教育。"家校共育是永恒的话题。通过家庭演讲嘉年华活动,家校双方取得了丰富认识、学会理解、强化表达、促进亲子关系融洽等教育效果。

亲子演讲,让学生读懂了父母对子女的爱,让父母感受到了学生的茁壮成长;丰富了学生的认识,锻炼了学生的表达能力。

陈达为同学家庭演讲的主题是"慈母与严师",讲述了一位慈爱且对孩子要求异常严格的母亲如何陪伴孩子成长的故事。陈达为妈妈号称我们班两位"最恐怖的妈妈"之一。在演讲中,陈达为妈妈全程脱稿,给孩子们上演了一场特别的脱口秀。陈达为从小体弱,现在十分强壮,离不开妈妈的悉心照顾;他还是围棋业余五段棋手,其书法作品相继在天河区和广州市获奖,离不开妈妈侦探般的观察力,更离不开妈妈每一步严格的要求。学生听完陈达为妈妈的演讲,对她有了更多的理解!或许有些学生庆幸自己的父母没有那么严厉;或许有些学生也终于知道了陈达为能这么优秀,是因为他背后有一位严格驱动他前进的妈妈!

最受男孩子欢迎的简阅诚同学家庭的演讲是"人工智能真的来了"。估计100%的孩子都玩过"跳一跳"的游戏,当学生看到简阅诚自己设计的"跳一跳"游戏时，眼睛都发亮了。学生在他们的作文中写到，"简直不敢相信这么好玩的游戏是简阅诚编出来的"，"他的爸爸长得几乎跟简阅诚一模一样，甚至连握话筒的姿势都是一样的"。简阅诚爸爸也给大家讲了人工智能的相关知识，但在学生眼里，爸爸完全被会编游戏的儿子比下去了！

赵庭珺同学家庭的演讲是"做更好的自己——性格色彩学分析与思辨性思维的培养"，最受女孩子欢迎。赵庭珺妈妈从《三生三世十里桃花》这部"神剧"的角色色彩性格进行分析，分别讲了红、蓝、黄、绿四种性格色彩的特点，同时用这部剧的角色性格的成长、名人的成长故事，结合本学期《史记》讨论的历史人物的性格特点，让大家明白性格是可以改变的，让大家注重修养自己的性格，做更好的自己。赵庭珺同学用思辨性思维分析了《西游记》《简·爱》《三体》《三生三世十里桃花》等作品，分析方向有中西差异，有过去和未来视角，讲解了思辨性思维要如何培养，很有意义。

儿童心理学家也告诉我们，父母或许才是生命的本源，孩子能与父母建立良好的连接，是孩子与世界建立连接的基础。孩子只有感受到来自父母亲的爱与信任，才能更加幸福和满足，才能相信和追求真善美！对父母来说，给了孩子生命，更要给孩子适合的爱，这也是生命与爱的传承。父母与孩子之间爱的传递过程，也是亲子双方更加美好的生命绽放的过程！

六、青年教师个性化专业发展"2+X"驱动式模式研究*

> 青年教师是教师群体中的新生力量,也是促进学校可持续发展的重要力量,青年教师的成长,不仅是学校、学生、家长关注的要点,也是社会关心的教育重点。本文对青年教师的成长进行了研究,提出了"2+X"驱动式模式。该模式的活动主体为学校、导师、青年教师,目的是驱动青年教师更好地实现个性化专业成长,希望为青年教师的发展提供理论依据和实操方案,也为新时代的课程改革助力。

青年教师知识面广、可塑性强、学习能力强、观念新、有亲和力,能给学校和课堂带来活力。青年教师在学校提供的平台和资源上以骨干教师、名师为成长目标,掌握现代教育技术,成为具有个人教学风格、科研专长的教师,并能在学校工作中起示范带头作用,这是对教师自身专业成长提出的要求。青年教师要抓住自身的优势,纵深拓展学科综合素养,不仅要"德高为师,身正为范",还要让学生"亲其师、信其道"。

(一)"2+X"驱动式模式概述

1. "2+X"驱动式模式的背景和概念

青年教师是学校教育教学的生力军,学校应致力于青年教师队伍的打造。当青年教师进入学校,如何让青年教师快速成长,就成了学校发展面临的重要课题。随着时代的进步,课程改革明确指出,每位教师都要挑起学科育人的重任,而跨学科融合也是当下教师亟待提升的能力。因此,在学校提供的

---

* 注:原发表在《课堂内外》。

平台上，每个学科的骨干带头人可以结合自身学科特点，针对青年教师确立序列性、综合性的培养方案。通过研究，本文提出了青年教师个性化专业发展的"2+X"驱动式模式。"2+X"驱动式模式的活动主体由三部分构成：学校、导师、青年教师。这里的"2+X"中的"2"代表学校提供的广阔平台和名师引领，"X"代表青年教师所在的同级组、同备课组的教师，以及青年教师在此背景下延伸出的无限可能。该模式的目的是驱动青年教师更好地实现个性化专业成长。驱动力量可以分为内部动力和外部动力。

2. "2+X"驱动式模式的价值

"2+X"驱动式模式可以有效促进青年教师个人的长期成长。在教育场域，学校不仅要解决教师个人发展问题，还要增强教师自我认同感和职业幸福感，让教师全身心投入教育教学工作，进而提高学校的综合实力。学科学习从来不是独立的，而是互相融合的，学校应结合不同学科的特点，发挥"传帮带"的示范引领作用，让青年教师在资深教师的带领下茁壮成长。这不仅可以提升青年教师的专业素养，也可以增强学校原有骨干教师的教育热情。学校在发展一名合格的新教师所应具备的共性素质的前提下，还应充分发展教师的个性化特长，使其走个性化成长之路。鉴于此，学校应整合优秀资源，让青年教师在大平台、高起点之上，在育人导师和专业导师的引领和探索中学习，以更快捷地促进其成长。

对教师而言，追求幸福人生与追求专业发展是教师教学生涯中两个同等重要而又不可回避的命题。追求幸福人生，是教师作为人的普遍性追求，而追求专业发展，则是教师作为一种职业的特殊性要求。追求幸福人生与追求专业发展是相辅相成、互为基础的，教师的幸福人生是教师实现专业发展的必要前提，反过来，教师的专业发展有助于教师幸福感的提升。随着对教师专业发展认识的逐步深化，教师作为自己专业发展主体的地位日益被得到确认，注重教师的"专业自主"和"专业自我"已经成为当今时代学校教师管理和教师专业发展过程中的重要特色。这种"专业自主"和"专业自我"强调教师自己对教育教学活动的感受，强调教师对教育事业的接纳和肯定，强调教师主动地设计自我的发展路径。但是，教师专业发展的内容随着时代和教育的发展，均已经出现了明显的扩展和丰富的倾向。在这种情况下，教师的专业发展路径也必然要实现单一化到多元化的过渡与转型，只有通过多元化的、有效的教师专业发展路径，才能最终实现教师的专业发展。本文所阐述的"2+X"驱动式模式，正是一种基于教师专业成长阶段划分的、有针对性的教师专业发展方式。

(二)"2+X"驱动式模式促进青年教师专业成长的举措

1. 举行研讨活动，为青年教师成长搭建平台

举行有深度、有价值的研讨活动是促进青年教师发展的外部动力，如各学科举行教师素养基本功大赛，各年级、各学科之间进行教学比拼等。活动的开展，教学、研讨氛围的营造，可以让青年教师在参与活动的过程中获得成就感和自我价值得以实现的满足感。例如，各学科组定期举办学科教研活动，一周一课，让青年教师在议课、磨课、上课过程中感悟成长；定期与外校同课异构，坚持"引进来"和"走出去"相结合，在不一样的教学模式中打磨自身教学技艺，感受不同教学方法带来的不同效果；组织青年教师基本功大赛，活动设置一定的奖项，激励青年教师提高专业素养；开展多种形式的读书分享活动，不同学科教师共读一本书，分享阅读感悟，结合自身学科特点做出解读等，都促进了青年教师的专业成长。

2. 精配导师，为青年教师成长找到榜样

精配导师是促进青年教师发展的有力举措。"2+X"中的"2"代表学校提供广阔的平台和名师引领，引领名师包含一个育人导师和一个学科导师。对不同的青年教师而言，选择导师十分重要。

榜样教育在人的社会化过程中有着不可替代的作用，著名的美国心理学家阿尔伯特·班杜拉对此有充分的研究，他认为："从模拟动作到掌握语言，从习得态度到形成人格，都是通过观察和模仿完成的。"而观察模仿就是榜样教育。在人的生活环境中，激活强化榜样的精神品质和时代内涵，可以使人主动接纳并使之成为自己价值观的一部分，并且有意识地将这种观念付诸实践，从而可以成为自身行为的一部分。所以榜样教育是很重要的教育方法，也是很直接的驱动力。榜样导师能促进青年教师在立德树人的大教育时代的长远发展。

3. 文化输入，为青年教师成长注入源头活水

文化输入、价值引领是促进青年教师发展的不竭动力。文化引领价值，

价值安顿灵魂。当今时代发生了巨大的变化,当前教育特别强调学科育人工程,发展学生的核心素养,这对所有教师提出了挑战。学校可以根据青年教师经验尚浅的特点,举办读书沙龙,建立青年教师读书会等,引导青年教师阅读经典和专业书籍是非常有必要的。做教育就是要深入阅读,如郭思乐教授的《教育走向生本》《教育激扬生命》等书籍,让青年教师在读书会中分享阅读感受,相互讨论交流,有利于促进青年教师沉淀文化底蕴。

4. 举办个人才艺秀,为青年教师成长注入活力

举办个人才艺秀是促进青年个性发展、自我认同的重要举措。对教师职业的认同和热爱是青年教师成长最重要的驱动力,陶西平曾说:"教师的专业情意是教师对教育事业的情感态度与价值观的融合,是教师职业道德的集中体现,也是教师专业持续发展的根本动力。"学校为青年教师提供才艺展示的平台,如诗歌朗诵、歌唱比赛、演讲比赛、体育特长展示、器乐比赛等,可以让青年教师的才艺得以展示和发展,提升青年教师的综合素养。这种素养其实也可以界定为教师的专业情意,并在教学中能够得以综合运用。专业情意是教师专业素养的重要组成部分,可以把它理解为教师对职业的认同感,对自我的认同感,对教师这份职业所怀揣的热情与理想信念。自我认同感强、有强烈教育情怀和理想的教师,自我驱动力和自我发展意识就会非常强烈,在情感、态度上对教育会非常重视,并主动接受新知识、掌握新技能、投入教育改革、在工作中投入心力,以更好地实现自我价值。所以教育要有信仰,信仰是动力之源。学校应鼓励青年教师勇于展现自我,为青年教师的专业成长注入活力。

5. 设置目标激励,为青年教师成长寻找动力和方向

其一,学校设置目标激励,使青年教师个人发展需要与集体目标紧密联系在一起,可以激发教师的积极性、主动性和创造性。首先,学校应鼓励青年教师根据学校的总体目标,制订短期到长期的个人发展规划,学校统一印制个人发展规划书,规划书中要涉及专业发展、个人发展。学校还可以建立"师徒结对""老带新"等一定的组织形式,并以此建立契约。这不仅要发挥学科骨干教师的引领榜样作用,还应在青年教师队伍中树立榜样,打造典型教师。青年教师经过前期的锻炼,如果个人三年成长目标完成度高,便会对今后的教学生活有更大的憧憬,之后学校要鼓励青年教师及时调整目标的期

望值，并为之提供现实辅助，以保障其发展动力。

其二，对成长期的青年教师而言，学校可给予效益激励。如果问教师："你为什么要来当老师"，答案无非是工作稳定、收入稳定、工作内容充实、为教育事业做贡献等，这是许多教师真实的想法。怎样让这些拥有教育情怀的教师，发展得更长远且长久呢？学校可以采取激励举措：合同激励，如合同期限为三年或者无固定期限；工作量激励，对超工作量的教师及时肯定。

其三，学校可以采取成就激励的方式鼓舞初步成长的青年教师。这里的成就激励是将教师发展的一些理论、成果以可视化的形式呈现，对其教学技能、科研成果进行表彰，并发扬其优秀经验，如建立名师工作室，成立专项科研基金等。

榜样的力量可以激发一个人去观察、效仿，然后将这种信念转化为现实存在的力量，并推动自我发展。每周的教研活动，骨干教师可以抓细节，从实处开展评课、议课，给予青年教师切实可行的意见，备课时，学科组一起参与，让青年教师的结对师傅从教学经验、教学策略等角度提供帮助。学校的激励机制和完善的教师成长体系能有效促进青年教师专业成长。

（三）"2+X"驱动式模式存在的问题

促进青年教师个性化专业发展的"2+X"驱动式模式在推进的过程中，仍然存在一些问题。首先，在为青年教师寻找专业导师和育人导师时，推进个性化的帮扶工作并不容易，而且青年教师容易受导师的影响，对自身形成个性化的教学风格也有一定影响。其次，在推进该模式的过程中，青年教师所属年段的导师变化性比较大，学校每年人事分工的基础，是以学生为出发点的，因此会较少考虑整个教师团队的成员固定性以及某些利于青年教师成长的因素，而这在一定程度上不利于青年教师的发展。最后，该模式的名师引领，是育人导师和专业导师分开的模式，导致对学科育人的因素考虑不够周全。

另外，还存在其他问题亟待提升和解决，如在不同学科，"2+X"驱动式模式如何结合学科特点才能更有针对性地开展；不同类型的教师怎么发展不一样的个性化道路；如何拓宽学科视域，融合多学科视角助力青年教师成长；等等，这些都是接下来需要进一步研究的内容。

(四)"2+X"驱动式模式研究小结

总之,"2+X"驱动式模式的研究会让青年教师的综合素养和学习的内驱力得以提升,有利于提高青年教师对职业的认同感,提高工作热情。教师自主发展是教师个体主动追求作为教师的人生意义与价值的自我超越,它强调发展需求和愿望的内在性、发展内容的个体性和发展个体的自觉主动性。教师的专业发展越来越受重视,这对青年教师队伍的培养和成长尤为重要。"2+X"驱动式模式正是通过内外部一起干预,让青年教师感觉到自己不是一个人在前行,而是一群人、一个团队在前进,在工作中感受自我价值的实现,从而获得成就感和满足感。

参考文献

[1] 陶西平.研究特级教师成长规律的独特价值[J].人民教育,2010(5):63.

[2] 潘超炜.教师专业发展的阶段与激励研究[D].上海:上海师范大学,2009.

[3] 王莉韵.教师专业发展中的名师影响与作用[D].上海:华东师范大学,2010.

[4] 孟建锋.教师自我成长的动力[J].北京教育学院学报,2011,25(6):1-5.

[5] 高光.教师专业发展:外部驱动与自主发展之间的关系[D].上海:上海师范大学,2015.

[6] 张宁.自主成长型教师专业发展研究[D].芜湖:安徽师范大学,2012.

七、明道至善，享受生本教育

从事生本教育以来，我深深明白，课程开设引领学生的发展，课程开设的内容是呵护学生兴趣和保证教学质量的重要法宝。除了开足开齐国家和地方课程外，我还和学生一起开设了许多丰富多彩的课程。只有课程适应学生个性发展的需要，学生才会喜欢，因为喜欢，学生才会乐在其中。

基于长期以来的探索，我的语文教学一直推动大阅读、大积累、大思考、大实践和大表达等五大块的学习。我相信儿童，相信儿童的潜力无限，相信儿童是天生的学习者，也相信自己有比较长远的时间与学生相处，所以，为了有效推进五大块的学习，我对班级的语文课程做了一个长远的规划。首先，开学初，我推荐了"可怕的科学"和"彩乌鸦系列"这两套图书。第二，为了让学生会写诗歌，我整理了一本现代儿童诗集，让学生有空就阅读，为他们未来创作诗歌打下扎实的基础。第三，开发了一套《千字文》教材给学生使用。《千字文》作为传统文化的经典之作，很值得学生阅读和背诵。我不但让学生背诵，也让学生广泛地阅读《千字文》故事。这套教材，可读性较强，学生很喜欢。第四，让学生担任课程的开发者。根据二年级学生的兴趣特点，我在"走进春天"单元设计了"播种一粒种子"的活动。学生有的播种南瓜，有的播种生姜，有的播种土豆等，很有意思。除了每天照顾这些植物外，他们还做了研究性的课程，而且做得挺成功！比如生姜课程，课程名称是"生姜知识大百科"，分别涵盖了"我种植生姜的日记""我的生姜在发芽""我的生姜在成长""生姜的饮食""生姜的营养""我为生姜写首诗"以及"生姜的文化"等内容。学生编的课程内容极为丰富，而且每个人研究的植物都不同。我将全班学生的选集装订起来，做成了一本植物知识大百科。课程完成后，学生互相交换看，彼此兴趣很浓。最好玩的是，在学校举行义卖活动时，有学生把作品拿出去义卖，卖得非常成功，学生都引以为豪！

课室是落实课堂的主阵地。因为学生课前大量阅读，课堂上都极为活跃，虽然是二年级的学生，但在我的语文课堂上引经据典已蔚然成风。记得在学习《蜜蜂引路》这篇课文时，有学生提了一个问题：蜜蜂为什么不轻易蜇人？这时，语文科代表马上抢着走上讲台，在黑板上画了两个图案，然后津津有味地讲了起来。原来蜜蜂的刺是倒生的，马蜂的刺是直的，所以马蜂蜇人不用付出代价，而蜜蜂蜇人却要付出生命的代价，所以蜜蜂不轻易蜇人。

课堂充满思辨，是生本教育最为亮丽的风景。二年级下册的《阿德的梦》一课，讲的是21世纪的现代科技生活，文章配有插图，画的都是时钟，钟面上的时间指向与文章内容匹配。正当我们畅谈阿德的梦时，一位学生站起来说："老师，不对啊，阿德的梦怎么做了这么长？"我顿感诧异："为什么你说这个梦很长呢？"学生指着语文书上的插图，有板有眼地告诉我："陈老师，你看，这几幅插图时钟的变化，第一幅图时钟指的是6点多，到最后一幅图，时钟指向了7点30分，这个梦怎么做了这么长？根据科学家的研究，人最长的梦是不会超过半小时的，所以这些图有问题！"因为我对梦没有研究，所以不清楚学生的信息是否可靠，我追问了一下："你这个信息是从哪里知道的？"他说："在书里看到的！"我赶紧表扬他：多读书的孩子就是棒！他满足地坐下了。就在这时候，有个学生站了起来，兴奋地说："你怎么不知道啊，这个配图与写文章的不是一个人，所以才会有这样的失误。"就在他们争得面红耳赤的时候，另一位学生站起来了，说："你们两个都有问题，之所以出现这种情况，有三种可能：第一，这个梦不是阿德真的做了梦，是作者想表达21世纪的科技生活，所以写了这篇文章；第二，作者可能真的做了一个这样的梦，就像我们也写想象作文一样，就把它记录了下来；第三，写文章的人和配图的人不是一个人，所以才出现这种图文不配的情况。"我一听，顿时吃惊，毕竟这才是二年级的学生啊，通过思辨，他们对问题的认识是那么的深远，对问题的考虑是那么的周到！所谓学而不思则罔，我们的课堂只有容许学生思辨，只有让学生博览群书，才能换来学生的厚积薄发，所以课堂要充满思辨！

家庭和社区是延伸的学习场所，家庭育人的关键是要看帮孩子营造了一个怎样的学习场。家是孩子们的温馨港湾，也是他们学习的好地方。社区是家庭赖以寄居的地方，任何孩子的成长都离不开社区，为了从小培养孩子们善良、乐助的美德，我会鼓励我的学生在社区做义工。比如，适时帮助社区里提菜的老人，帮清洁工人捡垃圾，春节向保安团拜，到图书馆帮忙整理书籍等。学生在力所能及的范围内，多做这样帮助他人的活动，是非常有意义的。

生本教育，就是这样让学生茁壮成长。明道至善，让我们好好地享受生本教育。

第二部分

教学实践篇

一、教学课例

（一）获奖课例代表

1. 部优课例:《走进鲁迅》教学设计及教学反思 *

我报送的课例《走进鲁迅》(《第五组　回顾·拓展五》)被评为教育部2015—2016年度“一师一优课、一课一名师”活动“优课”(图2-1)。

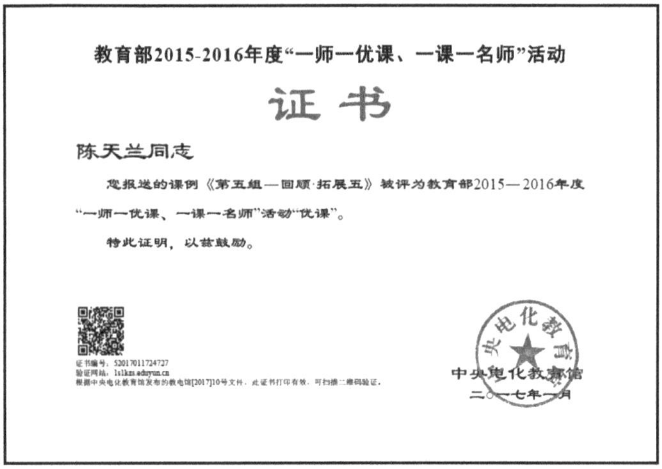

教育部2015-2016年度“一师一优课、一课一名师”活动

证书

陈天兰同志

您报送的课例《第五组—回顾·拓展五》被评为教育部2015—2016年度“一师一优课、一课一名师”活动“优课”。

特此证明，以兹鼓励。

证书编号：52017011724727
验证网站：1slkzs.eduyun.cn
根据中央电化教育馆发布的教电馆[2017]10号文件，此证书打印有效，可扫描二维码验证。

中央电化教育馆
二〇一七年一月

图2-1　《走进鲁迅》课例获奖证书

人教版六年级上册第五单元整合课《走进鲁迅》教学设计

1　教学设计

1.1　教学目标

(1) 学生理解本单元课文内容，能结合例子谈自己的理解。

(2) 拓展读书视野，学生以“对鲁迅的评价及鲁迅文学”为主题进行

---

* 注：课例同步在“学习强国”平台播放。

拓展阅读。

（3）练笔，实现以读促写，尝试写诗赞美鲁迅，尝试写信表达自己的见解。

（4）根据提示主动阅读鲁迅作品，能正确理解鲁迅的相关名言，培养学生对语言文字的感悟能力、表达能力并发展其思辨能力。

（5）结合当下关于鲁迅的热门话题，选择合适的表达方式，表达自己的观点。

（6）整合本单元的内容，培养学生对作品的鉴赏能力、审美能力。

（7）阅读大量的鲁迅作品后，理解民族魂，从而激发对鲁迅的敬仰、爱戴和怀念之情。

1.2 教材内容分析

人教版六年级上册第五单元从单元导读到最后的习作练习，都是讲鲁迅的。《我的伯父鲁迅先生》《有的人》《少年闰土》和《一面》这四篇课文，一篇是鲁迅先生的文章，一篇是鲁迅侄女（鲁迅亲人代表）的文章，一篇是与鲁迅素昧平生的文学青年阿累的文章，还有一篇是名家臧克家先生的文章，主题性非常明确。同时，结合课后的资料袋、单元的交流平台和日积月累，我们细细揣摩编者的用意，不难发现编者是希望学生通过本单元的学习，整体、全方位、系统地把握鲁迅先生的人格魅力。基于这样的发现，我有了整合单元教学，通过一篇课程设计带动整个单元的学习的思考。

1.3 教学策略

（1）先学后教，先做后学，以学定教。

（2）重视感悟，重视表达，利用学生资源，实现以一篇带多篇、多篇带多本的教学。

（3）教学分模块推进，以读引读，以读引说，以读引写，以读引辨。

（4）创设情境，引导学生深度理解鲁迅作品。

1.4 学情分析

六（2）班的学生博览群书，有着良好的阅读习惯，理解能力较强。该班学生有以下特点：特别爱读书，喜爱思辨，乐于写作。考虑到这些学情，我就按照以生为本的教学思路，布置了研究性较强、较为开放的设计。希望这篇设计能统领整个单元，并激发学生对鲁迅、鲁迅文学甚至对文学创作的浓厚兴趣。

1.5 教学资源

课前布置学生阅读鲁迅作品，组团研究鲁迅笔下的人物。

1.6 第二课时教学环节

（1）名言我来挑

鲁迅作为一代文豪，给世人留下了很多经典名言，你最推崇哪一句？为什么？

（2）评说我来看

在众多的评论鲁迅的文段中，你最喜欢谁的评论，他（她）是怎样评论的？请结合本单元的课文或其他文章谈谈你对他（她）的评论的理解。

（设计理念：很快地切入文章的主旨。）

（3）经典我来品

请结合鲁迅的《少年闰土》和其他作品，谈谈你最欣赏的鲁迅笔下的文学形象。可以结合你看到的作品，谈谈主人公的命运及其经典故事等。你从中感悟到了什么？

（设计理念：有利于推进大阅读，同时推进个性化阅读，有利于让学生由课内阅读链接到课外阅读，实现以读引读。语言学习的最高境界是运用语言，学生通过前面的学习，对鲁迅有了充分的感知、理解，再通过阅读研究鲁迅笔下的文学形象，加深对鲁迅的理解，也加深对那个时代的理解。）

（4）文豪我来赞

用自己喜欢的表达方式赞美鲁迅。

（设计意图：在学生大量阅读鲁迅作品的前提下，在他们深度理解鲁迅及其所处的时代后，再让学生用自己喜欢的方式赞美鲁迅，就是非常自然的事情，学生一定有很多话说，这时候锻炼学生的写作能力就是水到渠成的事情。）

（5）观点我来思

辩论和练笔：近年来，鲁迅作品在教材中有所减少。于是，有人大声疾呼：为什么要抛弃鲁迅？又有人大声喝彩：入选教材的文章，理应更加丰富经典，古今中外百花齐放。你怎么评价这些观点呢？

（设计意图：阅读和生活是语文学习的根基，利用文本，让学生围绕当下鲁迅作品在教材中有所减少的现象，通过辩论和写信的方式，展开深层次的思考，可以很好地锻炼收集、处理信息的能力，锻炼思维应变能力及表达能力。）

2 评测练习

2.1 课前评测（先学小研究）

①复述单元课文内容	口述即可
②积累鲁迅的名言	书中做批注
③阅读鲁迅作品	文中做批注
④自创赞美鲁迅的诗歌	写出关键词

2.2 课中评测：鲁迅拒绝诺贝尔文学奖提名申报，为什么？

2.3 课后评测：

（1）找出本单元含义深刻的句子，出评研题考考同桌。

（2）"近年来，鲁迅作品在教材中有所减少。于是，有人大声疾呼：为什么要抛弃鲁迅？又有人大声喝彩：入选教材的文章，理应更加丰富经典，古今中外百家齐放。"请你写一封信给教育部门，谈谈对这些观点的看法。你怎样评价这些观点呢？请阐述清楚自己的观点，表达真情实感。

人教版六年级上册第五单元整合课《走进鲁迅》教学反思

——整合教材，为的是更有效地推进阅读

"好一节让人大开眼界的语文课！好一节令人叹为观止的语文课！好一节叫人拍案叫绝的语文课！学生广博的阅读、深刻的思考、流畅的表达、精彩的创作、强烈的欲望，让这节课变得如此妙不可言！"这是全国青年教师阅读大赛一等奖得主陈德兵老师听完语文课《走进鲁迅》的评价，那课堂是怎样达到这样的境界的呢？作为执教者，我对这堂课从设计、实施到反思做了系统分析，我在想，这节课是在我校生本教育语文课程改革走进了深水区，《义务教育语文课程标准》（2011年版）出炉后，也是在有些鲁迅的文章被移出教科书的时候设计的，更加显示了其意义的深远。

（1）我的教学理念

《义务教育语文课程标准》（2011年版）特别强调：语文是综合性和实践性很强的课程，要重视语文学习的综合性、研究性。围绕这个核心，我构建

了这样一节"整合单元教材,以推动阅读为核心,全面带动学生听说读写"的生本语文课。我的这节课真正地落实以教材为引子的生本教育理念,具体涵盖了如下思考。

①对语文教学的根的思考。如果把语文教学比喻成一棵枝繁叶茂的大树,那么这棵大树的根是生活和阅读。生活有多宽广,语文就有多宽广;阅读推进得有多成功,语文教学就有多成功。所以,在阅读教学的所有设计中,我思考得最多的是如何更大范围地推进阅读,如何将学生的语文学习与他们的生活紧密联系,滋养这棵大树的根基,这是我对语文教学的根的思考。

②对语文教学载体——教材的思考。教材是实现教学目标的载体,多年的生本实践更是证明了生本教育理念关于教材是引子的正确性。所以,在设计教学时,我们应怎么体现教材是引子呢?我们要将语文教学引向何处?怎样是最有效地引,这是我们重点思考的。通过本单元的学习,整体、全方位地把握鲁迅先生的人格魅力,整合单元教学,通过一节课程的设计带动整个单元的学习,这是我对语文教学载体的思考。

③对学生的思考。我这次要执教的六年(2)班的学生博览群书,有着良好的阅读习惯,有丰富的阅读经验,理解能力较强。因此,我在设计教学的时候,考虑到这些学情,就按照生本教育的教学思路,布置了研究性较强、开放性较高的设计。我希望以一篇设计统领整个单元,而这个设计也能激发学生对鲁迅、鲁迅文学甚至对文学创作的浓厚兴趣。

④对教学策略的思考。生本理念强调"先学后教,先做后学,以学定教,乃至不教而教",强调教师是"驱牛向草者",而且多年的实践也证明理论是可行的,所以在上课前我思考最多的是通过设计驱动学生阅读。于是,我设计了五个环节,每个环节都巧妙地利用学生的好胜心理,驱动学生比较阅读之后再做出慎重的选择。这样既尊重了学生的共性,也尊重了学生的个性。

(2)课堂的部分实录

教学的第一环节,说说喜欢鲁迅名言的理由。学生引用鲁迅的名言,或者鲁迅作品中的经典语句,表达自己的理解和感情。学生并不是简单地引用,而是针对鲁迅的名言,充分发表自己的见解,告诉大家自己喜欢鲁迅的原因。这是一条走进鲁迅的捷径,也很好地落实了鲁迅名言的积累,达成了我们每个单元结合教材推进阅读、积累经典名句的目标。

教学的第二步,交流最喜欢哪个评论家对鲁迅的评论。实录如下。

师：鲁迅先生的这些名言，很值得我们好好理解和吸收，经过时间的沉淀，它们经久不衰。同学们，在众多的评论鲁迅的文段中，你最喜欢谁的评论？能结合本单元的课文或其他课文来谈谈你对他（她）的评论的理解吗？谁来第一个发言？

生：我最喜欢的是《有的人》里臧克家先生的评价，这篇文章感动了我，让我知道人的生命只有一次，怎样活才能使自己的人生有价值。从鲁迅先生的光辉历程中我找到了答案，人生的价值不在于索取而在于奉献，一味索取，虽生犹死，我们要以甘愿奉献的精神走在人生的道路上，像一棵默默无闻的野草，做一个无私奉献的人，鲁迅就是这样的一个人。

生：我最推崇的是鲁迅的侄女周晔为他写的《我的伯父鲁迅》。周晔是鲁迅的侄女，所以她对鲁迅的了解十分深刻，她用鲁迅生活中的例子体现了鲁迅为别人想得多而为自己想得少的精神。比如，鲁迅自己生了病，他不但不专心养病，反而让他的女佣阿三少干活；他在面对与自己毫无关系的受伤车夫时，不仅没有转身走开，而是拿了药为他治疗。这几个例子都体现了鲁迅非常关心下层穷苦社会大众，为自己想得少、为别人想得多的精神。

生：我想说说阿累对他的评论。阿累的原名叫朱凡，那篇课文写的是作者在内山书店避雨的时候见到鲁迅一面的事情。在课文中，阿累多次写鲁迅很瘦，这是因为鲁迅将他整个生命献给了革命事业，没有顾及自己。这些话反映了他崇高的品质和顽强的意志。正如郑振铎先生所说，"鲁迅先生的死，不仅是中国失去了一个青年的最勇敢的领导者，也是我们失去了一个最真挚最热忱的朋友"。

师：好，郑振铎先生所说的话很对，鲁迅先生的逝世是全中国人民的一个不可挽回的巨大损失。

生：刚刚同学们说的都是有关课文的，那我就来说一下伟大领袖毛泽东的话。毛泽东说："鲁迅是中国文化革命的主将，他不但是伟大的文学家，而且是伟大的思想家和伟大的革命家。鲁迅的骨头是最硬的，他没有丝毫的奴颜和媚骨，这是殖民地半殖民地人民最可宝贵的性格。鲁迅是在文化战线上，代表全民族的大多数，向着敌人冲锋陷阵的最正确、最勇敢、最坚决、最忠实、最热忱的空前的民族英雄。鲁迅的方向，就是中华民族新文化的方向。"

师：嗯，真厉害！毛主席的评论十分中肯！所以（鲁迅）是中国文化革命最有力的旗手。我们再听听这位同学的看法。

生：实际上呢，我也是最欣赏毛泽东的评价。除了刚刚同学所说的评价以外，毛泽东还认为鲁迅有着卓越的政治远见，具有斗争的精神和牺牲的精神。他说："鲁迅是用望远镜和显微镜观察社会，所以看得远，看得真。"他的文章就像一把钢刀砍向了他所憎恨的一切，就是他一篇篇精彩的文章唤醒了国人，震惊了中国。实际上，他在当时黑暗的社会中就像一棵大树而不像是两边倒的小草，朝着一个目标斗争下去，毫不妥协，所以我认为毛泽东的评价是非常非常准确的。

师：真棒！在当时的社会，很多人就像小草一样，两边倒。还有不同的看法吗？

生：我就是想到日本作家立松和平说的话："鲁迅对弱小者的温柔目光，也使我感觉到他作为作家的伟大，我从鲁迅身上学到了很多东西。鲁迅有人最重要的品格'义'，不仅有对国家、人民、社会的大义，也有对家族、朋友、邻居的小义。"通过立松和平的话，我就知道鲁迅是个有情有义的人，不像当时的社会高层人物一样冷漠无情。当时的社会弱肉强食，很不公平，富的就家产丰厚，骄奢淫逸，穷的就连鞋都买不起。当时的弱者的不幸大部分是社会的欺压和黑暗势力的勾结所造成的。这也是我觉得鲁迅关心弱者的重要原因之一。

师：谢谢！作为一个文豪一定有着这样的情怀，对不对？有着这样的情怀才能写出这样的旷世杰作，还有不同的评论吗？

生：我比较喜欢的是老舍对鲁迅的评价。老舍说："看看《鲁迅全集》的目录，大概就没人敢说这不是个渊博的人。可是'渊博'二字还不是对鲁迅先生的恰好赞同。"我觉得这个评价很准确、很对。鲁迅写过很多文章，所以是一个渊博的人，但是他远不只是一个渊博的人，从《我的伯父鲁迅先生》中便可以看出，鲁迅是一个爱憎分明、为自己想得少而为别人想得多的人，同时也可以看出他是热爱劳动人民、关心朋友亲人、有高尚品德的人，也能看出作者对鲁迅的爱戴。《有的人》就衬托出了鲁迅在人民心中的高大形象。从这三篇课文都可以看出鲁迅高尚的品格。总而言之，鲁迅不只是一个渊博的人，而且是一个善良、关心穷苦劳动人民、受人民爱戴的大作家。

师：所以，鲁迅去世的时候才有那么多人来缅怀他、悼念他，到现在人们还不会忘记他。你还想说什么？请说。

生：我想到鲁迅写过的一篇文章《狗·猫·鼠》，这里面介绍了鲁迅讨厌猫而喜欢童年时救养的一只"隐鼠"。我觉得主要是因为猫就像当时的社会高层人物，即使在社会底层人民走上绝路的时候，也要去压榨他们，就是压榨他们，把他们害死。苦的是当时那些贫苦人民。

师：把最棒的掌声献给她。这位同学能结合鲁迅的作品来谈！还有吗？还有没有不同的评论？正是因为他的作品如此思想深刻、语言锐利，如此全面，如此丰硕，才拥有那么多忠实的读者。那么我们现在进一步走进鲁迅的作品。同学们，听了这么多评论，我们一定非常想深入研究。或者说，我们已经读了鲁迅非常多的作品，接下来我们特别看看，鲁迅创作的这么多作品，或者塑造的这么多文学形象里面，你最欣赏哪一个，或者你对哪一个最有话说呢。同样地，我们先在小组里面交流一下，好不好？开始（几分钟的小组交流）。

师：有的小组效率很高，好，我们请他们分享。

生：我最欣赏的是鲁迅先生介绍闰土长大以后的故事，闰土不再像以前活泼，也不再是以前紫色的圆脸，行为变得异常拘束起来，以前闰土还叫鲁迅"迅哥儿"，现在他是叫"老爷"。闰土只是三十年未见就发生了天翻地覆的变化，觉得闰土原来属于自己的纯真活泼被旧世界的黑暗给杀死了，这也是鲁迅痛恨旧社会的原因，人与人不像小时候一样，还是有区别的。

师：听懂了吗？她评价的是闰土，还有不同的吗？

生：我看的也是《故乡》那本书，从中我就感觉到"我"再见闰土的感受。首先就是心酸。原本可以交心的挚友，只是因为大人的琐事不得不产生隔阂，犹如陌生人一样。接着就是本来应该激动的，但是看到书中描写闰土那副不再光亮的脸蛋的时候突然感到了一种压抑感。最后，也为他可悲的命运感到十分同情。鲁迅在三十年后见到闰土的心情是怜悯的，人间世事难料，曾经那个机智勇敢的、见多识广的少年闰土在三十年后却变得十分苍老、可怜。在这期间，闰土不仅要养育他的五个孩子，还要面对黑暗社会的苛捐杂税。闰土在三十年间经历了多少人间沧桑，他是如何忍受下来的？这不是告诉我们旧社会"吃人"的本质吗？

生：我研究的也是闰土，少年时代的闰土是活泼、单纯、机智勇敢、英气勃勃的，是鲁迅心中的英雄，他也经常跟鲁迅说一些乡下好玩的事情，跟鲁迅是好朋友。中年时候的闰土神情木讷，吞吞吐吐，对鲁迅说话毕恭毕敬，称鲁迅为"老爷"。为什么少年闰土和中年闰土的差别这么大？这是因为他在三十年辛苦麻木的生活中承认了"神"的威力，向"神"低下了头，这也是帝国主义和封建势力的压迫造成的。从孩子的纯真到成年人的麻木、迟钝，表现了旧社会中国普通民众的生命和活力被扼杀的过程。

生：我也聊聊闰土，主要补充为什么少年闰土和中年闰土会有那么大的区别。其实这是中国传统的一套封建礼法关系，以及这种礼法关系维持着的封建等级观念对闰土的扼杀。闰土是生活在农村里面淳朴善良的小孩，他的经历反映了旧中国剥削阶级的黑暗统治和等级观念对人的迫害。

生：虽然我研究的不是闰土，但是我也补充一下。闰土小时候那么活泼可爱，是因为他没有领略到当时封建社会的黑暗，当他知道封建社会的黑暗之后就慢慢向封建社会的黑暗低下了头，变成了像黑暗封建社会操纵的提线木偶人一般。

师：同学们对闰土的认识既全面又深入，读书读得真深刻啊！还有同学读到了别的文学形象吗？

生：我跟前面的同学不同，我介绍的是祥林嫂。祥林嫂原本是一个勤劳朴实的农村妇女，后来她丈夫和儿子都死了，她就非常伤心，认为自己是世界上最痛苦、最不幸的人，她见到别人就跟别人诉苦，一开始别人都很同情她，但是到后来，她老是说，老是说，别人就不愿意再理她了。这个故事告诉我们一个道理，人不能总是原地踏步，应该乐观地面对生活，不能老是沉浸在从前的痛苦中。

生：我也看了鲁迅的《祝福》这篇文章，祥林嫂本来只是一个勤劳朴实的农家妇女，但是由于她出生在一个黑暗的时代，她也活活被黑暗的旧社会和封建制度扼杀了。她是一个寡妇，而且是一个再婚的寡妇，这两项在当时的人们眼里都是不祥和不贤的象征。柳妈所讲的再婚之人死后大都会被割成两半的恐怖传闻，虽然是没有科学依据的，但当时人们深受封建观念的毒害，导致祥林嫂被所有人看不起，并且在背后暗暗讽刺她。当柳妈为她出主意，让她去捐门槛赎清所有的罪恶之时，祥林嫂本以为自己找到了一个赎罪的方法，但是就算她花了很多钱，捐献了一个门槛之后，鲁家依然不允许她插手祭祀的任何一件事，这给了她毁灭性的一击，这也导致她最后在雪地里面孤单地被冻死。

师：刚才这位同学的发言不亚于大学生的水平。你们真是博览群书啊！还有不同意见吗？

生：刚才他们都是说祥林嫂或者闰土，但是我比较欣赏《阿Q正传》里面的阿Q，虽然很多人认为阿Q也是被封建社会扼杀的一个人，但是我认为阿Q的精神在某种情况下是值得提倡的。因为失败这个"朋友"毕竟是会有的，在逆境中奋起的英雄毕竟是少数，而大多数只能被迫饮下"失败"这杯苦酒，"精神胜利法"在这时不失为一种良策，能变绝望为希望。精神胜利法虽然不勇敢，但是却很灵通。阿Q的精神胜利法更像一种鸵鸟式的回避。不过，鲁迅笔下的主人公大多是悲剧性的。孔乙己、闰土，都是如此。精神胜利法的意义在于告诉失败者可以用精神鼓励来化解自己的悲伤，让自己平静下来，修身养性。这种方法是很好的。但是要注意，精神胜利法是为了面对再次挑战，而不是一忍再忍，所以说精神胜利法的使用是有局限性的，其弊端在于容易产生悲观的情绪，像阿Q那样一味躲避而不思进取是不可取的。所以，我们应该适当使用精神胜利法，而不是全部使用。

生：我补充一下阿Q的精神胜利法。精神胜利法其实就是对事实上的屈辱和失败用一种自批自解的方法，在想象中取得精神上的满足和胜利。然后我再补充一下阿Q，我也挺欣赏阿Q的。这是一个渴望被人尊重，渴望像正常人一样生活的人。但是社会环境使他沦为大众眼中的笑柄，成为有钱人手中的玩物。在这个时期，我觉得阿Q的精神胜利法给了他很大的帮助，他可以在想象中取得精神上的满足与胜利。有人评论他，哀其不幸，怒其不争。但是我觉得，我们做人有时候要像阿Q一样，积极面对生活、面对挫折，在失败的时候自己安慰自己，争取下次做得更好，不过同时也不能过分地安慰自己，这会使自己堕落，没有自觉。

生：我补充一下，精神胜利法其实是自我精神安慰，有时我也很喜欢阿Q……有人评论他是非常擅长给自己找台阶下的人，乐观，潇洒。但过多的自我安慰，就会让人丧失斗志，所以，用一点点精神胜利法是好的，但过多地使用精神胜利法，那会让人颓丧堕落的！

师：一定要把握使用的度，是吗？所以，鲁迅先生对他的态度是"哀其不幸，怒其不争"。

生：我跟大家不同，我评价的是鲁迅的短篇小说《伤逝》。《伤逝》有些类似于《红楼梦》，它以子君和涓生的爱情悲剧为主线，来反映封建社会的黑暗，它以涓生手记的形式记叙了子君和涓生在不到一年的时间里从恋爱到感情破裂，最终一"伤"一"逝"的故事。这里面有一句话是："如果我能够，我要写下我的悔恨和悲哀，为子君，为自己。"这句写出来涓生对子君的逝世而伤心，涓生在日记里曾不止一次提到子君的死，这让我感悟到了鲁迅对封建社会的痛恨。在封建社会的打击下，人们连自由恋爱都不可以，就只能像木偶般生活，就如《红楼梦》中林黛玉与贾宝玉的爱情悲剧一样。

师：你太不简单啦，居然读懂了《伤逝》。还有别的文学形象吗？

生：接下来，我为大家介绍一个其他人物，大家都听过的，他的名字叫作孔乙己。《孔乙己》写的就是一个读书人孔乙己穷困潦倒、走向没落的悲剧故事。孔乙己是深受封建思想毒害的社会底层文人，这个人读了一点书，但是只学到了皮毛，没有学到精髓，反而对形式上的一些东西颇为钟情，例如，他喝酒的架势，说话的态度，走路的姿势，以及吃茴香豆时的装模作样，还有偷了书还狡辩，这些描写都可以深深地刻画出孔乙己的灵魂已经深受封建士大夫思想的腐蚀，并且他沉浸在幻想中，完全不可自拔。他的身份是这个酒店里特别特殊的一位，他跟那些穿短衣的做苦工的人同样站着喝酒，但是他却认为自己是读书人，而看不起那些体力劳动者，他为了显示自己不同的身份，便一直不肯脱掉他那又脏又破，似乎十多年没有补也没有洗的长衫，说起话来也是满口的"之乎者也"，时刻不忘显示自己读书人的身份，甚至别人戏弄他，他还一味地表现出自命不凡和孤芳自赏的傲气。他喜欢卖弄学问，说自己喜欢读了什么，感觉很迂腐、很可笑。他又好吃懒做，身上的衣服穿了那么多年也不洗。他偷了别人的书，但是又说别人侮辱了他的清白，还死要面了，他认为窃书不能算偷书，只是借来的，借来是要还的。这就算是一种自命清高、自欺欺人，但是这个人他也是有好的一面的，他虽然干一些偷别人书的勾当，但是也讲信誉，他不拖欠酒钱，对孩子们也很热情。孔乙己给孩子们分了茴香豆，这也可以看出他质朴善良的本性。我归纳一下，孔乙己是一个科举失败又以读书人自居，生活贫困又死要面子，迂腐可笑却不失善良本性，既可笑又可悲的没落读书人。

师：同学们，从她读书的评论你领悟到了什么？要跟她学习什么？请告诉我。这位同学，请你先说。

生：从这里就可以知道我们学习要认真，而且不能只学一点皮毛就不学了。

师：是的，要懂得深入钻研。还有呢，哪位同学来说？你们都很棒，还有谁想补充？

生：从同学们的发言，我感悟到了，读书时要根据一些事例来深入思考，然后，想象作者为什么要写这个，他写这个的目的是什么，像鲁迅，他写这些就是为了揭露封建社会的黑暗。

师：是的，读书要多问几个"为什么"。掌声送给你，我觉得你真棒。好，同学们，我们接着来讲，还有别的吗？同学们，你们太厉害啦。请你发言吧。

生：我讲的是鲁迅作品当中的《藤野先生》。藤野是鲁迅的日本老师，这位老师生活简朴、治学严谨，待人热情而诚恳，但对学生又严格，并没有狭义的民族偏见。他的讲义让鲁迅受益匪浅，从他的讲义中，可以看出他工作认真负责，可以看到他对学生的严格要求；从关心解剖实习中，又可以看出他的诚恳与热情；从了解女人裹脚，可以看出他可贵的求实精神；除此之外，他十分同情中国和中国人。文章末尾又和中国留学生做了个对比，反映了中国旧社会的黑暗。

师：了不起。你呢？

生：说到藤野先生，唤起了我的记忆，藤野先生其实是一个日本老师，因为鲁迅先生的父亲病死了，当时的中医并不是很厉害，所以他要去留学，拜师学医，鲁迅在学医期间还有一件这样的事。有一天，藤野先生上完课让鲁迅把笔记给他看看，鲁迅就把上课做的笔记给他了，藤野先生晚上回家就发现鲁迅记得很好，那些解剖学图像都有画下来，但是就是有一点点错误，藤野先生就花了一宿的时间把这些有错误的地方都改过来。最后，当时鲁迅在日本看幻灯片，上面有一个日本兵在砍中国人的头，旁边的中国人无动于衷，还在那里笑，而看幻灯片的日本人却在叫"日本东亚帝国万岁",鲁迅非常气愤,所以他就回国成了"大文豪",写了很多爱国的文章,来唤醒人们的心灵。

师:真棒,他说的就是鲁迅弃医从文的故事。鲁迅觉得要拯救国人的身体,更要拯救国人的灵魂,这样才能拯救一个民族。

生:说实话,鲁迅出去学医,其实就是因为当时有些中医既没有治好病人的病,又爱钱贪财,还诈骗,鲁迅他爹就被当时杂七杂八的药给治死了,也就是说,当时就是得了个感冒被治死也不是什么奇怪的事情,所以鲁迅才会出国去学医的。

师:还有补充吗?同学们,你看,我们刚刚读的作品里面,鲁迅笔下的人物是非常丰富的,他关心的是普通百姓,也深情地怀念他的老师,也把当时国人的灵魂刻画得入木三分,对不对?所以,这样一个文豪,才有了毛主席对他的"五个最"的评价。同学们,对于这样一个文化战士、民族英雄,我们看过他的很多作品之后,一定也有很多想对他说的话,对不对?好,请同学们拿出你的作品,展示一下你送给鲁迅的话或者诗。

(教学就这样走到了第四步,展示同学们送给鲁迅的话。这个环节就是体现语文教学很重要的一个特点——读写不分家,只要有写的切入点,就一定要抓住练写契机,展示学生的书面表达能力。不难发现,在这个环节,学生纷纷用精彩的文字抒发自己对鲁迅的敬仰、爱戴、尊崇、怀念。有的学生写的是一段话,有的学生写的是一首诗,有一个学生写了一副对联!他的对联是"一声呐喊以笔为刀医大众,半世彷徨以书为药救国人"。这副对联平仄工整,而且巧妙嵌入了鲁迅的两部代表作,写出了鲁迅弃医从文的经历,更写出了鲁迅毕生的奋斗!学生的表达精彩纷呈。)

第五步,十大作家评选的精彩实录。

师:据说,诺贝尔文学奖与鲁迅曾有一段"奇缘",但是……结果怎么样啊?谁来告诉我?

生:当时诺贝尔奖评委会曾派人征询鲁迅的意见,了解他想不想参与诺贝尔奖的评选。但是他婉言谢绝了。他认为当时中国还没有任何一个人可以评选得上诺贝尔文学奖,从中可以看出鲁迅先生是一个非常谦虚而且不喜欢太张扬的人。

生:因为他不追求人生荣败。

师:如果有十大作家评选活动,你最想选谁呢?

生：我想选郑渊洁，我从小就开始看郑渊洁写的童话，他写的童话与别人写的童话最大的区别在于他写的童话并不空虚，而是可以教会我们许多道理。他的童话并不是像一些童话那样单纯讲一些美好的故事，也反映了当今社会上的一些人的所作所为，既有善的，又有恶的，他的童话也给我们带来了许多快乐，所以我很想推荐他。

生：我想推荐的是和鲁迅差不多同处一个时代的巴金老师。他的作品在那个时代很了不起，选材于一些家庭故事，同时，也借由家庭引申出那个时代的某些问题，他身为一代文学大师，也非常擅长用语言表达自己内心的情感，所以我投他一票。

师：还有吗？

生：我选沈石溪，因为他写的动物小说笔风优美，文字虽然十分朴素，却又留给人深刻的印象，他笔下的动物个个精彩生动、栩栩如生，在我们眼前活灵活现。他笔下的动物故事也意味深长，每个动物都闪烁着不同的光芒，有的展现着母性的光辉，有的体现了朋友之间的真情友谊。他视动物为好友，用真心体会动物的感情，他所有的作品都洋溢着爱，他仿佛是天上的来者，能读懂动物的心，成为贯穿人与动物间的一根线，用笔和纸勾勒人与动物的故事。这就是沈石溪，一个用心书写人与动物的作家。

师：沈石溪的作品已经超越了科普知识的范围，达到哲理小说的境界了。还有吗？

生：我最喜欢朱自清，喜欢朱自清的行文优美、善于抒情、优美淡雅、清新的风格路线。

师：同学们，读好书就与好作家交上了朋友，真棒！对啊，我们要读就读经典，要读就读大作家的作品。这样，我们就能下笔如神、出口成章啦！祝福同学们！这节课，你们带给我很多的思考，谢谢你们！下课啦！

（3）教学反思

①大道至简，语文教学是可以简简单单教的，我明白了简简单单教语文的路在何方——就是想尽一切办法推进阅读。

通过大阅读，可以不断丰富学生的知识量，提高他们的语言表达能力。学生也是一个有着自己独立思想的群体，只有引导学生阅读大量的书籍，才能丰富他们的知识并提高他们的语言表达能力，才能开拓他们的思维，让他们成为真正拥有独立思想的个体。教语文就是教课程。在这课的教学中，就是利用教材这个引子，领悟编者的用意，有效地整合了课程，提高了效率。一节课，教师只是简单抛出了几个问题，学生却能用自己的语言把课堂内容填得满满的。这堂语文课，集中体现了语文课程是一门学习语言文字运用的综合性、实践性课程。义务教育阶段的语文课程，应使学生初步学会运用语言文字进行交流沟通，吸收古今中外优秀文化，提高思想文化修养，促进自身精神成长。

②整合教材可以更高效率地推进阅读。

根据这个单元这组课文的特点，我的这堂课对单元教学设置了整体的目标定位，即要通过教学设计驱动学生广泛深入地读书。在教学整合的每一步，课堂都在围绕推进阅读而进行，在谈自己最欣赏的别人对鲁迅的评价这里，一方面通过广泛地阅读别人对鲁迅的评论，调动了学生阅读鲁迅及鲁迅文章的兴趣。紧接着，通过赏析鲁迅文章及鲁迅文章中的人物形象，让学生从教材中的人物形象入手，拓宽思维，不仅实现了一篇带多篇，更实现了一个单元带动多本鲁迅作品的阅读和一本带多本的阅读。在十大作家评选的课堂环节，更是通过对鲁迅这位作家作品的阅读，带动学生了解多位作家作品，将学生从本单元鲁迅专题的阅读推向了更广袤的阅读空间，品味多位作家不同的风采。同时，把握好单元教学的整合，立足整体，不割断知识的整体性，从长远目标推进阅读出发，让学生快乐地进行系统学习。

③课堂是学生展现阅读成果的舞台，也是收获愉悦学习情感体验的地方。这堂课，每个学生都展示了自己的阅读成果，或在小组内展示，或在班级展示，在展示和思想交锋的地方，学生都获得了属于自己的成功，获得的情感体验是愉快的。整个课堂的推进就按照教学设计来实现，学生在每个环节都是有备而来的，他们带着自己的思考，带着自己的个性化阅读储备走进课堂，在交流碰撞中，进一步提升阅读水平，真正实现了课堂的高参与、高热情、高创造和高效益。

④教师作为课程的设计者，设计要有利于学生有兴趣地学，要有利于学生好学。而学生学语文最喜欢的就是阅读，所以，设计要有利于学生阅读和思考。

回顾这节课的设计，在每个环节，学生都有阅读着地点，每一处着地点上都带着学生的阅读和思考，每一处思考的地方都会有文章作支撑，从而大大促进了孩子更广泛地阅读、思考。同时，我们也可以看出阅读带给学生的是内心的喜悦和成功！

2. 省优课例：《詹天佑》教学设计及先学小研究

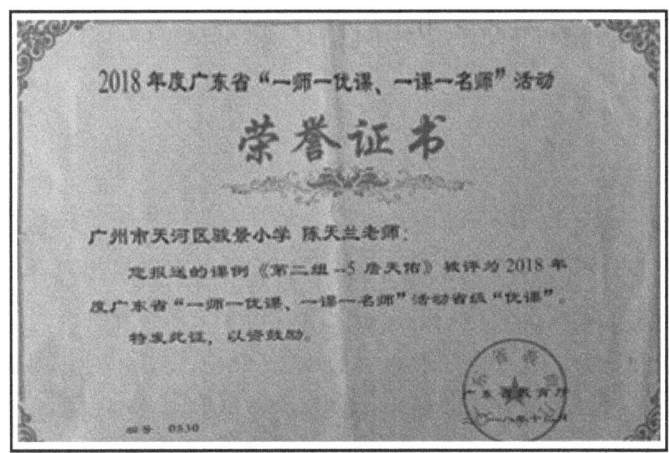

图2-2　广东省"一师一优课、一课一名师"活动获奖证书

《詹天佑》教学设计

教学基本信息					
课题	詹天佑				
学科	语文	学段	高年级段	年级	六年级上
相关领域	中国建设新成就，中国近代史，中国铁路的发展，各行各业中华优秀儿女				
教材	人教版六年级上册				
授课对象	骏景小学六（4）班学生				

一、指导思想和理论依据

新课标强调，语文是实践性很强的课程，应着重培养学生的语文实践能力，而培养这种能力的主要途径也应是语文实践。语文又是母语教育课程，学习资源和实践机会无处不在、无时不有。因而，应该让学生更多地直接接触语文材料，在大量的语文实践中体会、掌握运用语文的规律，而不宜刻意追求语文知识的系统和完整。学生是学习和发展的主体，既是教学对象，更是教学资源，语文课程必须根据学生身心发展和语文学习的特点，关注学生的个体差异和不同的学习需求，爱护学生的好奇心、求知欲，

充分激发学生的主动意识和进取精神，倡导自主、合作、探究的学习方式。教学内容的确定、教学方法的选择、评价方式的设计，都应有助于这种学习方式的形成。

二、教学背景分析

1. 单元安排

本单元的主题是"祖国在我心中"。学习本组课文除了把握课文的主要内容，更要体会人物的伟大情操，体验文中人物的真挚情感。在本课的教学中，我让学生通过深层解读文本，感受詹天佑的爱国情怀和杰出才华。在创造性使用教材方面，我整合了教材中的综合性学习内容，对祖国建设新成就采用了访谈式教学，并让学生对中国铁路的建设史、中国高铁的发展进行知识性拓展。通过这些活动，学生为祖国的日新月异感到骄傲和自豪。

2. 课文简说

《詹天佑》这篇课文重点记叙了詹天佑一生中突出的成就——主持修筑第一条完全由我国工程技术人员设计、施工的铁路干线，为读者勾勒出一位杰出的爱国工程师的形象。

3. 课文特点

《詹天佑》行文流畅，取材典型，是一篇典型的写人例文。詹天佑的事迹，可以激发学生热爱祖国、立志报国的思想感情以及在实践中大胆创新的意识；该文是整组课文中的第一篇，以詹天佑这个人物和京张铁路的成功修筑为拓展点，为本组课文的综合性学习积累素材。本文文质兼美，很多地方的关键词句在表情达意上发挥了很好的作用，值得好好体会。

4. 学情分析

六年级的学生通过小学阶段的积累，已经养成了很好的收集整理信息的能力，形成了良好的阅读习惯，掌握了自主学习、合作学习、探究学习的基本方法，也具备了一定的理解课文的能力，掌握了一定的阅读方法，具备了查找、调查、访谈、阅读等语言实践能力。思维较活跃的学生，能够根据问题快速在文中找到答案，把握文章的情感基调，体会文章的中心思想；思维不够活跃的学生也能够通过默读，理解课文内容，体会到作者所要表达的思想。在学习本文之前，在五年级有一组描写人物的文章，在那组课文的学习中，学生已掌握了一些人物描写的方法。

三、教学目标（含重点、难点）

1. 学生理解课文内容，体会关键词句在表情达意上的作用，感受詹天佑的杰出才华和为国争光的赤子情怀。

2. 以詹天佑的学习为载体，学生学会收集和整理信息，以读引读，拓展阅读，大量阅读描写中华优秀儿女事迹的文章。

3. 整合教材，将本单元的综合性学习内容融会贯通于学生对本篇课文的学习之中。

教学重点：

能抓住描写人物的言行、心理活动的语句，体会詹天佑的爱国主义精神，体会祖国日新月异的变化带来的自豪感。

教学难点：

理解修筑京张铁路的不易，理解两种开凿隧道方法的好处以及"人"字形线路设计的妙处，感受詹天佑的杰出智慧。

四、教学过程

教学环节	教师活动	学生活动	设计意图
第一环节：访谈节目	组织学生汇报自己关于祖国建设成就的访谈活动	用访谈节目的形式谈自己的访谈情况，感受祖国日新月异的变化	语文是综合性和实践性很强的课程，落实其特性
第二环节：初读课文，整体感知	引导学生汇报课文的主要内容	不同学生汇报课文主要内容，提炼课文的中心思想	锻炼学生的整理感知文本、概括文本内容的能力
第三环节：读中体会，精读赏析	提问：读到《詹天佑》这篇课文，哪里是最打动你的？谈谈你对这里的理解，以及由此联想到了什么。可以联系在课外阅读中读到的詹天佑的品质、他的其他故事、他的其他信息来谈；也可以结合自己积累的名言警句，或《论语》《道德经》中的经典语句和诗词歌赋来谈	小组交流文中最能打动你的地方，谈理解、体会和联想，小组交流后全班汇报展示	体现阅读是个性化的行为，引导学生理解文本时联系自己的生活经验，实现以读引读，拓展延伸；渗透对中华传统文化的运用，渗透文化自信

续表

教学环节	教师活动	学生活动	设计意图
第四环节：拓展阅读	组织学生交流中华优秀儿女的故事或事迹	展示学生课外阅读的成果，并积极推动生生互动，推进学生的读思结合、读讲结合，推动学生积极投入到读书世界中去	阅读是语文教学之根基，阅读素养的形成就靠课内形成展示和交流的机制。搭建平台给学生交流阅读见闻，对促进学生开展更有广度和深度的阅读是很有帮助的
第五环节：以读引写，升华理解	请写一首诗歌或者一段话赞美詹天佑	学生展示自己的诗歌创造并互动点评	体现写作的四个维度——需要、自主、真实和创新，鼓励学生"我手写我心"；同时，先写后教，通过课堂的评价互动，实现以评促教，培养和提升学生的写作能力

五、板书设计

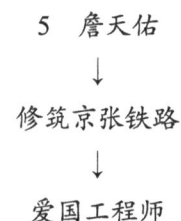

6、学习效果评价设计

1.学生在课堂上以课文为载体，展示的拓展阅读极为宽广（中国铁路的发展、修筑京张铁路的时代背景、祖国日新月异的变化、詹天佑的相关资料以及中华优秀儿女的事迹等都是孩子们的阅读范围）。

2.学生基本掌握访读法。

3.创设了自由表达的机会，学生能结合自己的阅读写出对相关人物的赞美的诗文。

七、本设计与以往或其他教学设计相比的特点

1. 以推进阅读和思考为核心进行教学。

2. 整合了本单元的课文、综合性学习和回顾拓展二的交流平台内容组织教学。

3. 开篇采用了访谈法，让学生从自己家乡的变化入手，充分感受祖国日新月异的变化。

4. 创设了读思结合、读写结合的平台，让学生表达自己的思想，发展了学生思维，培养和发展了学生的表达能力和写作能力。

《詹天佑》先学小研究

姓名：　　　　　　　　　　学号：

一、读到《詹天佑》这篇课文，哪里是最打动你的？谈谈你对这里的理解，由此联想到了什么。可以联系在课外阅读中读到的詹天佑的品质、他的其他故事、他的其他信息来谈；也可以结合自己积累的名言警句，或《论语》《道德经》中的经典语句和诗词歌赋来谈。

_____
_____
_____
_____
_____
_____
_____
_____

二、请写一首诗歌或者一段话赞美詹天佑。

_____
_____
_____
_____

3. 市区优秀课例：《红岩》《窃读记》课例代表

（1）市区优秀课例一：《红岩》

《〈红岩〉（整本书阅读）》在全区公开课上展示，并获评市优秀课例。

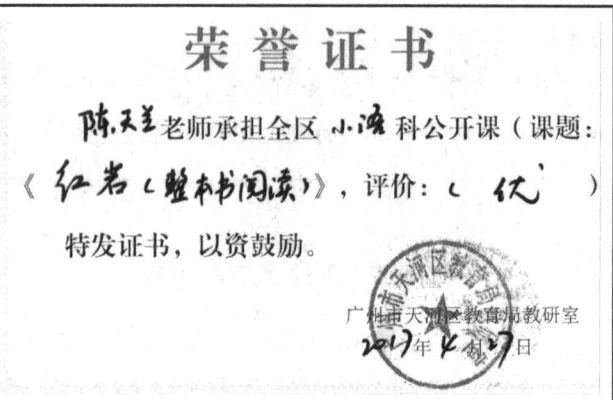

图2-3　全区小语科公开课荣誉证书

人教版六年级下册第三单元拓展阅读课《红岩》

一、教学设计

1.1　教材内容分析

人教版六年级下册第三单元从单元导读到最后的习作练习，整个单元都是讲革命先烈的事迹。

1.2　学情分析

本次执教的六（2）班学生博览群书，有良好的阅读习惯、丰富的阅读经验，理解能力较强。该班级学生有以下特点：特别爱读书，喜爱思辨，乐于写作。因此，在设计教学的时候，考虑到该班这些学情，就按照以生为本的教学思路，布置了研究性较强、开放性较高的设计。

1.3　教学目标

①学生理解《红岩》内容，能结合书籍来谈自己的理解。

②拓展读书视野，将以"革命题材书籍"为主题进行拓展阅读。

③学生练笔，实现以读促写，尝试写诗歌赞美革命英雄，并写《红岩》读后感。

④学生根据提示主动阅读《红岩》等作品，能正确领悟赞美革命英雄的相关名言，培养语言文字的感悟能力、表达能力，发展思辨能力。

1.4 教学重点和难点

教学重点：对人物形象的理解。

教学难点：领悟革命英雄的高尚理想和革命的坚定信念。

1.5 教学策略

①先学后教，先做后学，以学定教。

②重视感悟，重视表达，利用学生资源，实现整本书阅读，一篇带多本。

1.6 第二课时教学环节

①谈读完整本《红岩》的感受。

②赏析书中最能打动人的地方。

③交流其他革命题材的阅读心得。

④英雄我来赞。

（设计意图：在学生大量阅读了革命英雄作品的前提下，在深度理解了那些人物后，再让学生情动辞发地歌颂英雄。）

⑤观点我来思。

辩论和练笔：《红岩》描写了一大批为了民族大义而英勇献身的英雄们，他们的崇高境界和坚强意志令人无限崇敬。那些革命者大多出身于富裕的家庭，受过良好的教育，可是为了理想、为了民众，他们经历了无法想象的严刑拷打，但依然坚贞不屈，甚至献出自己乃至孩子的生命。他们抛头颅、洒热血，荡气回肠，可歌可泣。人们说，那是一个有信仰的时代，三九严寒无所惧，一片丹心向阳开。现在是和平时期，大家生在新社会，长在红旗下，还会出现这样的英雄吗？还有学习和宣传这种英雄的必要吗？同学们，你是怎么认为的呢？

（设计意图：阅读和生活是语文学习的根基，利用文本，让学生围绕当下社会，展开深层次的思考，通过辩论的方式很好地思考当下的国际形势，锻炼学生的思维应变能力，更锻炼学生的表达能力，培养学生高尚的革命理想和坚定的革命信念。）

《〈红岩〉整本书阅读》第三读书小组读书小记

时间：2022年3月14日（周一）晚7：45

地点：线下

主持：张易可

组员：熊琦诗、姚予彤、王泳樱、裴浩然、黄泓睿、陈熹盼、聂羽辰

问题：

①什么是"红岩精神"？

②简单介绍《红岩》成书的背景。

③你最想与大家分享本书中哪个英雄荡气回肠的故事？

④假如有一次与红岩烈士对话的机会，你最想与谁对话？你想说什么？

（2）市区优秀课例二：《窃读记》

笔者在广州中学与初中老师同课异构的《窃读记》获评区优课。

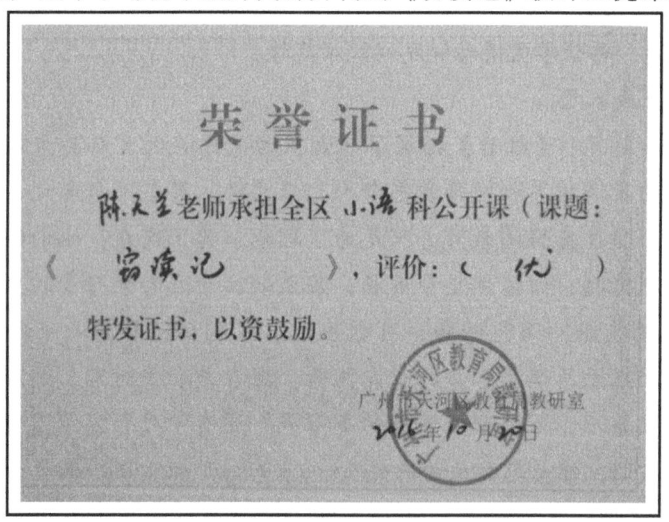

图2-4　全区小语科公开课荣誉证书

（二）异地课例代表

《忆读书》先学设计

——应邀在湖南湘潭上《忆读书》公开课的教学设计

> 课前热身：
>
> 每人积累一句关于读书的名言。初读课文，感知文章内容。初读要求：自读课文，自学生字词，了解文章的大意，归纳课文主要内容，理清文章的记叙顺序，在不懂的地方做出标注。
>
> 1. 我读我分享
>
> 湘潭是个人杰地灵的好地方，湘潭的伟人或名人中，一定有你很喜欢的、印象深刻的人物！请说说哪个湘潭大人物深入你心？夸夸令你自豪的湘潭伟人或者名人，说出你喜欢他（她）的理由（理由可以分点列出）。说理由时，可以结合这个人物所做的具体事情、非凡业绩、社会影响等方面来谈，还应该做到有理有据哦！
>
> 2. 我读我思，我读我悟
>
> 再读课文思考：读到文中的哪里最有感悟？请你谈谈对最有感悟的地方的理解，以及由此你联想到了什么。可以结合自己的阅读见闻和生活实际来谈。
>
> 3. 我读我整合
>
> 大人物（伟人、名人等）的成长都离不开读书。请同学们搜索整合你感兴趣的大人物的读书故事、读书趣闻，或其关于读书的论述或者名言。
>
> 4. 我读我推荐
>
> 请你推荐一本最值得与同学分享的好书，并说明自己的推荐理由。推荐时可以介绍这本书的创作背景、作者、表达的主题等，可以讲述你最感兴趣的故事情节，或印象最深刻的人物形象，也可以介绍这本书的影响力和对你的启示等。

《我变成了一棵树》先学小研究

——应邀在广东鹤山上《我变成了一棵树》公开课

1. 阅读《我变成了一棵树》，说说课文讲了什么内容。

2. 再读课文《我变成了一棵树》，思考：你认为本课最有趣的地方在哪里？说说你的理解，大胆想象一下，你最感兴趣的地方还会发生什么有趣的事呢？

3. 你读过的《木偶奇遇记》《海的女儿》《拇指姑娘》《西游记》《海底两万里》中，你认为哪本书的想象力最为丰富？书中丰富的想象力表现在什么地方？请谈谈你的理解。

4. 请同学们编写故事，沿着以下开头往下续写，比比谁的想象力更丰富。

   夏天到了，瞌睡虫王国一片沸腾。它们纷纷逃出洞口，去寻找自己的朋友……

人教版五年级下册第三单元作文发言稿先学小研究

——在河南郑州上作文课发言稿的先学小研究

课题：	年 班 姓名：	日期：
发言稿知识知多少		
收集一份自己最喜欢的发言稿，认真读读，说说你喜欢这份发言稿的理由。（可以从主题谈，也可以从语言表达等方面谈）		

结合自己的生活和学习，请想想，作为五年级的学生，你觉得自己最有可能需要在哪些场合发言呢？（比如，在班干竞选会、学雷锋动员会、读书动员会、六一儿童节庆典活动，或者是在家长会上？请认真思考）	
请模拟一个场合，选择自己最擅长和最想表达的一个话题，草拟一份发言提纲。（思考你的发言稿分成几个部分来写）	
为了让自己的发言稿有分量，请积累一些关于拟发言主题的名言警句。（如你是准备读书动员会的发言，就积累关于读书的名言，它一定会为你的发言增色添彩）	

（三）校内接待课例代表

感受小说文学形象先学小研究

姓名：　　　　　　　　　班级：

阅读课文《穷人》，思考：桑娜和渔夫是怎样的人？结合文中相关语句、相关情节说说你的理解。

_____
_____
_____
_____
_____
_____
_____
_____

研究一下：你读了哪些小说？哪部小说给你的印象最深刻？这部小说中的哪个文学形象给你的印象最深刻？请谈谈这个人物给你留下的印象，表达观点时要找出依据。

_____
_____
_____
_____
_____
_____
_____
_____

阅读《童年》，思考：阿廖沙给你留下了怎样的印象？阿廖沙的童年是怎样的？请用关键词来概括，并举例说明。

_____

　　研究一下：阿廖沙的成长与身边环境（人和其他）的关系是怎样的？请你尝试用思维导图表达出来，并尝试与阿廖沙比比童年（建议用思维导图）。

_____

《为中华之崛起而读书》教学反思

在语文教学中,我通常有以下几种意识:

1. 有开放的意识

首先是目标的开放,语文教学的目标不仅是对课文的字、词、句、段、文的理解,还应该是以周恩来总理和当今学生"为谁读书"这些中心词为中心,达到对文本的理解,感悟总理伟大的人格。我们还要开放教学内容,教学内容绝不仅限于教材,而是应以教材为引子,引入与周恩来总理相关的文章和电影,最后还可以开放教学方法和教学环节。每个环节的设置都应该有利于提高学生的语言实践和语言运用能力,都是站在学生学的角度来设计的。

2. 有整合的意识

第一,要整合教材内容。教学时,可以整合前后文,可以将每单元的语文园地内容整合穿插在课文的处理中,要以教材为引子,推进以读养说、以读养德、以读养写。第二,我设计了"有人说,读书就是为了赚钱,你同意吗?"的辩论题,让学生在广泛地运用语言的同时,提升他们的思辨能力等。第三,整合各方资源。在任何时候,文本是教学资源,老师是教学资源,网站也是教学资源,学生更是教学资源。我在这堂课上课前,已让学生大量阅读有关周恩来总理和"读书为了谁"等方面的书籍,在理解课文时引入这些事例,从而丰富课程资源,丰富学生的见识,提升学生的认识。

3. 有服务的意识

老师不是演员,老师应该是"高级服务员",出现在学生有需要的时候,用语言发挥激励、唤醒和鼓舞的作用。具体在课堂上,就是"老师搭台,学生唱戏"。而今天这堂课,我做到了,学生的很多感悟、情感都是在我优质的服务下引发出来的。

总之,在这堂课中,我本着"以读引读,以读引写"的教学理念,放手让学生感悟,坚持以生为本,把课堂变成学生的舞台,我们的语文课堂因而更加鲜活、更加丰富、更充满人文味。大道至简,语文教学是可以简简单单教的,而且我明白了简简单单教语文的路在何方,那就是要想尽一切办法推进阅读。

大阅读可以不断丰富学生的知识量,提高其语言表达能力。学生是一个有着独立思想的群体，只有引导学生阅读大量书籍，才能丰富他们的知识并提高他们的语言表达能力，才能开拓他们的思维，让他们成为真正拥有独立思想的个体。教语文就是教课程。这堂语文课，集中体现了语文课程是一门学习语言文字运用的综合性、实践性课程。

《最后一头战象》教学设计*

一、教学目标

1. 指导学生阅读《最后一头战象》，让学生理解这部动物小说的深刻内涵，并掌握一些读动物小说的方法。

2. 通过展示、交流等方法，让学生体会人与战象的深厚感情，从而懂得人与自然、人与动物和谐相处的道理。

3. 通过阅读、交流、展示等活动，让学生感受阅读的乐趣，通过读一篇课文带动他们读一本名著，通过读一本名著带动他们读一系列名著，发展和丰富学生的表达。

4. 依托文本的特点，促进学生的思维发展，培养和发展学生丰富的想象力和创造力，提升学生的文学鉴赏和审美能力。

二、学情分析

本班六年级的学生喜欢阅读，有一定的阅读基础，学生思维活跃，乐于表达，思考有一定的深度和广度。

三、教学重难点

1. 指导学生阅读《最后一头战象》，理解战象的特点和它与人建立的丰富情感。

2. 通过展示交流，让学生从思想和文字等多方面体会名著的魅力。

3. 通过交流、展示，让学生感受阅读的乐趣，激发他们阅读动物小说的热情，掌握一些动物小说的阅读方法，提高学生阅读速度。

4. 通过创设情境，激发学生的想象力和创造力。

---

*注：课例同步在广东省电教馆播放。

第二课时

教学流程：共分四个板块

板块一：积累我最强

玩升级版飞花令，交流关于动物的成语或诗句。

（设计理念：变学为玩，积累经典是丰富、沉淀学生思想的重要方法和途径。）

板块二：课文我爱悟

用自己的话讲《最后一头战象》课文的主要内容。说说你对课文的哪里最感兴趣，以及你的体会和联想。

（设计理念：整合问题，阅读是个性化的行为，尊重学生的阅读喜好，把握课文的主旨内容，并尊重、允许学生自主选择内容谈感悟，渗透阅读文章的基本方法。）

板块三：书籍我乐读

最近读的动物小说，哪本你最感兴趣呢？你在阅读这本小说的时候，有什么重大发现和启发？这部小说哪里最打动你，能用自己独特的方式（思维导图、图表、读后感、读书小报告等）把阅读这本书的思考和收获展现出来吗？

（设计理念：深入推动阅读，培养和提升学生的审美能力，以一篇带多篇，以一本带多本，推进学生的广度和深度阅读。同时，创设情境，激发学生的想象力、创造力和运用语言的能力。）

板块四：表达我最棒

用自己最优美的文笔赞一赞最喜欢的动物（可以是你阅读的动物小说中的动物主角，也可以是你在生活中最喜欢的动物），或者展示自己创作的动物小说。

（设计理念：以读引写，鼓励读写结合。）

二、教学延展的探索与思考

（一）整本书阅读探索与思考

《鲁滨逊漂流记》先学设计

一、教学目标

1. 指导学生阅读《鲁滨逊漂流记》这本书，让学生理解这部名著的深刻内涵，并掌握一些阅读名著的方法。

2. 通过展示、交流等方法，让学生体会鲁滨逊遇到的困难，从而从鲁滨逊身上得到人生的启迪。

3. 通过阅读、交流、展示等活动，让学生感受阅读的乐趣，通过读一篇课文带动读一本名著，通过读一本名著带动读一系列名著，发展和丰富学生的表达。

4. 依托文本的特点和作品的人物形象，促进学生的思维发展，培养和发展学生丰富的想象力和创造力，提升学生的文学鉴赏和审美能力。

二、学情分析

本班六年级的学生喜欢阅读，有一定的阅读基础，学生思维活跃，乐于表达，思考有一定的深度和广度。

三、教学重难点

1. 指导学生阅读《鲁滨逊漂流记》，关注作品人物命运，体会人物的人生态度，并从中获得应对生活中出现的困难的方法。

2. 通过展示交流，让学生从思想和文字等多方面体会名著的魅力。

3. 通过交流、展示，让学生感受阅读的乐趣，激发他们阅读外国经典文学的热情，指导学生掌握一些外国文学作品的阅读方法，提高学生阅读速度。

4. 通过创设情境，激发学生的想象力和创造力。

四、教学准备

1. 课前学生要读《鲁滨逊漂流记》。

2. 平时要阅读更多的西方文学名著。

第二课时

教学过程共分五个板块。

板块一：谈谈感悟谁最会

你对鲁滨逊遇到的哪个困难最有研究？请把你的研究用自己最独特的方式表达出来，并写出你的发现哦。

（设计理念：鼓励个性化的阅读，读思、读悟及提炼是丰富、沉淀学生思想的重要方法和途径。）

板块二：比比研究谁最深

品读课文，结合你的阅读谈谈你对鲁滨逊在荒岛遇到的哪个或哪些困难最有研究。

（设计理念：整合问题，掌握整本名著的核心内涵，渗透阅读名著的基本方法。）

板块三：玩玩穿越谁最行

假如鲁滨逊遇上了_____，会有什么故事发生呢？

（设计理念：变学为玩，创设情境，激发学生的想象力和创造力。）

板块四：看看赏析谁最牛

同学们，你们最近读了很多外国文学作品，作家笔下的哪个人物形象最打动你？请试着赏析一下这个文学形象。

（设计理念：深入推动阅读，培养和提升学生的审美能力。）

板块五：看看创意谁最牛

同学们，通过最近的阅读，你一定认识了很多西方文学巨匠，如果要设一个西方文学的先贤馆，你最想把谁安置在先贤馆内，准备放他（她）的什么作品或介绍在先贤馆内呢？请说说你的思考。

（设计理念：深度推进阅读、思考和表达。）

五、板书设计

15　鲁滨逊漂流记

不怕困难　顽强生存　积极乐观

悟—研—玩—赏—创

《鲁滨逊漂流记》先学小研究

第1页

《鲁滨孙漂流记》先学小研究

姓名：王钰雯

一、比比研究谁最深。

你对鲁滨孙遇到的哪个困难最有研究（遇到的困难，鲁滨孙的思考，解决困难的办法和给你的启示都可以）把你的研究自己最独特的方式表达出来（可以是图表，可以是绘画，可以是思维导图，也可以是研究报告等），并写出你的发现哦。（可另外附上页码）

困难：当鲁宾孙流落荒岛后，他孤身一人，看不见一点获救的指望，又刚经历过一场生死劫难，如果他有一点气馁，也可能会就此丧命于荒岛了。解决方法：鲁宾孙毫不迟疑地充分发挥了他的聪明才智，利用现有的东西创造出更好的环境。他用仅有的纸张和墨水写下了自己遭遇的好处和坏处，聊以自慰，借以让自己对当今处境不那么抵触，并记下了日记，每天看看以消除苦闷。

二、看看发现谁最强。

看完鲁滨孙漂流记，我们发现鲁滨孙在荒岛上的生活充满创造力，你从哪里读出了鲁滨孙的创造力，并结合课内外阅读和生活来写下你最深切的感悟。
（可以列表，可以文字，可以思维导图等）

一：鲁宾孙在上岛第二天后，发现了他们翻了的船，他用一些木头做了一艘小筏，从船舱里找到了许多有用的东西。

二：鲁宾孙没有日历，他用一些木头做了一个大十字架，立在他第一次上岸的地方，以研衷计算日期。

即便"上帝""将"鲁滨孙放到了这块不毛之地，鲁宾孙还是以十字架作为自己日历的物袋。从这不仅可以看出他丰富的创造力，也体现出了鲁滨孙那个时代英国人对基督教的绝对信仰以及对上帝的敬仰和服从。

*注：本处展示的均为学生手写作业原稿，为呈现真实答题情况，本书保持学生答题原貌，不对此类原稿再作修改。

《鲁滨逊漂流记》先学小研究

第2页

三、玩玩穿越谁最棒。

设想一下，现在，假如鲁滨孙遇上了……（省略号可以是人，可以是事，可以是时间，可以是地点。人可以是哈利波特，可以是马云，可以是乔布斯，也可以是你等等），他们之间会有什么故事发生？大胆设想吧。

假如鲁滨逊遇上了哈里波特，哈里波特肯定会举着他那个神奇的魔法，我觉得他会给鲁滨逊变一顿丰盛的食物，并且还会给鲁滨逊变出一本日历，让鲁滨逊容易一些。

然后我觉得，鲁滨逊的得力助手"星期五"，是鲁滨逊拼死拼活从野人手中救出来的。可以让哈里波特捧着一本咒语书，并且举着魔法棒给鲁滨逊变出几个助手，助手个个身强力壮，鲁滨逊赞叹不已："世间怎会有如此魔法？"

哈里波特沉了住气，挥了一挥——一列长龙一般的火车行在轨道上，随意地到处乱蹿，瞬间，一个火车站映入眼帘，这可真是神奇，火车入口在哪？原来在一颗石头上，闭上眼睛，"撞"入石头就是了。

四、品品形象（西方文学作品中人物形象）谁最会。

读了很多世界名著，你最了解哪个文学形象，看谁最会品读文学形象了。（可以说对这个人物的整理感受，可以讲他的经典故事，重点谈谈你对他（她、它）的看法、建议和感受你等。

我觉得，西方描写的女性角色（特别是女性）很凄惨。就比如说，《飘》里面的敬恩嘉，敬恩嘉她其实并不漂亮，但我觉得她之所以有男人追，是因为她的礼仪好。

_____她最后和查尔斯在了一起，但是，在一场战斗中，查尔斯都南美战斗中死去_____，而敬恩嘉就成了一个寡妇，久后，她又和白瑞德在了一起……一次，在艾希利生日的 你为什么 喜欢白 前一天，敬恩嘉与艾希利之间的关系却引起了媚兰的注意，媚兰不相信他们两个之间有暧昧关系，终于在媚兰死后，敬恩嘉扑迎了艾希利的怀抱，可她才察觉，艾希利并不爱她，可敬恩嘉因当时白瑞德也已不相信敬恩嘉，但其实是为了，敬恩嘉再次成了寡妇，很遗憾的敬恩嘉在了医院……（不要为金钱而违背自己的良爱

西方女性很凄惨，写了敬恩嘉一种比较多情的性格。

（仿佛在失乐）

《童年》阅读笔记

高尔基《童年》阅读笔记

班级：四(1)　　姓名：姚妤彩

一、请你为这部小说写一段推荐语（100字以上）：

《童年》是写阿廖沙3岁到10岁的成长过程。故事发生在19世纪的苏联，阿廖沙遭受了很多苦难，只有外祖母给他带来了温暖。即使这样他也以优秀的成绩完成学业，他是一个坚强和努力上进的人。这是一个励志的故事。

二、你觉得外祖父(外祖母、两个舅舅)是一个怎样的人？请举文章中的典型事例来说明。

外祖父：吝啬、贪财、残暴 ①经常毒打外祖母和孩子们。有一次竟把阿廖沙打得失去了知觉，结果大病了一场。阿列克谢因为染坏了一匹布，被他打得昏死过去。②他还暗地里放高利贷，甚至怂恿帮工去偷东西。　外祖母：善良、聪明能干、热爱生活 ①经常讲一些怜悯穷人和弱者、歌颂正义和光明的民间故事。两个舅舅：自私贪财、粗野、残暴 ①整天为争夺家产争吵斗殴，虐待妻子。②砸死了"小茨冈"。③抢了阿廖沙母亲的嫁妆。

三、《草房子》与高尔基的《童年》给你留下了怎样不同的印象？

（可以从文章的内容、表达方式来谈）

《草房子》主要写的是男孩桑桑的六年小学生活，故事中讲了桑桑、秃鹤、杜小康、细马和纸月的成长故事。故事让我们感受到了孩子们之间纯粹的爱和心底的纯真。让我明白了童年就是一间充满阳光的草房子。《童年》中的阿廖沙三岁时父亲就死了，于是跟着外祖父、外祖母过着艰苦的日子。只有外祖母关心着他，给予他无限的爱与温暖，并对他进行了有益的教导。书主要从阿廖沙的视角观察描写生活的，十分真实的表现了一个孩子的心态。作者偶尔以成人的视角去描写生活，这样更富有深刻的思想性。

《红楼梦》读书报告

第1页

《红楼梦》读书报告

班级：四(1)班　　　　　　姓名：徐子轩

1. 读书是发现之旅！读了本套书（本本书），你的发现是什么？

我的发现：

我发现，《红楼梦》这本书的取名方面十分玄妙，例如，当时的"贾王薛史"四大家的名称谐音就是"家亡血史"，我觉得这并不是巧合，正好预言了这四大家由盛而衰，走向灭亡的情景。另外，在本书家中的"元春、迎春、探春、惜春"连起来就是"元迎探惜"，谐音"原应叹息"，这也是预言了她们最后的结局，十分悲惨的结局，元春被害死，迎春嫁给孙绍祖，被虐待至死，探春远嫁，惜春也出家做了尼

2. 读书是与书中人物对话之旅！画一画本（套）书的人物关系和人物特点是怎样的？(可用思维导图)

我对书中人物的理解：

贾宝玉：聪明灵秀，喜欢和姑娘们待在一起，善良，对每个姑娘都很好。

林黛玉：总是哭哭啼啼，多愁善感，母亲很早逝世，在大观园中十分敏感，却也心直口快。

薛宝钗：温柔体贴，是贤妻良母的典范。

王熙凤：权力很大，掌控整个大观园，做事看来有理，但是却心肠狠毒。

《红楼梦》读书报告

第2页

3、读书是感悟之旅！读了本套（本本）书，你有什么感悟呢？

我的感悟：

　　王熙凤是一个备受争议的人物，她掌控大权，操办着整个大观园，做事很有条理，但她也心肠恶毒，用"掉包计"拆散了贾宝玉、林黛玉这对有缘人。善有善报恶有恶报，王熙凤最后的结局也很悲惨，死的时候，用张破席子一裹，便烟消云散了。所以善恶终有报，我们不能学习她的这点，应该时刻保持自己纯洁善良的本真，未来也会如愿美好。

4、读书是质疑之旅，读了本套书（本本书）你想提什么问题呢？快写下你的问题和思考吧！

我的问题：

问：为什么大家都对元春毕恭毕敬？

答：因为当时是封建社会，"君为臣纲"，身为臣子，肯定以君主为重，元春嫁进皇宫里又是贵妃，大家对她下跪是必须的。

问：大观园的由盛而衰，都经历了什么？

答：1. 元春失宠了 2. 被倪儿告发 3. 大肆挥霍钱财。

（二）生本，让学生懂得责任

接触生本教育理念以来，我的确有许多感悟，在这种以生为本的理念引领下，学生的诸多能力得到锻炼和提升，诸多潜能得到了挖掘。我想，一切教育的最终目的都应该是激发学习者天然的自学和成长能力。这种能量是无比巨大的，老师一定要帮助学习者找到其能量库，然后把这种能量一点一点释放出来。学生的潜能一点一点被挖掘出来，这样也就达成了高效、优质的教育愿景。根据多元智能理论，人具有各种智能，只是这些智能并不是平均分布的，作为不同的个体，每个人具有不同的智能。

有一天的语文课，我按照习惯在上课之前了解实行新的上交作业制度以来学生的作业交缴情况，当很多组都向我报喜时，我心中暗自窃喜：孩子们真乖！

当我扫视全班时，看到第五小组的学生（生本理念影响下，班级特别重视小组的合作，经常会进行小组评比。在班里，这是关乎每个组员的大事，切不可等闲视之）在互相抱怨，只见淘气的周同学正垂头丧气地接受批评。小组成员陈宇捷在大声说："把外婆电话给我，我要告诉她你的情况，同时，从今天下午开始，你到我家做作业，我不放心你回家做作业！"这孩子俨然是个小大人，哪像个九岁的孩童呢，多懂事而又负责任的好孩子呀！陈宇捷在班里是个不怎么起眼的小姑娘，学习上也不显山露水，也不是班干，甚至连小组长都未当过，但今天她为了小组的荣誉却主动承担了这个责任！听到这儿，我的确有些触动，做教师的让每个学生都能明确肩上的责任，管理不就轻松了吗？自从她明确了自己的责任以后，她不但自己做到了，还知道想方设法帮助同学！看到这儿，我只说了一句：我支持陈宇捷的做法！周同学的父母都在上海工作，平时就他和外婆在广州，而且外婆非常宠爱他，很多事情都帮他包办了！这是一个典型的没能让孩子主动承担自己责任的例子。我希望通过小组成员的努力，让周同学明白自己的事要自己做！

不出我所料，下课了，只见陈宇捷走到办公室，礼貌地与周同学的外婆打起电话来。没过一会，周同学的外婆急匆匆地把作业送来了，还解释道："老师，你看都是我……"这时，热情的陈宇捷走了过来，说："周同学外婆，下次叫周同学自己带作业本来，如果他有什么作业漏抄或不会做，您就打电话给我吧！我一定会尽全力帮助他的。"多懂事而又友善的孩子啊，只见周同学的外婆高兴地点头答应了。

经历这件事以后,我在语文课上专门开了一个"把责任还给自己"的主题会,既表扬了像陈宇捷那样有责任心的孩子,还让学生把准备好的一些伟大人物小时候怎么有责任心的故事在主题会上分享。同时,我进一步强调学生的责任体现在"自己的事自己做""做一个守时的人""每天做点家务"等方面,并让学生、家长、老师及时关注,及时进行表扬、评价和总结。

没过多久,学生真的变了,作业交得更齐了,好人、好事屡见不鲜了。

看到学生的进步,我不仅有一种"喜看稻菽千重浪,遍地英雄下夕烟"的感觉,更懂得了是"生本"让学生尽到了自己应尽的责任,懂得了落实"一切为了学生、高度尊重学生、全面依靠学生"的生本理念,才是老师奉献给学生最好的爱心。

(三)老子和庄子,东方文化的哲思之根

——《老子说》和《庄子说》名著导读之探索

【内容导读】

同学们,我们祖国有着五千年的灿烂文明,在灿若星河的古典文化中,"老子"和"庄子"是我们东方文明两张极为亮丽的名片。

老子生活在春秋末年,姓李名耳,又称老聃,是我国古代著名的思想家、哲学家、文学家,也是道家学派的创始人。他做过周朝的史官,是长寿之星,更是影响世界最为深远、最为著名的东方圣人之一。

《老子》(又名《道德经》)是奇特的,被世人称为"万能智慧之书"。老子生活的时代,是春秋末年,战事连连,纷争不断。老子看清了社会的本质,于是出走,走到函谷关时,函谷关的令尹喜希望老子留下一些文字才出关,《老子》由此诞生。

《道德经》全书五千来字,文句错落有致,读起来节奏感强,给人一种语重心长之感,也许古今中外没有一本书能像《道德经》这样,能以区区五千言讲述如此博大精深的思想。《道德经》全书共八十一章,由道经和德经两部分组成,前三十七章为道经,后四十四章为德经。同学们,你们知道吗?在中国众多古典名著中,《道德经》已经被翻译成几十种语言,影响巨大。同学们,你们说这样一本旷世巨作,能不深奥吗?

你看，我们耳熟能详的词语"天长地久""上善若水""道法自然""无为而治"等都出自这本书。这些思想，就其中一个文字、一个词语，其意思都值得人一辈子去解读，一辈子去诠释，你们说，这是何其可贵？更让人无限向往的是，这样的哲思，后面还有发扬光大者。同学们，你们知道老子学问的继承者和发扬者是谁呢？那就是庄子！说起庄子，大家一定不会陌生，"庄周梦蝶""井底之蛙""大鹏展翅""天籁之音"等都出自《庄子》。

庄子就是庄周，是东周战国中期著名的思想家、哲学家和文学家，他崇尚自由，做过漆园吏。庄子最早提出"内圣外王"思想，对儒家影响深远。他的代表作品为《庄子》，其中的名篇有《逍遥游》《齐物论》等。庄子是继老子之后的道家学派的传承者和发扬者，与老子齐名，合称为"老庄"。

庄子的想象力极为丰富，语言运用自如，灵活多变，能把一些微妙难言的哲理说得引人入胜。他的作品被人称为"文学的哲学，哲学的文学"，读来有酣畅淋漓之感。

如今，极为可贵的是，蔡志忠先生将《老子》《庄子》这两部宏伟巨作编写成了可读性很强的中英文对照版的《老子说》和《庄子说》。这两本书图文并茂，有精美的漫画配图，又有一目了然的文字解说，读来赏心悦目。有人说蔡志忠先生的《老子说》就如新生代的糖衣。糖衣，是制药史上的伟大发明。它使良药不再苦口，尤其让小孩子不再拒绝吃药，"咕噜"一声，欣然吞服，达到医疗的功效。古籍，总会让人生出生涩之感，尤其是孩子，实在不容易读进去，然而，蔡志忠先生的《老子说》和《庄子说》就如裹了糖衣的良药，既治病，又避免了苦涩。

同学们，你们一定想知道《老子说》《庄子说》这两本能帮人打开智慧之窗的书的独到之处吧，让我们一起来看看：

其一，精美的漫画让人耳目一新。每个儿童都是伴着有趣的漫画成长的，还记得读连环画《西游记》的体验吗？那孙悟空的形象一定牢牢定格在了每个人的心中。蔡志忠先生太喜欢孩子们，在编写这本书时，独具匠心地通篇使用漫画来诠释经典，漫画形象生动真切，深奥的哲理让人一目了然。

其二，精选的内容让人茅塞顿开。老子和庄子的思想博大精深，不是一般儿童能够读懂的，但蔡志忠先生以卓越的见识将精华提炼出来，他所精选的内容简约而不简单，既涵盖了老庄的哲学思想，又让儿童喜闻乐见，用脍炙人口的故事来阐述道理，有趣而又深刻。

其三，通俗生动的中英文对照文字让人流连忘返。本书语言通俗简易、朴实无华，没有一个多余的字，文字画面感强，留有很多的想象空间。特别可贵的是，全书都注有英文，这样的中英文对照版，会让世界了解中国，也会让读到它的中国读者更好地学习英语，特别有利于国际之间的文化交流。

其四，全书的编排给人以纲举目张之感。《老子说》和《庄子说》在编排体例上非常科学。《老子说》在总述《智者的低语》之后，又将全书分成五个部分：第一部分是道的上篇，第二部分是道的下篇，第三部分是德的上篇，第四部分是德的下篇，第五部分是诸子谈《道德经》，还有一个附录帮助读者延伸阅读。这样的编排，让人一目了然，真是达到了大道至简的效果。

总之，蔡志忠先生的《老子说》和《庄子说》是一扇可贵的展示东方哲学和悠久中华文明的窗口。在这里，学生可以感受到人在自然中应该如何生活，因为图文阐述了人与自然、人与社会、人与人的相处之道；在这里，学生可以感受到尽管春秋战国大分裂时期已然远去，但是从天上到地下，或从过去到未来，依然传来了某种气息，这种气息历久弥新，令人流连忘返；在这里，学生更是打开了了解东方哲思的天窗，这扇窗开得如此自然，风光如此旖旎，一定会让有幸读到它的每位学生心生喜悦，增长智慧，每个遇到它的读者，必将收获可贵的精神成长。

【阅读分享】

春秋战国时期，百家争鸣，流派纷纭，其中老子所创始的"道家"，是影响比较大的一家。老子的代表作是《道德经》，深奥难懂，即使有译注文，小学生大多也无法理解它。让人高兴的是，可爱的漫画家蔡志忠先生把这本书改编成了漫画，使其既简单易懂，也不失原始韵味。其名曰：《老子说》。

《道德经》中，有一章讲"无"。我们都知道有无相生，但是很多人不知道，"无"的用处实际上比"有"大得多。比方说，一个杯子，因为中间是空的，所以可以盛水；一间房子，因为内部是"无"的，所以可以居住。这如果用古文来写，短短几行字，常让人云里雾里、迷惑不解。即使翻译成白话文，前面的解释尚且看得懂，后面阐述道理的时候，便都是抽象的了。明明都是认识的字，组合在一起却不认识了，真是奇怪！

蔡志忠的漫画《老子说》却把这一章阐述得非常明白，几乎每一张图，都会标出哪些是"有"，哪些是"无"。一部黑白漫画，竟可以把老子深奥的《道德经》就这样轻松解读了。我以前也背过《道德经》，然而仅仅背了几章，便对它失去了兴趣，后面也只能不了了之。然而，《老子说》这本书前几天才到我手里，我读完后竟把老子的《道德经》理解了大半，又把之前背过的巩固了一遍。

　　《老子说》这部漫画作品是现代文学上的一颗新星。这本书让我认识到，这个世界需要新旧并存，新瓶装旧酒，用新的形式传播优秀的传统文化，才是青少年喜闻乐见的方法。我们所说的"糖衣炮弹"，虽是个贬义词，但是《老子说》却是一个有营养又有乐趣的"糖衣炮弹"。让我们穿越时光，揭开糖衣，一起接受这颗古老炮弹的精神洗礼吧！

（广州市天河区骏景小学六年级（4）班简阅诚同学）

　　这套书我首先看的是《庄子说》，不由得为之赞叹，原来学习古人思想并不是很痛苦的事情，它可以很简单、很快乐。图书使用了我们最爱的漫画形式，让我们在快乐中学习。你如果把这一本书完整看下来，那么一定会对书中所描述的思想了如指掌。

　　这套漫画书图文并茂，浓缩精华，而且很恰当地把那些思想家的伟大思想表述出来，使其变得生动有趣，增加了我阅读的兴趣。

　　虽然我只窥见了此书的冰山一角，但我对了解思想家庄子深邃思想的兴趣提升了。如天人合一、无用之用，这些词看似不好理解，其实就是一些朴素的道理。大家在阅读的时候，要结合图文看，边看边想作者要表达的是什么样的思想，看完后会基本理解，还可以看一看结尾的综述，加深印象。

　　如果没有理解，没关系，结尾会告诉你答案，这时候，可以选择往前回看一遍，重新理解。这就有点像我们之前阅读的寓言故事，每一个小故事后面都有一个道理，这套书也一样，每一个小故事后面都有一个深刻的思想介绍。

　　对于庄子，自己真的惭愧，因为之前并未了解。我看了书以后简直是恍然大悟：这就是庄子，一个如此丰富又如此简单的人。图书还有中英文对照，如果要有推荐给国际友人的书，我会首先推荐这一套。

（广州市天河区骏景小学六年级（4）班赵庭珺同学）

（四）也谈教育的"得民心者得天下"

——对学生心理辅导的体会

　　大学学心理学这门课时，我感觉所学是纯理论。这次在参加工作多年后，我有幸再次聆听了华南师范大学教授们有关心理辅导的系统课程，深深明白了心理学一直在与时俱进，也深深理解了学生的心理活动受到环境因素、生理因素和已有心理因素的影响。教师在施教和引导学生时，一定要懂学生心理，特别要理解透彻"情绪和动机""人格"，要结合教育规律引导学生，才能达到"事半功倍"的教育效果，才能培养阳光的、具有健全人格的时代新人。

心理学告诉我，人与人之间首先要懂得尊重，尊重是一切良好关系的基础。师生之间若能做到互为尊重，师生关系一定是和谐的、愉悦的。师生关系好了，教育才能达到最好的效果。几年前，我接手的五年级某班，班里有个周同学，存在着一定的心理问题。他的表现就是爱打游戏，不做作业，自己不爱学习，还要经常弄出些事情惹人关注，与同学关系紧张，稍有不适，就会与同学打架斗殴。

有一次下午，我照旧兴致勃勃地来到课室，与学生一起共度课堂的美好时光。在教"轻叩诗歌大门"这组课文时，我每节课前都尝试着让学生自由写诗，儿童是天生的诗人，写起诗来那是风景这边独好啊！

这天，学完《西江月·夜行黄沙道中》这首词，我尝试着让学生填词，词牌可以是西江月、渔歌子，也可以是菩萨蛮、卜算子等。学生一听兴味盎然，因为他们极度喜欢挑战和尝试，一切井然有序地开展着，不知不觉就临近下课时间了。这时，平时极具环保意识的欧阳同学站起来说："陈老师，您看您看，周同学他在撕纸张！而且，随便丢在地上，弄得多么凌乱啊！"我一看，丢得满地都是纸屑，真是伤脑筋。我当时也很生气，就郑重其事地与周同学说："周同学，你把纸捡起来吧！"他充耳不闻，继续在撕，我火了，更大声地对他说："周同学，你去我办公室给你妈打个电话，就说我找她！"听我这样说，他更是撕得起劲啦！我心想："平时我可是对这孩子不错啊！怎么今天他就这么不听话了呢？不行，一定是我的方法不对。""一切为了学生、高度尊重学生、全面依靠学生"的理念忽然在我的脑海里翻腾起来，在这件事情的处理上，我做到高度尊重学生了吗？我反思，"自己的态度是那样的生硬，方法是那样的传统，环境是那么的不合适，这个处理不但没有高度尊重学生，甚至让学生觉得有伤自尊心。虽然他做得不对，但老师的目标是帮助他成长，而不是控制他，当老师想控制他的时候，他有权选择拒绝！"今天我算是体会到了！出于这样的思考，我当即改变了策略。我这一次不动声色地走到周同学的身边，心平气和地对他说："周同学，现在陈老师给你选择，你是选择妈妈来帮你捡纸屑，还是你自己捡纸屑？"话刚说完，只见周同学拿出了一个塑料袋，不断地把抽屉里的纸屑装进塑料袋里面。我知道周同学认识到自己的错误了，便赶紧拿了扫把给他。他接过扫把，二话没说，认真扫起地来！这时，我又对投诉他的欧阳同学说："你能原谅他吗？"欧阳同学点点头说："他知错能改，我原谅他！"周同学听了，还补充了一句："不好意思，我下次不会再丢了！"

这样一个故事，给我带来太多的教育思考。我在想，最好的教育发生在哪里？它可能是一个契机，我们要善于发现；最高效的教育又发生在哪里？那就是要以生为本啊！应该是对准学生那颗心啊！要对准那颗心，前提是为师者在实施教育的过程中要真的做到以生为本，"高度尊重学生"！高度尊重学生，这可是实现老师和学生和谐对话的前提啊！教育真是一个深沉的话题，好好琢磨学生心理，就会给我们莫大的启发。

其一，要培养学生健全的心理和人格，我们要努力营造良好的教育生态。良好的教育生态包括良好的校园环境、良好的师生关系、良好的生生关系、良好的家校关系，也包括校园文化、班级文化和小组文化等。这些文化建设的核心就是互相尊重、互相信任，有了尊重和信任作前提，很多问题都可以迎刃而解。

其二，要关爱学生。没有爱就没有教育。老师在给予学生关爱时要让所有学生都能感受到来自老师的浓浓爱意。老师的爱是包容万象的，而且特别要关爱心理有问题的学生，要给予他们更多的指导、指点和等待，要用多把"尺子"来评价成长中的学生。

其三，在处理学生的心理问题时，要懂得把选择权还给学生，要学会换位思考。同时，要给予学生责任感、担当感，没有一个学生是不想好好发展自己的。要放大问题学生的优点，在扬长教育中淡化、解决学生的心理问题，调动他们学习和成长的积极性。

其四，老师是教育的高地，若遇见有心理问题的学生，教师在引导学生的同时，也要引导出现教育问题或其他偏差的家长，整合资源，达成共识，一起帮助学生。有了家校的联手，我相信，学生的心理问题一定是能解决的。

总之，通过这次培训，我明白了，老师、家长和社会各种力量需要一起努力，了解学生的心理，并得到他们的理解和信任，我相信所有学生都会朝阳生长。

（五）生本，和学生一起 high

又是一个春暖花开的日子，我高兴地走进课室，同学们依然报我以亲切的掌声和微笑。

我走上讲台，宣布了一个消息："同学们，我们的'课前三分钟'，决定以兴办栏目的形式开展，将采用招聘的方式确定相关栏目及栏目主持人，请有意向的同学说说兴办这个栏目的理由。"

此话一出，课室里顿时热闹起来。大家讨论一会儿之后，我说："同学们，不急，请把你想兴办什么栏目、想当什么主持人写成方案，并详细说明理由，栏目主持人选可以自由组合！"话刚说完，课室里响起了热烈的掌声！从这掌声中我知道这一举措还是很受学生欢迎的，我了解学生喜欢解放自己和展示自己天性这一特征，我很有信心将这项活动做好。

第二天，我一回办公室，就发现桌上有一大堆的自荐方案。林舒婷同学说她想办一个演讲栏目，理由是小学生对许多观点比较盲从、比较模糊，需要通过演讲来明晰观点，同时，演讲也能提高学生的表达能力；戴骏宇同学说他知道很多科学知识，为了增长同学们的科学知识，他要兴办一个科学栏目；不甘示弱的李志豪同学说，他觉得信息时代大家都应了解更多外面的世界，新闻和评报栏目必不可少；小作家黄泽蔚同学说，每当同学们写了好作文，他觉得都应该与全班同学一起分享，这样，既能激发同学们的写作兴趣，又能激励那些会写作的同学，真是一举两得，所以美文欣赏是必不可少的栏目；聪明机智的刘林枫说，大家也不能光顾学习，也要娱乐一下，他想推举的栏目是"开心吧"和"神探"；语文科代表李紫林同学想办的栏目是讲礼仪故事，因为小学生要全面发展，礼仪、礼貌是很重要的……就这样，许许多多的栏目和制作人竞相出现了，通过投票，这些栏目就完全由学生自主策划、自主诞生了！

现在，我班的"课前三分钟"可谓精彩纷呈，学生在自己策划的栏目里发展着自我，也丰富着自我，各个栏目各呈异彩，都带给学生丰富的知识，学生很高兴，我也很高兴。正因为我充分相信学生，高度尊重学生，全面依靠学生，才有了今天这样蓬勃的活力。由此看来，教学工作者若想达到教与学皆愉悦的状态，还真要明白学生既是教育对象，又是教育资源，很多时候，还要真正落实"以生为本"。只要以生为本，就一定能体验到前所未有的快乐，还真能发现教学原来是如此的简单！

（六）我的善意一举

一早，我走进课室上第一节语文课。因为《自己的花是给别人看的》已经上完两天啦，再加上我早就布置了这课的第三自然段默写任务，为了检测同学们的默写情况，我按照惯例进行堂上检测。我进课室后，建议学生拿出默写本默写第三自然段。很多同学听后就刷刷地默写起来，但是同时，我也发现有几个同学紧皱眉头，迟迟都不下笔。这时我知道，他们一定是默写不出来，但我想总不可能就这样放任他们不管。按照以前的做法是让学生重新默写，他们虽然会做，但很被动！我想，怎么实现尊重学生、信任学生而又依靠学生呢？与其让他们就这样干等，在那里消耗时间，不如就让他们抄写吧，总比无聊地坐在那里强。我说可以抄写，只见他们拿起笔，很认真地写起来。我好高兴啊！原来学生不是不愿意做，而是实在没在指定的时间里完成学习任务，面对这种情况，我要学会等待。但等待也不是被动地等待，而应该积极想办法帮助学生啊！于是，我想到了一个点子，为何不让我的学生在抄写中担当更多的责任呢？于是，我建议学生做个承诺，我对学生说："不能默写不代表什么，只要有信心，一定能默写好的，我希望你们自己想想，什么时间可以把它默写下来，请在默写本上面说明，并写上你的姓名。"我一说完，只见抄写的同学个个郑重地写下了希望老师检查他（她）再次默写的日期，如有的写5月26日，有的写5月25日等。他（她）哪里只是写下一个日期，这分明是做出了一份承诺啊！看到学生高高兴兴地把本子交给我，我突然有一种欣喜感。因为我相信，他们一定能实现这份承诺，会在他们各自指定的时间内完成他们可以完成的学习任务。其实给学生一点空间改正错误，就是给学生一点空间成长，这有时是教育中的上策啊！

在这个案例中，我没有采取简单的处理方式，如让学生补默，让学生下课留下来补抄等，而是审慎地思考了一下，什么是最有效的教育策略？什么样的教育能对准孩子的心灵？它带给我太多思考和启迪！我悟到了，有时，老师的善意一举，带给学生的是希望，是信任，也是成长的空间，我们何乐而不为呢？

三、教育心声：给家长和班级学生的信

（一）大阅读提升语文核心素养

致四（1）班家长的一封信

尊敬的各位家长：

大家好！

好期待与大家开家长见面会，但由于新冠疫情的影响，我只好用书信代之。言不详尽之处，敬请大家原谅！

不知不觉中，接手我们班级的语文教学已经两年了，在此期间，我们经历了新冠疫情，经历了我们一起引导并致力于孩子们线上和线下学习的各种体验，不管是哪个阶段、哪种时候，我们都能彼此信任，通力合作，为孩子们形成较强的语文素养、奠定终身学习的基础做了很多努力和探索，相信我们所有的付出和实践都是值得的，都将转化成孩子们的各种素养。

回顾与孩子们相处的两年，真是弹指一挥间，时间过得真快啊！在我们的努力下，孩子们都在进步：我们一起举行了很有意义的线上、线下读书会，从三年级开始的班级读书会发展到后面的小组读书会，很多孩子在读书会里都得到了不错的发展；进行了很有意义的写作探索活动，从三年级开始的接龙童话故事到现在的接龙创作，他们堂上下笔成文；进行了很有意义的背诵积累活动，孩子们开始接触中华传统文化中的部分经典作品，如《诗经》《千字文》《道德经》《论语》，有的孩子还积累得相当深厚，这些都会转化成孩子们最为宝贵的精神财富。孩子们慢慢会成为胸怀家国、富有理想的书香少年！在各种活动浸染下，孩子们茁壮成长！在此，感谢各位家长的辛勤付出，同时，也特别感谢各个读书会的组长及其家长们，他们为班级同学的整体发展做了最有价值的探索和努力！这是非常有意义的事情（可贵啊，你们在带动一个娃的同时，也带动了一群娃的发展）！要相信：你们的这份努力，一定会化成所有孩子成长的能量和养分。我想，孩子将来也会永远感谢你们！我们要继续努力啊，为了孩子们的美好前程，一切都是值得的，我们继续加油!

回到当下,我们看看,很多孩子是很有学习状态的。令人欣喜的是:有的同学养成了博览群书、下笔千言的素养;有的孩子写字发生了翻天覆地的变化,练就了一手好字;有的孩子练就了担当和勇毅的美好德行;也有不少孩子培养了利他达人的良好品性;还有不少孩子增强了开创、引领等了不起的各种能力……在这个班群里,有不少各个领域的领跑者。记得有位诺贝尔奖得主曾说过,他取得的伟大成就是在幼儿园奠定的基础。我对此深信不疑。中国有句俗话:三岁见老!我相信,在这个班里,将来一定有很多了不起的人才!

家长们,托尔斯泰有句名言:幸福的家庭是相似的,不幸的家庭各有各的不幸!其实,教育也是相似的,我们发现:优秀孩子的成长状态都是相似的!这份相似性就体现在:优秀的孩子热爱学习、博览群书、勤奋、坚毅、热爱钻研、善于思考、主动担责、主动发展,并且保持浓厚的探究欲望,做事善始善终。当然,反之亦然,学习欠优秀的孩子也有相似性,他们的共性是:对学习不太感兴趣、懒散、不爱动脑筋等。至于为什么会形成这样的共性,那背后的原因,也是值得思考的!我们一定要明白:对于孩子们的学习,我们作为引导者,就是要让孩子们有良好状态!在教育和陪伴孩子们成长的过程中,我们一定要清醒地认识到,要努力培养"自驱娃"!每位家长,要不遗余力地为培养"自驱娃"而探索。你会发现,拉牛上树是不合适的,我们要做驱牛向草者!因此,家长永远要学会鼓舞自己的孩子,永远要学会激发孩子积极上进的良好状态,永远要培养孩子主动学习、善于学习、热爱学习的能力!这是我这次家长会特别想与大家交流的!

同时,对于接下去的语文学习,我有以下几点是想特别强调的。

坚定不移地走大阅读提升语文核心素养的正道。大家一定要明晰的是:语文是所有学科的基础,是核心素养中的核心,阅读(关于阅读的重要性,我经常会转文给大家,请大家看看,在此不再赘述)能力是提升语文核心素养的关键!而阅读能力的培养,是在大量阅读的基础上形成的,学习语文是个厚积薄发的过程!

在学习过程中,请家长们继续督促孩子们养成当日事当日毕的好习惯,提醒孩子们完成每天的学习任务,力求做到主动先学、认真听讲、主动复习。一定要相信"性相近,习相远"(孩子们本来的资质没有相差那么远,但不同的学习习惯让孩子们逐渐产生了巨大的差距)这句话的深刻内涵。

请家长们继续支持孩子们的各种主动探索，我真诚地希望：班级诗社建起来，班刊杂志办起来，各种研究会成立起来，要相信：所有的付出终有回响。在此，也与大家分享一下：我曾经带的四年（2）班学生（2017届毕业生，从四年级带到六年级），那些"溢墨文学社"的创办者们，没有一个发展不好的（他们现在读高一），单是进入广东实验中学高中文科重点班的就有三个（这三个均是"溢墨文学社"的创办者），还有就读于省实高中理科班、华师附中重点班、二中重点班的，我现在回望一下都觉得很有意义。

家长们一定要知道：在语文学习的征程中，教材是引子，是托底工程，是蓝本，对于这个托底工程，我们一定要抓稳抓实。希望全班每个孩子都能透彻掌握教材所含的基础知识和渗透的人文思想、语文要素，当然我们的课堂也会讲得很深入。但是，语文是个弱指导学科，学好语文，光掌握这个托底工程是远远不够的，语文学习的规律就是博览群书，就是读思结合、厚积薄发，在大量的读写等语言实践活动中提升语文综合素养。

我想反复强调的是，小学阶段，我们不宜过早只盯着孩子的分数，而应该更多关注孩子的学习习惯、学习状态，关注他（她）是否热爱读书、是否每天认真完成作业。教师布置的每一项作业、每一项任务，都希望家长督促孩子认真完成。特别对于基础薄弱的孩子，家长应该像带一年级孩子那样督促他（她）认真完成作业和任务。你会发现，孩子们学业之间的差距，会在这完成作业的质量中慢慢拉开。如果召开现场家长会，我一定给大家看看各种开放性作业的差距，就拿读书笔记和"小眼睛看世界"来说，学得好的孩子每天都在写论文，内容丰富、观点清晰，而也有不少孩子仅仅是疲于应对，有的甚至连应对都谈不上，怎能不产生差距呢？

当然，当前阶段，开始进入期末全面复习了，我们会回归课本，回到教材，会对教材进行系统全面的复习（教材中每个角落都让孩子读读，对尚不熟悉的知识做好标记，利用思维导图梳理每个单元的难点知识的要义，使他们慢慢养成会复习的习惯），及时纠正错误，建议每人准备一个纠错本，在二轮复习时就能重温这些纠错后的知识。

衷心希望，在你我的共同努力下，每个孩子都有良好的学习状态，每个孩子都能学业进步！如有需要与家长沟通的问题，我会及时致电，各位家长也可以致电我，或者我会召集部分家长召开线上会议（到时会提前通知的），届时请大家给予支持！

家长朋友们，时代在巨变，人才培养模式也发生了变化，我们在培养适应将来社会发展的人才时，要把握时代脉搏，深刻领会教育部多次发文强调的教育领域的改革精神，我们的语文教育要顺应这个波澜壮阔的时代！衷心希望每位家长能与我达成高度共识，共同为致力培养时代新人而不懈努力！

同时，由于本人水平有限，这封信就权当是我写给大家的私信罢，有不当之处，请大家多多包涵！在此衷心地感谢大家！

顺祝各位：端午安康，阖家幸福！

你的朋友：陈天兰
2020年6月13日　晨

（二）缘起阅读，感恩缘分

六（2）班文集序

同学们，提笔写序言时，心中太多感慨，充盈内心的满是感恩。在一年前的暑假，一次面向全国各地来培训的老师的《论语》公开课上，我们结缘了，我们有了这段可贵的师生缘。时间过得太快，走进你们的第一天，恍如昨日，转眼你们就要毕业了，不舍啊！

回首我们共处的时光，真是美好！活泼聪慧的你们、勤劳智慧的老师、辛勤付出的家长、蓬勃发展的学校，还有这波澜壮阔的大时代……这一切，都是那么美好。这就是因缘际会，我们深深珍惜这份可贵的缘分！

亲爱的同学们，感恩缘分，在美好的芳华岁月，我陪伴你们度过了快乐而又充实的六年级，是你们，这些未来的英才们，让我体会到了很多很多教书育人的快乐和幸福；还是你们，让我有了更多志同道合的教育者，收获了一批可贵的朋友——你们的爸爸妈妈及全国各地追寻语文教育理想的教育同仁们。

亲爱的同学们，我为你们骄傲，我们班团结奋进、发展全面是全校闻名的。在我们班没有一个人落后，这是难能可贵的，我要感恩你们的启蒙老师们，许老师、袁老师、张老师、钟老师等，他们一定很会匀爱，让爱洒满你们的心田，才会有这样的教育生态：学校的各级各类活动，你们总能脱颖而出；学习场上，你们力争上游；田径场上，你们奋力拼搏；篮球比赛，你们引领风骚；文学路上，你们独树一帜；阳光评价，你们全市领航……你们就是一匹匹千里马，每一个都是那么优秀而又独特。

还记得吗？在"名人伴我同成长"活动中，同学们积极参与，所写的名人传记小研究,个个都带上自己独特的思维导图,那图文并茂的作品,太让人倾慕了,倾慕小小年纪的你们拥有这么棒的才华。还记得吗?我们的一个个小导师,讲起题目来滔滔不绝,同学们听得津津有味,你们那种举一反三、触类旁通的本领让我倾慕。还记得吗?到了寒假,我们开始了更为愉悦的学习之旅,我们举行了"爱智慧家庭阅读"推广会(感谢庭珺妈妈、阅诚妈妈、天源妈妈等),走到不同的楼层,走进不同的家庭开启了我们的读书讨论会,文学、历史、哲学等各类书籍,古今中外的各种人物,我们都涉猎,我们讨论乔布斯,我们讨论秦始皇,我们讨论马云,我们讨论钢铁侠……讨论的深度让我惊讶。到了六年级下学期,我们开启了"互联网+阅读"之旅,每周五晚上,我们相约网上讨论《史记》,讨论总是那么热烈。可贵的是,你们讨论到最后,还会附诗一首,多有意思啊,你们的诗才让我自豪。特别是在临近毕业季,我们开启了"家庭演讲嘉年华"活动,你们与你们的父母同台演讲,讲智能社会的发展,讲性格色彩学,讲"虎妈"和"牛娃"的亲子共长,讲建构良好的人际关系,讲中美文化的比较,讲"双胞胎孩子的培育",等等,太难得了。亲爱的同学们,也许,我们的"家庭演讲嘉年华"在我国教育史上还是"开先河"的呢,多珍贵啊!特别让我骄傲的是,因为你们的优秀表现,一个微信公众号诞生了,"西瓜小猴科创世界"里面的文章真挚而又前沿,多有价值啊。不只是这个公众号,介绍我们的公众号还有"生本教育"、天园街的"天园人家微社区 e 家通",我们同学的作品和活动还被刊登在《信息时报》等媒体上,这些媒体对我们的广泛关注,说明我们的读书、我们的写作、我们的活动有意义,说明我们的生本语文教育在不知不觉中启发了他人。写到这,我们要感恩,感恩生本教育的创始人——郭思乐教授,是他的生本教育理念,让我们走上了语文学习的"康庄大道",感恩与生本教育的缘分!你们是时代的幸运儿,从小就结下这么多的良缘,可贵!特别难忘的是,我们的认识从去金城宾馆上课开始,从向全国老师传播我们的语文课堂开始,从向孔子学习开始,多有意义啊!

亲爱的同学们,分别在即,作为你成长中的伙伴,作为你的语文老师,我想反复叮咛的是:"读书破万卷,下笔如有神。"爱阅读的人生一定是丰盈的。我还想反复叮咛的是:"问渠那得清如许,为有源头活水来。"生活是写作的源泉活水,我们要深入观察生活,善于发现生活中的真善美。我特别想反复叮咛的是:我们要牢记母校的校训"善恕慧雅,生生日新"。我们不但自己要发展好,还要有一颗善良的心,尽己所能地给人提供帮助!也许,人和人之间最大的差别在格局，我衷心地希望，你们每个人都有大格局，都志存高远，将来都是祖国各个方面的栋梁之材！努力吧，同学们，未来的路还很漫长，让我们永怀感恩之心，牢记"天行健，君子以自强不息；地势坤，君子以厚德载物"这些至理名言。相信，有了这些思想，再付诸行动，你们的前程一定是美好而又宽广的！在任何时候，我会一如既往地欣赏你们，赞美你们，祝福你们！祝福你们早日成为祖国的栋梁之材！

感恩缘分，祝福将来！

你们的语文老师：陈天兰
2018年6月29日　下午5点

（三）阅读、生活和诗意

六（6）班毕业留言

亲爱的同学们，我很荣幸陪伴你们度过了快乐而又充实的六年级，你们带给我太多的快乐、启迪和思考，在此，先深情地说声谢谢，是你们，让我体会到了很多教书育人的快乐和幸福。亲爱的同学们，让我们永怀一颗感恩的心看待周围的一切！

回首我们一起走过的日子，真可谓有滋有味、有情有趣、有诗有画。说起与你们的相处，我脑海中就如放电影一样，一幕幕，印记深刻。还记得吗？我们一起去广东科学馆参加羊城教育研究院主办的"聚焦语文改革"研讨会，《羊城晚报》整版刊登了《大语文向阳而生，精神力量何在？》的报道，你们在众多来宾面前展示了背诗、吟诗、演诗、作诗等本领，你们的表现震撼了全场，有个专家还点评说：这个班的同学太了不起了，写的诗歌风格各异，有的同学写的诗歌像戴望舒的风格，有的同学写的诗歌有普希金的风格，有的同学写的诗歌像舒婷的风格，等等，满是诗情画意。还记得吗？我们一起上的一节节妙趣横生的语文课，有谈笑风生的，有弥漫着辩论火药味的，有围绕名著开展激烈讨论的。特别是那一堂堂给老师们观摩的公开课是那么的有意义：记得我们的一堂直播公开课《最后一头战象》，点击率成千上万，在互联网上留下了永久记忆，太有意义了。而我们向全区老师展示的《鲁滨逊漂流记》一课，你们对外国名著的阅读和了解，让老师们大为惊叹：这个班同学的阅读量太让人赞叹了！还有我们一起在网上开展的《史记》读书会，虽然参与者不是很多，但大家依然像举行盛典那么隆重、那么热烈，这一切让我们明白，与书为伴，生活将是多么甜美、有味。你们高高兴兴地组建文学社、创办班刊，有同学还自创小说，尽情挥洒自己的文学才华，在各种创作中，将想要表达的学习生活尽情表达，至今都让我自豪，太不简单了！还记得吗？临近毕业，为了让你们的学习生活更丰富，班里开启了"家庭演讲嘉年华"活动，你们可敬可爱的父母为你们献上了宝贵的演讲，他们的演讲开拓了我们的视野，丰富了我们的见识，太值得我们回味了！一直以来，我经常会以你们的诗歌为傲！因为，小小的你们总能在极短的时间内抒发自我和性灵，总是以自己敏锐的触觉感悟生活中的真、善、美。记得我们在"走读广州"活动中去烈士陵园扫墓，你们献给先烈的诗歌被烈士陵园的员工收藏，多么可贵啊。你们总是善用手中的笔书写你们的生活和感受，这是多么难得啊……因为，我清楚地知道，作为一名即将长大的少年，如果你的生活中拥有阅读、情趣、友爱和诗意这些内涵时，你们的生活是多么丰实和幸福！学会了写诗，就会用诗歌把这种幸福的生活充分地表达出来，古语"诗以言志""诗无邪"就是这个意思。学会写诗，就是学会了思考生活，学会了发现生活中的真善美，学会了独自面对自己，学会了思考人生，学会了面对宇宙和未来，这是个人成长的声音，是生命拔节的声音。

　　亲爱的同学们，分别在即，作为你成长中的伙伴，作为你的语文老师，我想反复叮咛的是：读书破万卷，下笔如有神。只有多读书，思想才会丰盈。我想反复叮咛的是：生活有多宽广，语文就有多宽广。"问渠那得清如许，为有源头活水来。"有了广泛的阅读、丰盈的思考和深入观察生活的功底，我们的作品就会深刻而丰富。我们要明白，当你拥有阅读和生活作底时，再加上我们的勤耕笔头，我们一定能写出更美的诗歌，我们的生活中一定能奏出更美的乐章，我们的生活一定是充满诗意的！

　　同学们，未来的路还很漫长，语文是我们的母语，它绵延五千年，绚丽而多彩，我们为它骄傲！在学好语文的路上，你一定要记住，阅读和生活是它的根，让我们博览群书，深入观察生活，好好地扎根，相信根深定能叶茂！我会在这里衷心地守望着，看一棵棵小树是如何成长为参天大树的……等着你们捷报传来，永远为你们自豪！永远地欣赏你们，赞美你们，祝福你们！

你们的语文老师：陈天兰
2019年6月16日　晚上11点

(四)阅读若春风,催开繁花似锦

六(1)班毕业留言

六(1)班的孩子们:

你们好!

当钟老师让我提笔为班级文集写几句时,我有些惶恐,其一,由于平常事务繁杂,对班级深入了解不多,恐谈不深入;其二,虽然经常听到班级的一些动态信息,但了解不详,恐述不到位。但是,考虑到同学们即将离开成长六年的母校,即将奔赴更为广阔的舞台,我心中的不舍是难免的,同时,诸多关于班级的美好画面一一在脑海中呈现,于是,也就有了写的小萌动了。

记得有一次去你们班代课,那次上课的印记是深刻的。当时,也忘了具体原因,是去临时代课,但是,课堂上你们的表现很让我铭记。我记得,整堂课上,从课前到课后你们都非常主动,从课前的擦黑板到课后的追问作业,都让我看到了你们主动学习的那股劲;在课堂上,每个同学都非常专注,而且总能积极参与课堂互动,有同学还上台为我完成了板书,书写还很漂亮,这是多么美好的事情!看得出,你们是一群有着良好学习习惯的学生。一个善于学习的学生,学会聆听,学会互动,学会主动的品质,你们都具备了,这是你们将来腾飞的基础。

还记得有一次去你们班看课管,我随手拿起了胡宝仪同学的作文本翻阅,宝仪的作文写得真好啊,再看了看周边各个同学的作文本,同学们的作文都可圈可点,可读性强,一篇篇文章充满个性和灵气,一个个作文本都是闪亮的,六(1)班的写作繁花似锦啊!为你们点赞!同学们,写作是思考,更是表达,而思考和表达对一个成长中的学生来说是多么重要啊!看到这,我内心极为激动:为师者最大的幸福就是得天下英才而生本地教之!我能感受到你们成长的快乐和幸福!我们要永远相信自己能行!衷心希望班里每个人都牢记母校的校训:善恕慧雅,生生日新!努力完善日新的蓬勃发展的自己!同学们,让母校的校训永远与你们同行!祝福你们!

说到这里,我不再惶恐,而是真心感谢你们钟老师给我这个为你们班文集写几句的机会!同时,借此机会,由衷感谢你们班级所有老师对同学们的关爱,感谢所有班级老师对美好的生本教育的执着追寻!也感谢你们的爸爸妈妈对学校的高度信任,以及对学校各项工作的大力支持!更要感谢同学们,你们的努力、上进为母校增色不少!继续加油,将来的母校一定会为你们骄傲!

在未来的日子里，希望同学们心怀梦想，不负韶华，逐梦前行！母校静待各位的佳音！

祝福：前程似锦！

你们的大朋友：陈天兰
2022年6月4日

（五）读书会，会读书，触摸幸福

给2023年毕业的六（1）班同学的信

亲爱的同学们：

你们好！

当提起笔来的时候，我突然觉得时光飞逝，转眼间陪伴你们的四年时光就这样充实又欢愉地过去了，我是多么不舍啊！你们有没有同感呢？我，你们的语文老师，此时此刻满脑子都是你们聪慧、勤奋、灵动、团结、活泼的身影，每念到此，心中满是幸福！特别是想起与你们一起读书的那些幸福时光，更是令人无限念想！

记得那是新冠疫情刚开始的时候，我们要居家学习。那段时间，每天，我在互联网的这头，你们在那头，开启了我们班的学习交流。那段日子，每天下午四点，我领着你们学习《千字文》，每天讲八个字，就这样日复一日，一本《千字文》很快学完了。同学们还记得《千字文》的内容吗？希望你们能牢记并践行它的深意。讲完《千字文》，我们就开始交流读书心得，这是我们读书会的雏形。

就这样，悄然间一个学期过去了。在第二学期，我们建立了九个读书小组，大家都分到组里去了。从此，每周，同学们在家长们的支持和帮扶下，在组长们的引领下，开启了轰轰烈烈的读书交流活动，一坚持就是四年，这是毅力，也是了不起的大好事。让我们欣喜的是，四年下来，你们读了一本又一本好书，做了一本又一本读书笔记，有同学的读书笔记还在班级推广，被全校老师学习，真有意义啊！更有意义的是，这四年来，你们讨论了几百本书，有的小组在读书交流之后，开启了数学讲题、背诵推进、经典解读、劳动创作、撰写文学作品等有意义的活动！同学们真了不起，我为你们自豪！同学们，你们真的做到了不负韶华！你们一定要相信"腹有诗书气自华"，读下去的这些书终将成为你们的素养，终将转化为你们的能力。加油吧，同学们，永远记住，走遍天下书为旅！长大了你就会回忆起，每个同学都在读书会里互帮互助，得到了蓬勃的发展，这是多么有意义的事啊。同学们，古语有云："人必自助而后人助之，而后天助之。"这句话的意思就是我们要在生活和学习中，不断地渡己渡人、互帮互助，我们的读书会就是这样一个组织！同学们，"学，然后知不足"。我们要好好学习、向上向善、幸福成长每一天，在以后的学习中，记住坚持每天读书明理哦！相信你们是可以的，我静候各位的佳音！

  同学们，有人说，教育的终极目的是让人获得幸福。在此，老师特别希望你们每个人都具备获得幸福的能力。记得，六年级下学期，我们每个同学都用心写了封信给未来的自己，同学们都写得很不错。我相信，每位同学都会按照自己信中所期待的那样，有方向、有目标地成长为你期望的样子！这一定是幸福的！当然，获取幸福也是有方法的，我希望每位同学学会戴着"美好牌"眼镜，去发现身边每一个人身上的美好和优点，以及带着感恩的心去对待与你互动的每一个人。这样的你，一定会获得更多的幸福！我希望，每个同学都能触摸到学习、生活中的幸福！这是非常重要的！相信你们都是会寻找幸福的人！同学们，加油！

  写到此，老师的心中满是你们将来幸福的模样！现在，你们即将奔赴更广阔的舞台去学习、去发展，纵有千言万语，都化为我最想与大家叮咛的一句话——"天行健，君子以自强不息；地势坤，君子以厚德载物"。请大家深刻领悟它的内涵，在以后的学习生活中，努力收获幸福，进取每一天，进德每一日！

  祝福同学们：身体健康！前程似锦！

你的小学语文老师：陈天兰
2023年6月6日

第三部分

教学反馈篇

一、新闻报道

(一)《陈天兰:期待每一个奇迹》

《中国教师报》2014年12月10日《教师成长周刊》第27期刊登了题为《陈天兰:期待每一个奇迹》的报道。

图3-1 2014年12月10日《中国教师报》

(二)《大语文向阳而生,精神力量何在?》

2018年11月21日《羊城晚报》刊登了题为《大语文向阳而行,精神力量何在?》的报道。

图3-2 2018年11月21日《羊城晚报》

大语文向阳而行，精神力量何在？

本场沙龙的主题为"向阳而生·大语文的精神力量"，从教与学的关系、课程研发、教学环节设计等多方面，围绕思想对话与美学鉴赏的"读"、与自然与历史与人文对话的"行"、养成记录与思辨的"写"等多方面的核心素养，系统探讨大语文改革的方向。

在活动现场，广州市天河区骏景小学六年级的学生带来了一场古诗词朗诵盛宴。他们身穿古代服饰，头扎古代发式，手拉二胡，用"春""花""秋""月"等字带来了精彩的"飞花令"表演，还吟唱了《水调歌头·明月几时有》，让观众们感受古代诗词与音乐相结合的韵味，他们饱读诗书、才思敏捷的表演赢得满堂喝彩。据介绍，骏景小学的学生平时不仅喜欢读唐诗、背唐诗，还经常玩"飞花令"，一边玩一边学诗歌已经成为学生校园生活中重要的一部分。

广州市天河区骏景小学十五年来潜心于郭思乐教授创立的生本教育的实践和研究。副校长陈天兰表示，学校要做的就是把教变成学，把学变成玩。"我们的语文课堂就是把传统的语文分析变成一种语言的实践，依照孩子的天性来教，老师搭建不同的平台来推进语文的大阅读，展示孩子们的个性。"据介绍，骏景小学的语文教学在发展人的语文素养方面，做了五个方面的工作：大阅读、大实践、大思考、大积累、大评研。"我们的语文特色是实践生本教育，强调大量推进阅读，强调读思结合，读的是原汁原味的文章本身，思的是依据文章而发的自身提炼，这个提炼可以联系生活体验、阅读见闻、自己的想象和联想等。""大语文，就是一个人的精神长相，也是一个民族的精神长相，所以叫向阳而生。"陈天兰如是说。

二、同行点评集锦

(一) 腹有诗书气自华

——花城,一场与生本教育的美丽相会

曾国藩说:"唯读书则可变化气质。"读书时间久了,精神气质就会变得不一样。

图3-3　课堂现场

今天,再次聆听了几位教育大师分享的生本教育心得,我从她们每个人身上都看到了一种与众不同的神采!

回想陈天兰副校长执教的语文生本课"苏轼专题",我的感觉是震撼的。说实话,刚拿到课表的时候,我在心里也曾猜测过,她的语文生本教育的课堂是什么样子的?也是像有些课那样先给学生分分组,然后再进行分组学习、交流吗?也和有些课一样让学生读读、写写、画画吗?而当陈老师打开PPT,我看到"苏轼专题"这个漫无目的的大题目时,我想,这是要干吗,是要推荐图书吗?这是一节阅读课吗?这是要举行读书会吗?

带着心中的种种疑问,我走进了陈老师的课堂。上课伊始,那个利用假期读完《史记》的男孩分享了他的读书心得,让我看到了一个不一样的家庭读书会;那位评述《明朝那些事儿》的男孩,分析了海瑞、张居正、王阳明的人物形象,让我看到了一个思考的阅读者;那个分享自己小组读书心得的女孩,让我感受到了处处充满书香的阅读氛围。而这节课上,学生的精彩展示更是让我赞叹不已!学生或用一份研读小报,或用一个思维导图,或用一张阅读表格,或用一个课前小研究,把一个才华横溢的苏轼、乐观向上的苏轼、享受美食的苏轼活灵活现地展现在我们面前。看到这些临时凑起来的三至六年级的学生在课堂上侃侃而谈,他们所展现出来的博学、睿智、从容、自信,让人不由在心中暗暗叫好!

图3-4 课堂现场

图3-5 课堂现场

陈老师设计的穿越环节更是让人眼前一亮,原来语文还可以这么玩。在学生的先学小研究单上,苏东坡邂逅广州雨季的诙谐、苏东坡走进2018年的诗意、苏东坡遇见特朗普的思考、苏东坡路遇李白的逗诗,一篇篇学生的妙笔之作,或诙谐,或幽默,或工整,给我们带来了一场丰富的精神盛宴!

看罢陈老师的课,我想,学生如果没有进行大量的阅读,他们是不会写出这么多深刻的阅读体会的;学生如果没有进行充分的思考,他们是不会写出这么精彩的阅读赏析的;老师如果没有那份坚持和用心,也是不会这么透彻地把生本教育进行下去的。陈老师和她的学生用实际行动告诉我们:语文生本教育就是要学生大量充分地阅读,就是要自己拥有那份坚持和用心。

图3-6 课堂PPT

图3-7 课堂现场

只有广见博识,才能择其精要者而取之;只有积累丰厚,才能得心应手、为我所用。读书、做学问都需要积累,积累多了,才能灵活运用。由此,我想到自己的语文教育,我也曾有意识地布置学生大量阅读,我也曾苦口婆心地跟家长们讲多读书的好处,我也许已经有了这种生本教育的意识,也许已经迈出了生本教育的第一步,但是,那只是"水过地皮湿"的浅尝,学生的阅读也只是走马观花的阅读罢了。如今看来,我做的远远还不够到位,还不够彻底。与几位大家相比,我还欠缺那份坚持和用心。

宋代大文豪苏东坡在他的佳作《和董传留别》中说,"腹有诗书气自华"。看了生本教育下每位教育大师的课堂风采,再看看生本教育指引下的这群博学、自信的学生,我想,他们已经用实际行动证明了这句话的含义!

邢桂田

2018年7月18日

(二)品享生本课堂盛宴,汲取生本理念精髓

——生本推进会赵家洲中心小学报道

2020年10月22日,由湘潭县教育局和赵家洲中心小学共同承办的2020年全国深化课堂教学改革研讨会暨赵家洲中心小学生本教育推进会在我县隆

图3-8 2020年全国深化课堂教学改革研讨会暨赵家洲中心小学生本教育推进会

重开幕。会议第二天的主要内容是组织学员们观摩生本课例，倾听优秀生本老师、专家的现场评课。

10月23日上午，与会老师观摩了三堂精彩纷呈的生本课。第一堂是由赵家洲中心小学李映平老师执教的《金色的草地》。课堂上，李老师以课文为引子，通过巧设问题，将学生的课内与课外阅读联通，以读引说，以读引读，以读引写，让学生在轻松愉悦的学习氛围中，在交流与分享中获得提升，收获成长。

陈天兰老师执教的语文课直指阅读。从课文的阅读出发，引导学生交流并分享阅读的方法、自己与阅读的小故事、阅读课外书的感悟与收获，将生本语文学科的教学理念"阅读、思考、表达"呈现得淋漓尽致。

图3-9　课堂现场

每堂课例之后，都有优秀生本老师代表的听课感受分享和专家的课堂点评。观议结合，让与会老师们真正体会到生本课堂是怎么做的，学习到生本教育理念在课堂中是如何具体实施的。六堂课，堂堂都得到评课老师、专家的高度好评！赵家洲中心小学傅近老师执教的《可能性》，更是被郭思乐教授赞誉为"几乎完美的生本课"。

六堂精彩的课例，给与会老师带来一场生本教育的盛宴。与会老师不仅感叹生本课堂上学生自信、乐于表达的学习状态，还惊喜于学生思维的活跃与发散。他们从课例中深切地感受到生本课堂的魅力。

(三)得天下英才而生本地教之,是为师者最大的快乐!

——王春明老师的点评

用教研室赵主任的话来说,陈天兰老师气场强大,站到台上,很自然地吸引了台下师生的注意力。没有照本宣科,而是从从容容、侃侃而谈,生本的阅读、生本的写作、生本的教材使用、生本的评价,每一个话题都信手拈来,说得头头是道。从她的每一句话语中,我能感觉到,熟谙生本之道的陈老师在国学方面是有深厚造诣的。

听了陈老师的课,我的感悟是:

①语文教学的终极追求:快乐、素质、成绩。

②我们所使用的很多是补短教育,扬长教育比补短教育重要得多。

③高度尊重学生,做到的真不容易,如果真能做到,学生接收到老师传递的尊重信息,无疑感觉无比美好。

④孩子的成长需要体验,一个角色就是一个成长。

⑤全面依靠学生,教师省事,学生成长,教学相长,并非单向的发展。

⑥家庭、工作、素质,哪一个环节都要处理好,才能感到幸福。

⑦心里不要郁结,带着郁结工作,对学生、对自己都不好。

⑧成功的教育就是要培养孩子的善根。

⑨与其听普通人啰唆一大堆,不如听高人点拨一两句。

⑩让学生带着丰富的先学进入课堂,带着丰厚的思想离开。

⑪放养与圈养的区别在于放养是驱羊向草。

⑫推动经典诵读,《千字文》每天保底背诵八个字,背诵大擂台,整体检查,超过十句以上的、超过额定内容的都是冠军。

⑬注重积累,一年级,唐诗;二年级,《三字经》,快乐起笔,画画、写文章,放手让学生写,写得不好的特别需要呵护,而非漠视;三年级,《声律启蒙》,尝试对联创作;四年级,歇后语,每天三句;五年级,《论语》,选择喜欢的章节背诵,向同学推荐;六年级,宋词,重背唐诗,结合教材轻叩诗歌大门,分类大背诵,设立"彩虹桥",小组长负责登记,能背诵的登记在"彩虹桥"。开展大默写,分主题默写,围绕着古诗出题,学生交换做,再整理成一份卷子。

⑭推进阅读,从二年级开始,整理书单,先让学生整理一份书单,小组

整理，全班整理，教师结合教材定下书目，发给家长，也可以分组购买形成班级图书馆；每逢星期五专门有一节展示学生阅读收获的读书课，课堂的主旋律是阅读推进。

⑮课外阅读的推动，越到高年级越要抓到点子，形成活动推动学生的阅读，如做剪贴报等活动。

⑯老师要敢于大刀阔斧地处理教材。

⑰大阅读、大积累（背诵、默写、听写）、大思考（向生活要资源）、大表达（循环日记）是全班落实生本阅读教学理念的保证。

⑱写作的进行：二年级，仿而写之，写动物，写大树，堂上快速作文；三年级，写事，专题写作；四年级，写系列故事；五年级，写人物，例如写妈妈，有教育"我"时的妈妈、生活中的妈妈、爱"我"的妈妈，同一个人可以写出不同的方面；六年级，写信，写信给校长、未来的语文老师、将来的数学老师。

⑲以推进阅读为己任，还学生阅读以正道。

第二天，陈天兰老师上了一节《十六年前的回忆》的评研课，这是一节非常精彩的课。时至12点，老师说，下课了，可学生仍意犹未尽，不愿离去。

附：评研课《十六年前的回忆》先学作业与教学流程

一、回忆课文主要内容。

二、读了课文，你想对李大钊说点什么？请你用自己的语言深情缅怀李大钊。（展示的学生都表现了很强的文字驾驭能力。）

三、品读写法。

1. "前后照应"是课文的写作特点，请在文中找出例子加以说明。

2. 课外前后照应。

3. "前后照应"出现在考题里，会怎样考？让学生思考：（填空题、选择题、问答题）答题技巧是什么？

4. 句子有深刻的含义：在文章里找含义深刻的句子，在小组里交流、谈理解，比如找出有弦外之意的句子，交流你的理解并分享原因。

5. 小组交流：还有哪些知识点需要掌握。

> 6. 交流做题，推出最有价值的一道题目。
>
> 　　学生出题要求：①围绕课后练习进行；②围绕字词句段篇进行。（学生出题质量高，交流得很热烈。课前充分的先学，学生勇于表现的积极，使得学生通过这一节评研课，很好地学习了课文；同时根据文章的写作特点有针对性地进行研究和拓展的应考练习，使得学生具备了一种面对考试的能力。我感觉这是六年级可以采用的一种课文学习模式。）

（四）课堂变得魅力无穷，生命变得更有活力

——宁夏王华老师的评论

广州市陈天兰老师在执教《孔明借箭》一课时，结合专题研究，在课堂中设计了这样的问题："真正了解三国，你想给同学推荐什么书？""为了了解更多的三国，我们可以开展什么活动？"一石激起千层浪，只见学生纷纷拿出自己早已准备好的书籍，大胆自信地向大家推荐，而且结合自己的生活经验和喜好，出谋划策，大胆设计开展什么样的活动可以了解三国知识。这样的问题既能激发学生广泛、自主阅读的热情，又使学生的学习与生活紧密结合，学生的积极性自然而然地调动起来，学习的兴趣自然浓厚了。同时，学生在交流的过程中，语言能力得到了进一步内化，知识在分享中得到了丰富。在生本教育的课堂上，学生是课堂的主人，他们享受着课堂，通过全身心投入去查阅与课文有关的知识，扩充了自己的知识。这种学习又是自愿的，更能收到事半功倍的效果，使生本课堂的魅力彰显得淋漓尽致。

通过这次学习，我真正地感受到了生本教育改革势在必行。它以全新的理念指导课堂教学，能充分激发学生的学习欲望、潜能，课堂因此变得魅力无穷，生命因此变得更有活力。

三、送教交流

（一）专家进校促阅读发展，教师齐聚享教育盛宴

——记2020年仲恺区小学语文学科教学诊断与提升培训汇报验收活动

2020年11月7日，2020年仲恺区小学语文学科教学诊断与提升培训汇报验收活动在仲恺高新区第一小学顺利开展。广东省基础教育专家陈天兰副校长再次莅临我校，听取仲恺一小、陈江小学、红旗小学、英华学校和惠州一中东江学校5所学校在教学教研工作上的改革措施，并一一提出改进意见。各校语文学科带头人和全体语文老师共计152人齐聚一堂，共享教育盛宴。

当天上午，来自惠州一中东江学校的黄家如老师从教材、学情、过程、板书和反思等方面就《太阳》一文进行说课，她的精彩表现得到在座老师们的肯定。陈校长在肯定黄老师的教学设计之余，还对一线老师提出了中肯意见：希望老师们牢记课堂是阅读改革的主阵地。

图3-10　2020年仲恺区小学语文学科教学诊断与提升培训汇报验收活动

随后，针对今后如何开展好学校语文的教学教研工作，各校语文学科带头人逐一分享了总体提升思路与具体措施。仲恺一小骆秋梅主任提出：本校语文学科将从课堂教学和氛围营造两大方面改进，通过创建"以读促写"的阅读教学课堂，加强朗读训练，落实读写结合训练，让学生"言作者未言，言自我欲言"，达到情动而辞发的目的。同时，坚持开展"深耕阅读"的活动，以校园文化建设、班级文化建设为重要抓手，创设一个"时时受教育，处处受感染"的阅读氛围，让书香气息浸润校园。

陈江小学则以构建高效课堂、打造优质团队为目标，不仅通过图书漂流、读书汇报等方式开展"同读一本书"活动，还计划打造书香校园，进行书香班级评比；红旗小学的阅读改革则从课前经典诵读开始，打造"以学生为主体、教师为主导"的课堂；英华学校将"教导"改"引导"，分年级开展"书香满校园，阅读伴成长"系列活动；惠州一中东江学校将阅读纳入第二课堂，主张打造有温度的课堂，并利用学校公众号推送美文，鼓励学生海量阅读。

陈天兰副校长肯定了各校阅读改革的措施，并呼吁全体师生一同推广阅读。陈校长认为：阅读需要引进课堂，不要课内、课外"两张皮"，阅读的输出要根据年段特点进行。对于如何构建区域成长共同体，陈校长建议成立教育联盟，盟内实现理念同步、教育教研资源共享。

下午，陈校长以《西门豹》为例，就如何进行说课与老师们进行了交流。陈校长认为说课可从以下几方面进行：说教材、说学情、说模式、说过程、说板书、说评价、说开发、说反思。整场报告通俗易懂，深入浅出。报告中，陈校长还提出语文课堂应由求同思维向多角度思维转变，拒绝填鸭式教学。一堂好课应具备"简单、根本、开放"的特点，达到人人有点可说、人人有思维碰撞。报告后，陈校长还一一解答老师们提出的困惑。

本次语文学科教学诊断与提升培训汇报验收，加强了教师之间的信息交流，提高了各校语文教师的教育教研水平，希望各校继续探索语文教学工作的改革提升，进而提高广大师生的语文素养。

（二）名师领航展风采，送教下乡共成长

——陈天兰名师工作室赴修水开展送教活动

为充分发挥名师工作室的引领示范作用，将先进地区的教育教学理念辐

射到江西修水地区，促进修水地区教师的成长，推动江西修水课堂教学和课程建设改革，2019年5月25—28日，广州市名教师工作室主持人陈天兰带领工作室成员到江西省修水县开展了送教下乡活动。

这次修水送教活动通过示范课、专题讲座等形式，为两地教师提供了交流的平台，促进两地教育的交流与发展，共享教育资源，收到了显著的效果。

精心筹划助送教，两地共建友谊桥

这次修水送教活动得到了几个名师工作室的积极响应。广州市陈天兰名师工作室主持人、广州市骏景小学陈天兰副校长召集工作室成员研讨这次送教工作的安排与细节，与对口学校联系，购买书籍，组织献课的老师精心备课、试教，使得这次送教活动内容丰富、形式多样。

这次交流活动也得到了修水县汇源小学、第九小学以及渣津镇长潭小学的高度重视，由修水县教育科学研究室的熊洋主任和付幸生主任亲自筹划，修水县的多位领导、老师参与了接待。各方的重视与支持使这次送教交流活动得以顺利、成功开展，真是精心筹划助帮扶，两地共建友谊桥啊！

送教下乡展风采，交流研讨助提升

陈天兰名师工作室成员语文学科的张铭伟老师上了一节示范课《蜘蛛开店》。张老师教态亲切，风趣幽默，设计新颖，循循善诱，博得了听课老师的一致好评。

陈天兰名师工作室成员天河区骏景小学科学学科张梓渤老师上了一堂别开生面的科学课。科学课上，他带领学生动手制作高塔。他开设的steam课程，综合了艺术、科学、工程、美术和数学等学科特点，灵活地整合各科资源，新颖独特，让学生在动手制作高塔的过程中，体验到了合作、探究带来的乐趣和成就感！这堂课内涵丰富，培养了学生的想象力、合作探究能力以及动手操作能力等，得到了老师们的高度赞赏！

陈天兰名师工作室成员天河区骏景小学苏建敏老师上的课例是《晏子使楚》。苏老师教学目标清晰，教学环节层层推进，用激情洋溢的语言鼓励学生，引导学生勇于表达，使学生积极踊跃、乐于发言，博得了听课老师的阵阵掌声。

在评课交流环节，陈校长评价苏建敏老师的课堂内容丰富，生本的课堂就是要推动学生大阅读，苏老师做到了循循善诱，鼓励学生大阅读、大积累并乐于表达。

名师引航把方向，智慧引领促成长

这次送教活动整合了资源，充分发挥名师工作室的引领示范作用，将先进的教育教学理念辐射到修水地区，带动修水地区教师的成长，也通过工作室活动带动了工作室中青年教师的成长。

陈天兰名师工作室主持人陈天兰副校长还在江西省修水县汇源小学为修水县的全体语文教师开展了一个主题为"生本，语文的养正之道"的精彩讲座。在讲座中，陈天兰副校长指出大量推进阅读是生本语文课堂的核心，接着陈校长结合自己的研究，就"生本教育的基本策略""什么是语文的核心素养""语文的核心性学习是什么""如何做好语文的加减法""生本语文的养正之道""如何进行课程内容的再造"等，分享了自己在骏景小学十几年来开展生本教育所取得的成效，并提出了自己的思考。在讲座中，陈校长把自己的经验毫无保留地和大家分享，她的坦诚、激情，感染了在座的每一位老师，博得了阵阵掌声。讲座后，她还和老师们真诚地互动、交流，帮老师们解惑释疑，为修水地区的老师们指引了教育教学的正确方向，促进了教师个人专业的发展。

图3-11 广州市小学专家名师团队赴修水送教（小学语文学科）活动现场

两地同心谋发展，携手共圆教育梦

　　光阴似箭，为期四天的修水送教活动已经结束。回顾这次活动，虽然时间短暂，但是送教的内容丰富、形式多样。名师工作室的老师们给修水教育吹来了一缕春风，将广州先进的教育教学理念带给了修水地区的老师们。同时，修水的师生给广州的同仁们留下深刻的印象，修水的领导、老师敬业勤勉、才华横溢，修水的学生好学、有礼，长潭小学的匡伶俐校长还专门赋诗一首，称赞此次的修水送教活动。广州、修水两地的老师们，怀揣着一颗炽热的心，相聚在一起，我们互相交流，共同成长。我们为了一个共同的梦想，那就是"强国梦""教育梦"而勤力同心齐奋进。此次活动虽然结束了，但是我们追寻梦想的脚步从未停歇，两地的交流研讨，必将随着这次的送教变得更加紧密、更加频繁。两地同心谋发展，携手共圆教育梦！

　　　　骏景名师展风采，送教修水献爱心。
　　　　送教课堂多精彩，孩子自信乐表达。
　　　　修水名人皆辈出，绽放光芒耀四方。
　　　　教师乐学有文采，妙语连珠笔生花。
　　　　名师讲座获喝彩，传经送宝捐书籍。
　　　　骏景修水情谊深，携手共圆教育梦！

——匡伶俐

撰稿人：李海燕（陈天兰名师工作室成员）
2019年6月3日

（三）送教促交流，互助共成长

——陈天兰名师工作室在江门开展送教交流活动

　　为进一步发挥名师工作室的示范引领作用，实现优势互补，共同提高，2019年10月24日，名师工作室主持人陈天兰副校长及其成员到江门市尚雅学校举行送教交流活动。

　　本次活动分为两个环节。首先是授课环节，由陈校长和江丽美老师分别讲授《司马光》和"习作：我爱吃的水果"。接下来，陈校长为大家带来了关于生本教育的讲座。陈校长认为生本课堂是更加"聚焦""整合""内涵""活性"的课堂，让学生的学习更有深度，不断激活学生的深层动机；让学生学到更有深度的知识，比如知识的来龙去脉、事物的本质与规律、知识的作用与价值等。陈校长特别指出学科的本质是以学科思想方法作为对称轴的深层知识，所以课堂教学要进行高质量的学科核心问题设计，要做到"妙＋活＋合"。

图3-12　广州市名师工作室主持人陈天兰讲座现场

此次活动，发挥了名师引领、辐射和带动作用，突出了名师工作室的工作理念，提高了工作室成员的课堂教学水平，促进了教师之间的互相学习与交流。

（陈天兰名师工作室供稿）

（四）教育激扬生命，交流促进成长

——陈天兰名师工作室应《湖北教育》杂志社的邀请到湖北汉川市上课

2018年11月26—27日，陈天兰名师工作室主持人陈天兰副校长应邀参加湖北省"聚焦生本教育，落实核心素养"观摩研讨会。陈校长带领汉川市的学生为大家献上了精彩的语文课堂——《晏子使楚》。

生本教育认为，语文课堂的评价金标准为"推进了阅读"。部编版语文教材的主编温儒敏教授也说:"海量阅读是培养学生阅读兴趣的重要手段和方法,甚至可以鼓励'连滚带爬'地读。"在《晏子使楚》的教学准备过程中,陈校长大力推动学生进行大量阅读。在前往湖北献课前的一段时间,陈校长便已经为学生推荐了大量精心挑选的课外拓展书籍,如《晏子春秋》《史记·管晏列传》等名家著作,以读引读,一篇带多篇,一本带多本,引导学生自主阅读积累。陈校长重视前置小研究的设计,做到"简单、根本、开放",让学生思考、感悟、畅所欲言,先学后教,以学定教。

在观摩课的第一个环节,陈校长引导学生用心品读课文,发现自己最感兴趣的地方,围绕相关内容展开联想,打通学生的阅读空间、生活空间和想象空间,以读引言,做到"人人有点,点点有思,思思有文,文文可乐"。在陈校长的循循善诱、不断鼓舞中,学生的精彩表现让人感到惊喜。果不其然,"一千个读者就有一千个哈姆雷特",每一个学生都有自己独特的阅读感受,他们畅所欲言,在这个大舞台上展现着自我的个性。

在课堂上,陈校长带着学生通过阅读拓展多角度认识了晏子,让他们更加深刻地体会到晏子是一位难得的贤相。陈校长相机而动,引导学生讨论自己所了解到的中国贤相,随文拓展,以读引思,带动学生了解经典,了解中国历史人物,引经据典,激励他们从中国贤相身上得到启示,以史为镜,养浩然正气。接着,陈校长逐步将学生在书中所学的知识及体会向生活延伸。通过关注学生在课堂上的发言情况,陈校长知道学生都感受到了晏子的爱国之心及其语言沟通艺术的高超,便让学生交流了自己知道的或者是身边语言艺术高超的人物,谈谈他们的相关故事及自己的感悟。紧接着,陈校长循循善诱,鼓励学生谈一谈:假如自己有朝一日成为国家大使,自己会选择出使哪一个国家。这一设计巧妙推动了学生关注时事,了解国家大事,学以致用,学会通过自己的语言技巧捍卫祖国尊严,培养了学生的爱国情怀。同学们在精彩发言之后,还写下了自己最想对晏子说的话,以读引写,"我笔写我心",将自己的真情实感通过语言文字表达得淋漓尽致。

最后,陈校长给学生留下了有趣的作业:继续阅读《晏子春秋》《史记·管晏列传》,同时,选择自己喜欢的部分,自由组团,排演一个小剧本。如此巧妙的作业必定能够让学生更深入了解晏子的为人,千古贤相晏子在他们脑海中的形象便会更丰满,更值得他们思考、感悟。排演小剧本更是体现学生阅读感受与个人智慧的设计,既能让他们在玩中学、在玩中悟,也能提高学生的语言表达能力、思维能力、组织能力、探究能力及团队合作能力。

温儒敏教授认为,语文教学改革要重视精读与泛读结合,并且一定要指向课外阅读,把课堂教学引申到课外,和学生们的语文生活联系起来。在《晏子使楚》观摩课上,陈校长真正做到了推进学生进行海量阅读,把语文课堂教学向课外阅读延伸,向生活延伸,注重学生综合实践能力的提升,想方

图3-13 湖北省"聚焦生本教育,落实核心素养"观摩研讨会现场

图3-14 湖北省"聚焦生本教育,落实核心素养"观摩研讨会现场

设法落实核心素养。陈校长时刻关注学生的课堂动态,因材施教,不断调整教学策略,激发学生的内在潜能,让教育激扬生命,真正践行了"一切为了学生,高度尊重学生,全面依靠学生"的生本理念。

(五)生本显成效,交流促成长

——记陈天兰名师工作室赴肇庆市教育局教研室开展生本交流活动

金桂飘香,金秋送爽。2019年10月31日,受肇庆市教育局教研室邀请,陈天兰名师工作室主持人陈天兰副校长带着工作室几位成员赴肇庆市开展生本教育、生本语文的交流讲座。

肇庆市小学语文教研组长培训班进行得如火如荼,陈天兰名师工作室非常荣幸受邀为参加培训的老师们开展讲座交流。

陈天兰副校长给在场老师们开展了精彩的讲座。讲座开始时,陈校长在PPT上给大家展示了一句话——"生本语文,语文教学的养正之道"。对于用生本理念开展教学活动的陈校长来说,这是能让她挺直腰杆说的一句话。因为生本,语文课堂变得更加精彩;因为生本,学生习惯更加良好;因为生本,学生能力得到更好的提高。作为一个践行生本理念的老师,陈校长时时刻刻将生本贯穿整个课堂,对于生本的好处,她真的非常有话说。

图3-15 陈校长开展主题交流活动

陈校长结合时代背景，认为当今教育在呼唤着生本教育这场课堂的改革。现今的学生，课外学习不仅学业负担重，学习时间的占用成本也非常高。而语文作为一个需要长时间阅读积累的学科，如果阅读时间被挤占，阅读就难得到很好的保障。在新课标里，阅读的地位有所提高。生本语文，以阅读为本是最大的亮点，学生通过大量的阅读和积累，在课堂中生成并展示阅读相关能力，这样既让学生高效学习语文，提高阅读兴趣，同时也让学生自身的能力和素养得到了很大提高。

陈校长结合骏景小学十几年来一直踏踏实实做生本、认认真真研究生本的做法和成果跟在场的老师们分享。首先，陈校长认为拓展是丰满语文课堂走向的必经之路。作为老师，将语文教学引向前方，拓展便是必经之路。而怎么更好地落实拓展呢？

一、随文拓展。以一篇带多篇，一本带多本，引导学生围绕主题展开联想，打通学生的阅读空间、生活空间和想象空间。让学生做到"人人有点，点点有思，思思有文，文文可乐"。

二、主题拓展。依据教材的主题，让学生开展主题性阅读、拓展阅读，可以从单元导读、相关人物、相关主题等方面入手。

三、研究型拓展。由一篇课文带动诸多课程，真正实现一篇带多篇。如此，在课程的呈现中，可以极大开拓学生的阅读视野，丰富学生的人文沉淀，提高学生的语文素养。

接着，陈校长用自己的亲身实例教老师们生本应该怎样"养正"。陈校长认为开展主题阅读是非常有必要的。举行阅读活动是推进语文课程活动化的最佳途径，将课文"玩"成连续剧是课程本质化和综合化的优化体现。另外，整合是语文课程优化落实的趋势，可以是单元外拓的整合，也可以是单元内部的整合。同时，家校合作也成了生本教育一股新生的力量，在无形中推动着生本教育的发展和前进。

最后，陈校长给大家展示了骏景小学十几年来开展生本教育取得的显著成效。可以说，骏景小学作为践行生本教育理念的学校，它是成功的，是值得学习的。骏景小学在教学及教师队伍的建设上都能时时刻刻体现生本理念，平常的教研活动和教学活动都能将生本落实到实处。陈校长鼓励大家在日常的团队建设和学科教研活动中，将生本的理念学习到位，并认真开展和落实。

图3-16　陈校长给老师们分享骏景小学的做法和成效

讲座结束后,肇庆市教育局教研室领导任主任对陈校长的讲座给予了高度的赞扬和肯定,认为老师们要放手给学生,让生本之花开遍祖国的各个教室。

撰稿人:张铭伟(陈天兰名师工作室成员)

(六)守教育初心,行育人使命

——2021—2022学年第一学期暑假教师全员培训黄埔区天景小学报道

骄阳似火的夏天尚未结束,开学的集结号又将吹响。天景小学再次迎来一批高学历、高素质的年轻老师。所谓基础在学校,关键在教师,为了打造一支优质稳定的学习型教师团队,鼓励教师树立终身学习的理念,天景小学在2021年8月24—25日开展了为期两天的暑假教师全员培训活动。

本次培训活动有幸邀请到生本教育的专家与我们共同探讨生本教育课程理念及其实践。培训内容丰富,形式多样,主要采用以课例展示、报告讲座、互动答疑、体验交流为主的学习方式,让老师们大开眼界。

图3-17　2021—2022学年第一学期黄埔区天景小学暑假教师全员培训

以生为本，打造优质课堂

8月24日上午进行培训的第一项——课例展示。经验丰富的骏景小学陈天兰副校长、合生育才学校谢敏珊老师、骏景小学黄绮君老师组成了"豪华"讲师团担纲授课，她们倾囊授业，把"以生为本"的教学理念落到课堂实处。

图3-18　2021—2022学年第一学期黄埔区天景小学暑假教师全员培训

开讲第一课是由骏景小学陈天兰副校长讲授的五年级阅读课《三国演义》阅读分享。陈校长的阅读课引导学生在自读中发现、感悟、交流，让学生用自己的生活经验和语言积累与作品、同学、老师对话，从而进一步探索作品中丰富的人文内涵。一节课下来，学生脸上洋溢着的笑容告诉我们，他们从阅读中获得了各种体验与乐趣，这就是阅读的魅力，带给老师们的不仅仅是震撼，还有对自我的反思。

（七）名师送教展风采，专家引领促成长

——广州市天河区陈天兰名师工作室送课教研活动

为了增强校际间的交流与合作，以研促改，共同实现课堂教学优质、高效，促进教师专业化发展，2019年6月6日，广州市天河区陈天兰名师工作室主持人陈天兰副校长带领工作室成员到华立学校开展了送教活动。本次送教活动分为上课、评课、研讨三项内容。

江丽美老师展示了作文课"我爱吃的水果"，其和善的笑容极具亲和力，课件图文并茂，通过游戏，让学生看、摸、闻、尝接触水果，从而让学生了解水果的特点，课堂气氛活跃，生动有趣，深受学生喜爱。

苏建敏老师给501班带来了"走进名著"。苏老师教学目标清晰，教学环节层层推进，用激情洋溢的语言鼓励、带领学生走进名著殿堂，感受文化精髓，引导学生积极踊跃、乐于表达，博得了听课老师的阵阵掌声。

张铭伟老师给301班带来了"小故事大道理"。他的课新颖独特、分组合作、交流分享、以生为本，让学生体验到了合作交流带来的乐趣和成就感。这堂课内涵丰富，培养了学生的想象力和口语表达能力，得到了老师们的高度赞赏。

在评课交流环节，陈校长、胡继明校长和老师们畅所欲言，对几堂课进行了精彩的点评，大家都受益匪浅。陈校长指出大量推进阅读是生本语文课堂的核心，并结合自己的研究，就"生本教育的基本策略""什么是语文的核心素养""语文的核心性学习是什么"，分享了自己在骏景小学十几年来开展生本教育所取得的成效，并提出了自己的思考。

这次送教活动整合了资源，充分发挥了名师工作室的引领示范作用，带动了华立教师的成长，也带动了工作室中青年教师的成长与进步。

（八）名师教学盛宴，课堂精彩纷呈

——陈天兰名师工作室团队到东莞市东城第二小学开展语文教学交流活动

为了提高东莞市东城第二小学（简称"我校"）语文教学及研讨水平，提高语文教师的业务素质及教学能力，深入开展小组合作学习课堂教学活动及研究，2019年3月6日至8日，我校特邀请广州市骏景小学的陈天兰副校长及其名师工作室成员到我校进行教学交流活动。

三月的东莞，乍暖还寒，气温骤降，冷风冷雨扑面而来，天公不作美，却阻挡不了两所学校教学研讨、交流学习的热情。陈天兰名师工作室带来低中高三个年段的六节精彩课例，为我们献上了一场场教学盛宴。

低年段课例《动物儿歌》在106班教室展开，由陈天兰名师工作室成员吴姝俐老师开启第一课时。这是一节一年级的识字课，吴老师秉承"一心一意奔识字"的理念，从猜谜导入，激发学生学习的兴趣，再采取丰富多彩的卡片游戏帮助学生集中精力识字，如以个人游戏、小组游戏、全班游戏等方式，引导学生读好小字卡、大字卡，一边玩一边学，一步一步稳扎稳打，让学生在快乐的游戏中学习并巩固了生字。

苏建敏老师紧随其后，上的是第二课时。她以课内带动课外，重点进行课外的拓展和展示，采取全班齐读、师生问答读、男女生PK读、背读等方法，在学生熟悉课文的基础上，拓展以"动物儿歌"为主线的课外阅读，引入"儿歌""动物小知识"等内容。当学生介绍儿歌时，苏老师还相机引导识字，可以说是一举多得，大大拓展了学生的课外知识。

中年段课例《鹿角和鹿腿》由工作室成员徐淑华和张铭伟两位老师在304班合作完成。第一课时由张铭伟老师授课。张老师以情景导入的方式激发学生的兴趣，然后以多种游戏的方式进行小组合作学习生字词。学生在"对牌""分享"游戏中，掌握了课文的生字词和文章的大意。

徐淑华老师则完成了第二课时的授课。在第一个环节，徐老师引导学生用心品读课文，发现自己最感兴趣的地方，围绕相关内容展开联想，学生以读引言，做到"人人有点，点点有思，思思有文，文文可乐"。接着，徐老师逐步将学生在书中所学的知识及体会向生活延伸，让学生交流了自己知道的人或事，把语文课堂教学向课外阅读延伸，向生活延伸，注重学生综合实践能力的提升。在徐老师的循循善诱、不断鼓舞中，学生的精彩表现让人惊喜不已。

高年段课例《晏子使楚》在学校二楼阶梯教室展开，由名师工作室主持人陈天兰老师与502班的学生一起完成。

陈老师不愧是名师，她开篇不凡，由课前三分钟学生演讲的内容《最初的梦想》顺势导入，让学生畅谈自己的梦想，一下子拉近了师生的距离。在与学生初步交流接触后，陈老师马上带领学生进入文本，以教材为引子，教给学生理顺文章脉络的方法，接着重点引导学生思考"晏子是一个怎样的人"，以此展开对课文人物形象的挖掘。当学生能够结合课文内容，有理有据地呈现一个机智、能言善辩、维护国家尊严的人物形象，由晏子的三次机智反击意识到语言是多么重要时，陈老师马上让学生畅谈古今中外语言艺术的故事。学生积极分享了周恩来总理外交史上几个精彩的故事及萧伯纳、阿凡提等的语言艺术故事，在大家体味了语言艺术的精妙之后，陈老师再引导学生回归文本，进一步深入走进晏子。陈老师适度引入三个有关晏子的故事，让学生继续阅读、分享、感悟人物。晏子善良、关心老百姓、忠诚辅佐君王的"千古贤相"人物形象丰满起来后，陈老师顺势将课堂拓展延伸到中国历史上的"丞相"文化。学生在思维碰撞中，谈到了"春秋第一相"管仲，功冠群臣的萧何，鞠躬尽瘁、死而后已的诸葛亮，千古诤臣魏徵，还有实行"熙宁变法"的王安石、清正廉洁的寇准等，在学生引经据典的过程中，中华

图3-19 陈天兰名师工作室与东城第二小学教学研讨活动

贤相文化深入了他们的内心。在此基础上，陈老师以读促写，让学生现场创作，歌颂赞美晏子等历史上的丞相。有学生用热情洋溢的一段话抒发感情，也有学生别出心裁，用对联的形式歌颂。学生出上联、对下联、寻横批，此起彼伏，生生互动，思维被点燃、被激发，课堂上既有课内外内容的丰富获得，又有情感的熏陶感染，融广度、高度、深度、温度为一体，让人回味无穷。

低中高三个年段的课例结束后，执教老师和大家进行充分交流，让我们能聆听到精彩课堂成课的原因及路径。我校老师也畅所欲言，积极地提出自己在教学实践中遇到的一些问题，陈天兰名师团队耐心地答疑解惑，大家纷纷表示获益匪浅。陈老师和她的优秀团队就是这样把语言分析变成语言实践，用拓展阅读驱动着学生用小眼睛看世界，学生的思维、视野得以无限地延伸，学生的语言能力与文字表达能力得以不断提升。在今后的教学中，我们要继续加大教研力度，深入学习、探究，在以生为本的语文宽广天地里，用教育激扬生命，让课堂焕发生机，让学生得到更好的发展！

撰稿人：龚忠英（东莞市东城第二小学）
审稿人：吴玉桦（东莞市东城第二小学）
2019年3月8日

四、跟岗通讯

（一）顺德市北滘教育局骨干教师到骏景小学陈天兰名师工作室跟岗学习通讯

2020年11月19日早上，骏景小学陈天兰名师工作室迎来了顺德北滘教育局骨干教师一行四十余人到校进行为期四天的跟岗学习。

当天早上，陈天兰副校长给老师们开展了学校办学理念、办学思想、学校教科研及生本语文讲座和交流活动。

图3-20 顺德市北滘教育局骨干教师到骏景小学陈天兰工作室跟岗学习

徐淑华老师、任相蓉老师、李可儿老师分别在一年级各班展示识字教学课例。学生学习热情高涨，识字课堂精彩纷呈。在老师的引导下，小老师带领同学一起认读生字，在课堂上玩字卡游戏识字。跟岗老师惊叹骏景小学丰富多彩的识字活动课。吴姝俐老师就"低年级小组合作学习策略"向老师们开展了讲座和交流活动。

11月20日，林春梅老师和彭柳霞老师分别在四年级和六年级呈现了阅读教学研讨课。老师组织学生以小组合作探究为学习模式，进行小组学习成果展示汇报交流。

11月21日，陈天兰副校长带领三（1）班学生进行阅读教学课例展示。在老师的指引下，学生通过小组学习，激发了阅读兴趣，极大地提高了课堂效率。

图3-21　阅读教学课例展示

张铭伟老师和三年级学生在轻松愉悦的氛围中向大家展示了作文教学课例。曾微老师在二（2）班展示了低年级语文"口语交际"教学课例。许敏妮老师就语文科组建设与老师们进行了详尽的交流。紧接着，陈校长就小学语文组团学习教学策略进行交流，向老师们分享骏景小学如何有效推进小组阅读学习的经验。苏建敏老师和张梓渤老师分别就"组团学习研究"和"如何实现有效的小组合作学习"向老师们做了经验汇报交流。

活动最后，陈校长和一众跟岗学习的骨干老师们进行总结交流。老师们惊叹骏景小学"老师作为组织者、引路人，学生在组团式学习模式下快乐学习、蓬勃发展"的先进生本理念，本次跟岗学习活动圆满结束。

（二）世行贷款项目骨干教师参加骏景小学陈天兰名师工作室跟岗学习通讯

春风送暖，万象更新！2021年3月8—12日，世行贷款项目骨干教师一行8位老师在天河区骏景小学参与陈天兰名师工作室跟岗学习活动。

工作室为这次蹲点学习安排了丰富多彩的活动，全方位开放校园，邀请骨干老师们走进生本课堂、参与科组教研活动、共享课间时光。从周一到周五，老师们深入课堂，参与四年级级组集体备课，实实在在感受生本教学的魅力。陈天兰副校长的主题阅读活动课《红楼梦》、许敏妮老师的《飞向蓝天的恐龙》、梁丽斯老师的《对韵歌》以及黄维老师的《琥珀》，无不展示了生本语文课堂中学生的智慧与创意，课堂成为学生的"学堂"，学生在课堂上自信大胆地展现自我！

工作室成员与老师们的讲座活动同样精彩。大家毫无保留、畅所欲言，也互相借鉴。陈校长的专题讲座"语文教学的养正之道"、吴双法老师的专题讲座"生本语文的教学与科研"、吴姝俐老师的专题讲座"骏景小学语文经典教育探索"以及李可儿老师的专题讲座"一年级识字教学策略"，让骨干教师们纷纷感叹"以生为本"的教育模式意义深远，取得的成绩有目共睹，期待并相信这种教育理念能够花开遍野。

为期五天的蹲点学习让骨干教师们受益匪浅。他们表示这是第一次近距离地接触生本理念，骏景小学的生本教育让他们看到了在其他课堂上见不到的精彩。大家都表示，取人之长可以补己之短，希望以后能有更多的机会深入工作室进行学习，让生本教育的花更香、果更甜。

撰稿人：吴姝俐

（三）"善恕慧雅，生生日新"多彩时光 广东省骨干教师第一小组到陈天兰名师工作室跟岗学习通讯

2021年11月8—12日，广东省骨干教师第一小组11位老师在天河区骏景小学参与陈天兰名师工作室跟岗学习活动。

工作室为这次蹲点学习安排了丰富多彩的活动，全方位开放校园，邀请骨干老师们走进生本课堂，参与科组教研，访问御景小学。从周一到周五，

老师们深入课堂，参与集体备课，实实在在感受到生本教学的魅力。陈天兰副校长的单元整合课例研讨和名著阅读活动课《三国演义》、张铭伟老师的《小小的船》、徐淑华老师的《狐假虎威》、苏建敏老师的《读不完的大书》、任相蓉老师的《坐井观天》以及黄维老师的《夏天里的成长》，充分展示了生本语文课堂学生的智慧与创意，让课堂成为学生的"学堂"，学生在课堂上旁征博引、畅所欲言！

陈校长还带领学生和省骨干教师深入华南理工大学参观，并采访吴硕贤院士。吴院士和蔼地答复学生们对于阅读的提问："从小背诵诗词歌赋，反复体会，加深理解，就像牛吃草一样慢慢消化运用！我们从小要有理想，打好基础，做事要有韧性，持之以恒，每天坚持积累学习。读书的面要广，重要的经典著作要温故知新，各个领域的书也要浏览，还要广泛阅读其他课外内容的书！"吴院士的话语，真是让人大受启发，受益匪浅。

图3-22　学生和广东省骨干教师第一小组成员采访吴硕贤院士

（四）内蒙古包头第一实验小学教师参加骏景小学陈天兰名师工作室跟岗学习通讯

2021年4月13日早上，阳光明媚，已经感受到浓浓的夏意，天河区骏景小学陈天兰名师工作室迎来了内蒙古包头第一实验小学的一位老师跟岗学习。

工作室高度重视，陈天兰副校长亲自上了示范观摩课《蜂》。课前三分钟，陈校长让学生展示"小眼睛，看世界"阅读交流活动，班上的学生积极活跃，侃侃而谈，讲时事，谈评论。接着，陈校长带领学生徜徉在诗歌的海洋中，学生旁征博引，背诵了积累的大量诗歌，最后还活学活用，用诗歌的形式赞美自己喜欢的动物，俨然一位位小诗人。这堂课，陈校长展示了生本语文课堂学生的智慧与创意，课堂成为学生的"学堂"，学生在课堂上自信大胆地展现自我！

紧接着，工作室成员吴姝俐老师展示了精彩的生本课堂《方帽子店》。课堂开始，学生就背诵了许多有关帽子的成语，在梳理文章内容之后，吴老师引导学生复述故事，学生都踊跃发言，大胆表达，并且互相评价、适时补充。最后一个环节，吴老师让同学们发挥想象，进行人物穿越的想象，创编故事。学生的想象力丰富，创编了一个又一个精彩的故事。整节课，老师把课堂还给学生，让学生大胆展示，踊跃表达。

内蒙古来访的老师高度称赞此次活动，表示精彩的课堂使他受益匪浅，希望今后能有更深的交流。

撰稿人：李海燕

（五）广东省骨干教师到骏景小学陈天兰名师工作室交流学习通讯

金秋十月，广东省义务教育统编教材小学语文骨干教师到骏景小学进行提升研修培训跟岗学习。陈天兰副校长对本次活动高度重视，带领工作室成员一起与跟岗老师开展了为期四天的交流学习活动。

2020年10月14日上午，广东第二师范学院语言与应用语言学教授桑志军给骨干教师做开题报告，并对教师们的疑问进行细致耐心的解答。下午第一节课，张铭伟老师带领二（5）班学生学习《坐井观天》。学生边读边摆字卡，课堂井然有序，课堂气氛活跃，学生全情投入。学生勇敢上台扮演"森林大王"，带领其他学生跟读生字。课堂结束后，陈校长和语文科组长吴姝俐老师

图3-23　陈天兰名师工作室"生本语文,语文教学的养正之道"讲座

就张老师的课堂和教师们进行评课交流。骨干教师们认真学习，对生本教育理念有了更清晰、更翔实的认识。

10月15日上午，陈天兰副校长和三（1）班学生一起走进《一块奶酪》一文。陈老师点燃学生学习的热情，让学生积极参与课堂学习。学生对文中蚂蚁队长的角色尤为感兴趣，大家畅所欲言，积极交流，学习蚂蚁队长的精神，并分享生活中有蚂蚁队长精神的人物故事。学生越学越起劲，紧接着，第二节课由江丽美老师通过游戏导入，让学生在一片欢乐声中走进"我爱吃的水果"习作学习。学生在江老师的引导下，通过看一看、摸一摸、闻一闻、尝一尝学习全面观察水果的方法。学生对本课写作热情高涨，积极投入参与写作学习。下午，苏建敏老师带领一年级学生一起学习识字课《日月明》，学生对识字表现出高涨的热情。苏老师和学生玩点兵识字游戏，学生积极回应。在看图说话环节，苏老师鼓励学生分享阅读收获，大家都踊跃参与，上台当小小故事家，和小伙伴们分享阅读体验，课堂气氛活跃。当天的课程结束后，以生本学子学习作品为例，陈校长和大家讲述了生本教育之道，并与教师们一起评课交流。

10月16日上午，一（3）班李可儿老师带领学生一起走进拼音王国，玩"闯关游戏"，学生在轻松、欢乐的学习气氛中完成了对拼音声母的复习。第二节，张眼芳老师和四（4）班学生一起在电教室为大家呈现了一节精彩的阅读课。下午，吴姝俐老师以"骏景小学关于语文经典教育问题的探索"为主题，向骨干教师们做了翔实的报告。

10月17日，许敏妮老师给大家分享介绍了骏景小学"以学生为本，为生命奠基"的办学理念，以及语文科组成员积极探索新的教育模式，受邀至全国各地开展公开课并做教学经验分享交流的情况。

最后，工作室主持人陈天兰副校长和骨干教师们做跟岗学习总结交流，并无私地和教师们分享生本教育的理念和相关学习资料。短暂的四天学习圆满落下帷幕，跟岗学习团队获益良多，大家对生本教育理念下骏景小学呈现的活力与生机纷纷点赞！对开放、自由、和谐、互助的陈天兰工作室团队表示由衷的感谢！

撰稿人：徐淑华

（六）陈天兰名师工作室跟岗教师教育交流信息反馈表*

信息反馈表1

姓名	辛锦萍	电话	████	邮箱	████
单位	贵州市窑段镇中心小学	职务	教师	学科	语文

感言

　　3月8日至3月12日有幸到骏景小学陈天兰名师工作室跟岗学习，这真是一次愉快的学习之旅。缘分使然，我们几个老师结伴而行，又来到骏景小学，认识谢校长、陈校长和这里的老师们。在这里我度过了短暂而有意义的一周，这周可谓有欢声有笑语，有精彩纷呈的课堂分享，有指点迷津的评课研课，收获颇多，感慨万千。通过学习，我更加明确了教学方向，坚定了教学信念，决心返岗后大胆尝试生本教育实践，在教育教学中以学生为主体，引导学生大量阅读，关注学生的发展，培养学生的理解能力、表达能力、思维能力和审美能力。同时，自己要养成阅读的好习惯，提高自己的教学技能和加深文化底蕴。在实践中学习，在学习中成长。

　　学而知不足，庆幸在骏景小学学习、成长。感谢校长和老师们，也感谢我的伙伴们，感恩遇见！

---

*注：本书所载信息反馈表皆为原稿，未对其中的手写错误作修改，以保持原貌。

信息反馈表2

姓名	马晓娟	电话		邮箱	
单位	汕头市潮阳区和平中寨小学	职务	教师	学科	语文

感言

2021年3月8日，有幸到骏景小学陈天兰名师工作室跟岗学习，虽然仅有短短一周的时间，但在思想上、教学理念上，我都得到洗涤、革新，受益匪浅。

通过学习，我更进一步了解和掌握了"生本教育"的发展方向和目标。结合陈校所作的《语文教学的拨正之道》专题讲座，以她所展示的《红楼梦》读书报告会，以鲜活的案例和简要精辟的教学理论，解决了我教学中的诸多困惑。同时也聆听学习了骏景老师们的优秀课展示，让我更明白了"以生为本"的课堂教学的重要性。教师应作为课堂的引导者、组织者，搭建平台，给予学生展示自我的机会，让生生交流、师生交流，碰撞出思维的火花。马骏景小学"大阅读"的推进，让我深切地体会到阅读的重要性。名师的精彩课堂，让我反思，让我感动！

总之，经过一所段的学习，自己的教育教学理论水平、职业道德水平都得到了提升。感谢骏景小学，感恩陈天兰校长，希望未来能与兰校一样，不忘初心，坚持生本！

信息反馈表3

姓名	徐国娟	电话		邮箱	
单位	儋州市那大实验第四小学	教师之位		学科	语文

感言

我非常荣幸到骏景小学陈天兰名师工作室为期一周的跟岗学习。这次跟岗学习最大的体会和感悟是：生本教育在语文课堂中确实让学生对阅读产生热情，而这份热情也让我对生本教育多了一份执着。大阅读教学如同一把火点燃了我的激情。生本教育语文教学策略之根：大积累、大阅读、大思考、大表达。追求课程和教学的再造深深地烙在我心里。回到岗位后，我要努力实现"教的很少"、"教必然学"，把语文分析变成语言实践，推广大阅读、大积累、大实践、大写作、大评研。用科学思维方法将科普知识，提升转化为科学幻想，开始激发学生自己的创新思维。

其次单元整合备课值得借鉴，设计不同类型课程，以达到提升学生能力与素养共同目的。设计先学小研究：注重展示分享，提高参与度，增强自信心，达到"生本学习、快乐学习、高效学习"的效果。

信息反馈表4

姓名	陈月和	电话		邮箱	
单位	儒林英利冀才小学	职务	教师	学科	语文

感言

很荣幸来到陈天兰名师工作室来跟岗学习。通过一个星期的听讲座、研课、听课等，在陈天兰校长的指导下，我体会到了生本教育是指"真正以学生为主人的，为学生好的而设计的教育"，它既是一种理念，也是一种教学模式。在近距离地接触生本教育课堂，我发现这种课堂充分发挥学生的主体作用，采用自主探究、合作交流的学习方式，让学生积极参与到课堂，构成积极欢乐高效的课堂。"一切为了学生，高度重视学生，全面依靠学生"这种理念回归到教育的本真，以生命为本，关注每个学生的终身发展。经过这几天的学习我发现在课堂上给学生足够的时间和空间，让学生自主交流、展示成果、互相质疑，在合作交流、质疑中主动学习，获取知识，提高解决问题的能力。正如"只有能够激发学生去自我教育的教育，才是真正的教育"。

信息反馈表5

姓名	陈纹	电话		邮箱	
单位	常师附属榕城中小学	职务	教师	学科	语文

感言

生本教育在课程改革中兴起了一股热潮。生本教育的理念深入人心，并进行了轰轰烈烈的实践。很荣幸来到陈大宝老师工作室跟岗学习一周，聆听小生正是主持教育，而且他们已经进行了好几年的实践。老师们细心指导，成果累累！让我耳目一新，受益匪浅。

在岗期间，我观摩了雅景小学的陈枝林和几位老师的课堂及学生小组合作创作和学习成果汇报。从一个模块学习开始到结束，课堂时间都是学生主动，老师只是作为一个指导者在辅导他们。真正做到了把课堂交给学生，让学生做学习的主人。在这样的课堂里，我深刻感受到郭教授说：教育应让生命力中感到的快乐，而愉快的感受是人在情感素养上的情感素质。快乐的时候使人聪明，使人学习一起的发奋和生理的活跃，在兴奋中他会获得最高的学习效果，最佳的分析效果。

在陈大宝老师的指导下，让我感到终身学习是硬道理。我们进入学习型社会，知识更新的速度极快，学习已成为个人的必备能力。

信息反馈表6

姓名	[手写]	电话	[涂抹]	邮箱	[涂抹]
单位	[手写]	职务	教师	学科	语文

感言

我非常荣幸能够到建邺小学陈义兰名师工作室跟岗学习一周，在这宝贵的学习中，我获益匪浅。

一开始，我还在理论式的摸索着生本教育理念，来到有生本课堂模式的实践基地。在建邺小学跟岗学习了两周，我见识到了不一样的课堂。陈老师也给我指明了一个方向，让我知道今后如何设计好了教学策略，慢慢推进生本教学。首先是推进大阅读。我要系统整理一些年级的书籍进行书目，引导孩子读整本书，开展关于读书的一系列的班级活动，让孩子们有展示与分享，给予他们肯定和认可。其次，在读书指导中，还要指导他们学会选择、研究，初试取得的一种进展。第二，开展总学习与研究的教学模式。让孩子通过先学后学习掌握，老师在课堂中给予他们展示交流的平台，从文本拓展到课外、在课堂上学习方法。在组织讨论问题中，从而达到提升孩子能力素养的效果。第三，我们时间有后续如何进好每课。围绕每课下的每节课而重要组。正所谓伟人寄而目，补课后方进。每课要围绕单元主题，了解文要求还有单元整合集备，所以要慎选教材，补充、整合教材，通过设计环节多种以达到"生本、快乐、高效学"的目的。

信息反馈表7

姓名	何树英	电话	（涂抹）	邮箱	
单位	潮阳区金灶镇某小学	职务	教师	学科	语文

感言

3月8日，我们踏上跟岗的步伐，有幸来到骏景小学学习，聆听了陈专家、吴教授的讲座及观摩精彩的课堂教学，学习各位优秀的教学设计、研课、听评课，得到了许多先进的教学理念，让我收获颇多。"生本教育"给了我全新的认识，在接下来的教学中，把学到的知识运用起来，做到学以致用。

总之，通过本次跟岗培训，使我受益匪浅，我们得到了不仅仅是知识，更重要的是一种理念。为努力提高自己的教育教学能力，为教育学事业作出一份贡献，感谢在上的各位高明的引领！

信息反馈表8

姓名	蔡娟真	电话		邮箱	
单位	潮阳区铜玉保星小学	职务	教师	学科	语文

感言

2021年3月8日—12日，我有幸来到骏景小学为期一周的跟岗学习。从陈东栾校长精彩的讲座和课堂中，我们进一步了解和掌握了新课堂语文教学的方向和目标，也感受着"生本教育"的内涵以及在以"生本教育"为主导进行的课堂教学中所采用的方法。陈校长以鲜活的案例和丰富的知识内涵及精湛的理论阐述"生本教育"，也使我们的语言教学观念进一步得到更新，真是获益匪浅。

谢谢陈校长这一周来对我们的关心、照顾，谢谢陈校长的倾囊相授，是您毫无保留地把经验传授给我们，是您让我们懂得了生本教育的理念，也是您让我们知道了如何上好一节语文课。校长，谢谢您，有幸遇见您真是我此生最大的幸福。谢谢您！

五、家长心声

（一）感知幸福，预见未来

——熊琦诗爸爸的信

亲爱的陈老师：

您好！

今天早上，我跟诗诗妈妈说，"陈老师把孩子们的教育当自己的事业来做，跟其他老师不一样"，这是我真真切切的感受。

遇见不一样的老师。诗诗和六（1）班的所有同学都非常幸运，遇见了不一样的陈老师。您最大的不一样是"孩子们是您的事业"，而不仅是您的工作；孩子们今天在您身边，以后的每一天您都在关注他们的学习和成长。孩子们成了您的孩子，您对孩子们的教育不仅在昨天和今天，更在孩子们的长远未来。"书中自有黄金屋"，千万年的智慧和见识，千万人的奉献和累积，让孩子们从书中汲取了一生有用的营养；更重要的是孩子们在日复一日的阅读中，养成了良好的阅读习惯、学习习惯和认知品格，这将是孩子们未来立人、立事之本。不久，您将放飞所有的希望，正如放飞风筝一样，您仍然是那个牵着风筝线奔跑的人，注视着他们，殷切期盼他们飞得更高、看得更远。

感知幸福与爱。在一日复一日阅读、分享、写笔记的过程中，您不辞劳苦亲临现场给予孩子们教导和鼓励，还不时自掏腰包购买各种礼物分享给孩子们，每一天都让孩子们感受幸福的味道，这种幸福是您对孩子们无私的爱。正是在您爱的教育下，每个孩子的进步都有目共睹、可喜可贺。您不惜花时间仔细批改孩子们的读书报告，您的每一条建议、每一个"好"、每一个"棒"、每个"A$^+$"评分都给孩子们无限的力量，孩子们在成长中感受到自己被爱的幸福，家长们的幸福更无以言表。

预见未来。每一场读书分享会都是孩子们的一次记忆深刻的自我更新。首先是阅读的内容，您让孩子阅读的书籍都是经典的，能让孩子们从中领悟出大道理的，也能给孩子们传递正能量的精品之作。我记忆深刻的是诗诗阅读《苏轼传》和《苏东坡传》，她（熊琦诗）各读一遍，就深深爱上了苏轼，感受到苏轼身上伟大的人格魅力，"古之成大事者，不唯有超世之才，亦必有坚忍不拔之志"成了她的座右铭。在阅读中，王阳明、张载、雨果（米里艾主教、冉·阿让）、狄更斯（奥利弗）、路遥（孙少平）、奥斯特洛夫斯基（保尔·柯察金）、维尔纳等人物或善良，或友爱，或明理，或坚强，或奇特，都在孩子们心中种下一颗颗闪闪发光的种子。其次是孩子们各抒己见的分享，每个孩子阅读的角度不太一样，对人物、事件的感知也不一样，于是就有了精彩纷呈的分享，就从不同的视角更新了认知。最后是针锋相对的辩论，这既是对孩子们阅读理解的检阅，也是对孩子们演讲胆识的挑战，不知不觉中，孩子们在不停地超越自己、挑战未来。可以预见，阅读与分享打开了孩子们人生见识的窗户，流入了无限的新奇，投射了无限的希望与美好。

　　启蒙之恩，当以涌泉相报。小学既是孩子们接触知识的阶段，更重要的还应是学习习惯的养成、良好品格的培养、观察和分析事物能力提升的黄金时期。这是我理解和感受的人生最重要的启蒙，在这几个方面，您是孩子们人生中当之无愧的启蒙老师。您言传身教，为人师表，是孩子们一生的大恩人。正如您对孩子们的希望一样，他们一定会在日后努力学习、践行您的启蒙思想。也正如您一日复一日地在三尺讲台，培育了一代又一代的学生一样，我相信他们也会以您希望的成绩、成就来报答您的殷切期望和启蒙之恩。

　　陈老师，孩子们即将离开您，离开骏景小学；不，"离开"只是个物理概念，孩子们和我们的心与您同在，每天还是与和蔼可亲的您相遇在骏景小学的校门，您还是那个把心交给孩子们未来的陈老师。

　　祝福您和家人身体健康！阖家欢乐！

您的学生熊琦诗的家长：熊火焰
2023年7月6日

（二）读经典养浩然正气，玩诗词润雅慧少年

——生本教育实践者陈天兰老师的大语文学习观
赵庭珺妈妈

　　泰戈尔说过："要是童年的日子能重新回来，那我一定不再浪费光阴，我

要把每分每秒都用来读书。"

爱阅读、读经典的孩子到底有多厉害？让我们来看看生本教育实践者陈天兰老师和骏景小学的学生们在羊城晚报社刚刚举办的"向阳而生·大语文的精神力量：2018校内外聚焦大语文改革沙龙"上的精彩表现！

骏景小学是开展生本教育的名校，注重语文的大阅读，以学生为中心，激发学生的自主性、探究性学习。学习的成效如何？用事实说话，让我们来一起欣赏活动现场的开场节目吧。

骏景小学学生经典诵读的现场表演，让来自全国从事语文教学研究的专家、学者、老师和媒体都赞不绝口！

同学们现场表演了"春夏秋冬"诗词飞花令，朗诵了《春江花月夜》，还诵读了自己原创的以"秋"为主题的诗歌。表演完美展现出骏景小学生本教育的成效。现场的观众纷纷点赞称道！

立思辰大语文创始人窦昕老师是这样赏析我们骏景小学学生的习作的：

《秋的声音》，作者程奕琳，秋的声音有闻一多先生诗歌的自然格律之美；

《秋日》，作者蔡炫，秋日，沙沙、呼呼，哗哗、哈哈，如同泰戈尔的《园丁集》般清新；

《秋》，作者张书畅，诗歌的意境犹如戴舒望的《雨巷》；

《秋思》，作者刘昱，有胡适先生《兰花草》的味道；

《羊城秋雨》，作者凌晔，字里行间有着孟浩然之风；

《秋夜》，作者王诗瑜，诗歌里弥漫着李商隐诗词的凄美……

窦昕老师关于孩子们原创诗词的赏析，获得了全场热烈的掌声，也给现场的观众上了一堂生动、形象、高格调的大语文诗词赏析课。现场观众秒变我们骏景小学学生和窦昕老师的粉丝！

接下来是本次活动的沙龙环节，大家讨论的第一个主题是：如何让孩子爱上语文？

这个讨论主题同样是沙龙主持人关注的问题，主持人也是一名小学生的妈妈。主持人首先将话筒交给了陈天兰老师，刚才孩子们的表演那么精彩，现场的观众都迫不及待地想听陈天兰老师传授语文学习的经验。

陈天兰老师毫无保留地分享了学习语文的方式方法，以及她自己结合时代背景开展大阅读的教学经验，那就是"以课堂为中心，一手抓线下学校社区读书会，一手抓线上互联网阅读讨论，在全国各地全面开展公开课推广阅读"。

（三）在书里一起走过三年

郑琳芷妈妈

我的孩子即将升入小学六年级，从三年级组建读书小组到现在，孩子们已经共同坚持阅读走过了三个学年。即使新冠疫情严峻时，读书小组也仍然坚持一周一次线上研讨。读书会常态化的长期坚持，把孩子们引入到书籍的世界，让他们在阅读中开启智慧，受到真善美的熏陶。孩子们逐渐成长为自信、快乐、有灵气的孩子，这让我们家长不胜欢喜。

读书会常态化的长期坚持，得益于骏景小学作为"办在小区里的小学"，有着课外时间容易召集学生的便利条件；得益于读书小组中核心家长的后勤保障；更得益于语文陈老师不分时段的全程参与和指导。

陈老师作为生本教育的专家，一直在教育第一线教学。从三年级担任我们班的语文老师开始，她就非常明确、清晰地告诉大家，孩子是天生的学习者，潜能无限，要让孩子爱上阅读，让阅读进入孩子们的生活，养成终身阅读、与书籍为伴的习惯。

在陈老师的组织策划下，班级成立了若干个读书小组，每个小组都设有组长，采用个人自主学习和小组合作学习的方式展开阅读。为了让组员们更有归属感、更积极飞扬地学习阅读，组长们还为各自的小组取好了或寓意极好，或够响亮的组名。至此，孩子们就这样，在以小组为形式的读书会中与他们喜爱的书本相遇了。这种美丽的相遇，改变了他们。

读书小组就像是一个积极思考的王国，让孩子们生活在思考的世界里，得到生动、活泼、主动、自然、丰富的积累和感悟，大家在互相学习中共同成长。

每学期伊始，陈老师都会给孩子们确定本学期的阅读书目清单。书目分两类，一类是必读书目，一类是选读书目。各小组可根据小组的实际情况，在完成必读书目的基础上在选读书目中做适当拓展。组长们根据书目清单，征求组员们的意见后形成本学期的小组读书清单，将每周开展读书会的时间相对固定下来，并同步安排好每期的轮班主持。如此，一来方便家长为孩子们提前准备好书籍；二来将读书计划提前告知组员，方便组员们同一时期读同一本书，还方便轮班主持做好主持准备。

三年级时，读书会的研讨问题是按照陈老师给的读书报告模板，从读书是发现之旅、对话之旅、感悟之旅、质疑之旅这四个方面谈读书后的发现，交流对书中人物的理解，各自的感悟和思考，以及心中的疑问和困惑等。最难能可贵的是，由于读书会都是利用课外时间开展的，陈老师但凡有空，都会到场聆听并给予指导，有时一晚还要参加两个小组的讨论。

四年级时，老师的模板已经不能够满足孩子们阅读后的思考。孩子们渐渐在四个问题的基础上增加其他的问题。寒暑假时，陈老师还会在班级里开展小组读书 PK 赛，两个读书小组之间就同一本书进行读书分享演说，评选出最佳演说奖、最佳进步奖等。

五年级时，孩子们的思考越来越有深度，轮班主持开始完全脱离读书报告的模板，根据每本书的内容自行设置问题，并提前发到读书微信群。陈老师也在群内，每期讨论的问题，她都会认真查看。当轮班主持提出的问题有价值时，陈老师会及时给予肯定。当提出的问题不是那么合适时，陈老师也会及时给出她的建议。小组的每个组员都受到过肯定，也收到过建议。到五年级下学期时，读书会还增加了辩论赛环节，即结合书中内容，设计辩题开展辩论。

比如，读《史记·李将军列传》时，结合李广征战一生未得封侯，最后愤而自杀的遭遇设计了辩题："人的一生际遇各有不同，有顺境，有逆境。在个人理想实现的过程中，是要一往无前，还是要审时度势，懂得迂回？"读《史记·高祖本纪》时设计了辩题："中国历史上有两个布衣皇帝，一个是刘邦，一个是朱元璋。你觉得一个人的出身能不能决定他所取得的成就？"读《史记·秦始皇本纪》时设计了辩题："如果有秦三世时代，有像周公旦一样的人才，你觉得秦朝还能挽救吗？"

又比如，读《世说新语》时，结合《方正》篇中"王子敬数岁时，尝看诸门生樗蒲，见有胜负，因曰：'南风不竞。'门生辈轻其小儿，乃曰：'此郎亦管中窥豹，时见一斑。'子敬瞋目曰：'远惭荀奉倩，近愧刘真长。'遂拂衣而去"。以"管中窥豹"为关键词设计了辩题："你认为管中窥豹是以小见大，还是以偏概全？"

再比如，读《莎士比亚戏剧集》时，结合莎翁名言"一千个人心中有一千个哈姆雷特"设计辩题："哈姆雷特到底是正面人物还是反面人物？"

每期读书会下来，组员之间比问题设计、比读书笔记，我们不断看到孩子们的细微变化：他们在学习上有了上进心，有了自主学习的意识；在当众演说时开始注重仪态，语言组织也更加流畅，越来越有独立的思考，思辨能力也在不断增强；在小组管理上有了责任心，慢慢地还有了合作意识，更多的是学习上的创新意识。

一个学期下来，一个学年下来，三年下来，真正应了那句"孩子们的潜力是无穷无尽的"，阅读成了孩子们生活的一部分，书籍成了照亮孩子们前方道路的火把。

感谢遇见。因为孩子们遇见了陈老师，是陈老师将孩子们引入到阅读的世界，引入到一个充满精神美感的世界。未来，愿孩子们继续与书籍相遇，与阅读相伴。

（四）走进骏景小学"读书会"

2023级六（1）班家长

骏景小学是一所实践"生本教育"的六年制小学，"以学生为本"的教育理念给了孩子们更大的自主发展空间，其中每周的"小组读书会"是孩子们阅读、提问、交流、讨论的美好时光。有幸的是，家长们在每一次读书会的陪伴中，见证了孩子们的不断成长。

在陈天兰老师的倡议下，班级的小组读书会活动积极地开展起来。在自由、轻松的环境中，孩子们围绕讨论书目讲故事、谈感悟、提问题、说想法，热烈的读书氛围慢慢感染了每一个人，平时看书少的孩子也慢慢沉下心来认真读书。除了日常教学，陈老师还会参加每个小组的读书会，悉心引导孩子们大胆提问、积极思考，对于有争议的观点，大家还可以进行一场激烈的辩论赛。强带弱，老带新，大家在小组合作中实现共同进步。

在读书会潜移默化的影响下，孩子们在阅读的广度上有了明显的变化：从低年级开始读《昆虫记》《森林报》《安徒生童话》等，到通读四大名著，徜徉在《海底两万里》的广阔世界，感受《世说新语》的魏晋风度，再到读充满哲学底蕴的《苏菲的世界》，阅读广度不断拓展。孩子们在阅读的深度上也有了新的扩展，从简单的人物、情节提问慢慢延伸，尝试了解作者，了解作者创作的时代背景，在思辨中提出更加值得思考的问题："为什么很多思想家和科学家，比如苏格拉底和哥白尼，宁可牺牲生命，也要坚持真理？"

读书会是一个精彩的小舞台，孩子们在展示自我的过程中慢慢蜕变，作为家长的我们也应翻开书，沉下心，再读经典，和孩子一起学习，一起成长。

第四部分

陈天兰名师工作室
教师成长篇

一、苏建敏老师的论文与教学设计

苏建敏，广州市陈天兰名师工作室成员，广州市小学语文骨干教师。2018—2022年间，主持课题1个，参与课题研究3个，发表论文3篇、教学案例2篇，多次执教区公开课并到省内外的学校进行讲课、送课交流，教学设计多次获"一师一优课"区奖。

（一）推进小学二年级学生大阅读的策略

> 【内容摘要】在小学生的成长过程中，阅读书籍是不可或缺的教育与自我教育、认识与自我认识的基本途径。小学二年级的学生经过一年级的大量识字，已经具备了阅读文字书籍的能力，学业上也没有高年级那么紧张，正是开展大阅读的最好时机。二年级语文教师该如何推进学生的海量阅读呢？笔者认为可通过读前激趣和读后延趣进行。本文收录了在推进阅读实践过程中教师所采取的一些切实可行的策略。
>
> 【关键词】二年级　海量阅读　激趣　延趣

我国当代著名教育家朱永新教授在《改变，从阅读开始》一书中说道："不读书的孩子是一个没有潜力的孩子；不读书的家庭是一个庸俗的家庭；不读书的学校是一个没有发展的学校；不读书的社会也必将是一个落后的社会。"在小学生的成长过程中，阅读书籍是不可或缺的教育与自我教育、认识与自我认识的基本途径。小学二年级的学生经过一年级的大量识字，已经具备了阅读文字书籍的能力，学业上也没有高年级那么紧张，正是开展大阅读的最好时机。

新课标对二年级学生的阅读要求是：背诵优秀诗文50篇（段），课外阅读总量不少于5万字。那么，作为一名二年级的语文教师该如何推进学生的海量阅读呢?

1. 读前激趣

新课标把"喜欢阅读,感受阅读的乐趣"作为低年级阅读教学目标的第一条,人们也常说"兴趣是最好的老师",可见,低年级阅读推广必须从激发阅读兴趣开始。布鲁纳说:"学习的最好刺激,乃是对学习材料的兴趣。"语文学科的学习材料首选应是书本,除了图文并茂的绘本,我们还要引导学生阅读以文字为主的书刊。一本几十页甚至上百页的文字书,如何让低年级的孩子爱不释手,一拿起来就有想读的欲望?经过实践,发现以下几种方式能较好地激发孩子的阅读兴趣。

(1)借助书本的目录激趣

二年级的孩子大多看的是故事书,如童话故事、寓言故事、成语故事等,这些书的目录都是一个个的成语或者故事名字,有些是孩子们耳熟能详的,有些却是他们没有听说过的。引导孩子们读一读目录上的故事名字或成语,问问他们听说过哪些或是对哪个名字或成语感兴趣?告诉孩子们既可以从头到尾按顺序读,也可以先挑自己喜欢的故事读。这样因已有经验而产生的兴趣和有选择性的阅读方式,都大大增加了孩子们的阅读欲望。

(2)引发对作者的关注激趣

此方法对古诗教学尤其适用。如诗人李白,学生都知道他被称为诗仙,能背诵他的很多诗。在准备教《望庐山瀑布》时,我问:"'诗仙'这称号是怎么来的?很多诗人都跟李白是好朋友,你知道有谁吗?他们之间有什么故事?李白至今流传下来的诗有一千多首,你能背诵多少首?他的诗每首都有一个故事,你们会背诵的李白的诗里,你知道有一个怎样的故事吗?李白小时候也很调皮,你听说过他的故事吗?"这些导读的问题能引起学生强烈的好奇心,因好奇引发的求知欲能促使学生多渠道去了解李白,由此产生的阅读成果、背诵成果都是可喜的。

(3)借助文中的人物故事激趣

此方法适用于经典背诵。最能吸引低年级孩子阅读的就是故事。如在背诵《三字经》《声律启蒙》等经典读物时,对于文中提到的孔融、孟母、窦燕山、黄香、尧、舜、禹等人物,都可以借机让学生读他们的故事,还可以讲他们的故事,表演他们的故事。这些阅读活动既推进了大阅读实践,又达成课内课外阅读相结合的目的。

(4) 通过共读的方式激趣

师生共读一本书是很好的激趣方式。学生是很喜欢这种阅读方式的，尤其是低年级的学生普遍都喜欢与老师亲近，爱与老师聊天。当老师与学生同读一本书时，师生间就有了更多的话题，即使是平时比较沉默的学生，老师也能轻松找到与之谈话的切入点。在谈论书本故事情节、评价书中人物时，老师可以及时引导学生养成良好的行为习惯，树立正确的三观，更可通过表扬、肯定的鼓励性语言延续学生的阅读兴趣和积极性。师生共读一本书的阅读方式拉近了师生间的距离，让师生间的沟通没有了障碍，让学生阅读的兴趣更浓。

例如，我告诉学生最近迷上了一本《海底两万里》，问他们有谁想和我一起读这本书，这时就会看到许多只高高举起的小手。国庆假期前的经典阅读课结束时，我拿着《夏洛的网》《八十天环游地球》《安徒生童话》这三本书问孩子们："你们想和老师一起读哪本？"孩子们会七嘴八舌地说自己喜欢的一本书。我会说："好吧，国庆假期我们一起来读这些书，我争取读完三本，你们至少要读完一本。"很多孩子会不服气地说："老师，我也能读完三本！"我接着说："好吧，希望你们能读赢我。""耶耶，我要赢苏老师！""我一定要赢苏老师！"听到这样的豪言壮语，我不免暗暗窃喜。

亲子阅读一样能激发孩子的阅读激情。父母陪读可以很好地激发孩子的读书热情，家长爱看书的习惯对孩子来说是最好的榜样。亲子阅读对于家校合作也有很大的促进作用，因此我也常鼓励家长与孩子共读一本书，更鼓励家长和孩子一起写读书心得。

书本漂流活动也是激发学生读书积极性的有效方式。有句话说得好，"书非借不能读也"，借来的书是有归还期限的，迫于时间限制，学生会更抓紧时间去阅读而不会将它束之高阁。班上成立了8个读书会，每个学生都有加入其中一个读书会。读书会每周组织一次活动，每次活动都有成员间交换书籍阅读的环节，阅读这本书的时间只有一周，下周活动时必须归还。班上图书柜里的书只限于在学校看，不能带回家，学生可以利用午读和托管时间阅读。遇上喜欢的书籍，学生放学了都不愿意走，而是坐在书柜前的小凳子上看得津津有味。

2. 读后延趣

（1）阅读分享

一本书看完了，如果后续没有任何的分享交流，也许看过的内容很快就会忘记，久而久之学生会觉得阅读也没有多大的意义，阅读的兴趣自然就会下降。因此，教师坚持开展学生读书后的兴趣延续工作也是必不可少的。

以读书会的形式开展阅读分享是延续学生大阅读兴趣的有效途径。

班上成立了8个读书会，孩子们自由组团，自荐当团长，利用课余时间开展活动，每周一次。读书会的活动形式也很多样，有时会来一场成语接龙，有时会背诵古诗词、名言警句，有时会一起做读书手抄报，等等。当然，每次活动都必不可少的，也是孩子们最感兴趣的环节就是分享读后感，他们会分享自己这一周读了什么书，分享从书中得到的启发、明白的道理、喜欢的人物等。孩子们乐于去做的往往是他们获得成功体验的事情，而阅读分享能很好地实现孩子的自我价值，使他们享受到阅读的乐趣，成为读后延趣的重要手段。

（2）阅读实践

好表现是孩子们的特性，特别是努力后获得的成果，他们总是喜欢在他人面前展示，以博取赞扬与肯定，同时也相应延续继续做这件事情的积极性。我开展课前三分钟展示、课中知识拓展、课后读书会汇报、每周阅读笔记分享交流等实践活动，让孩子们大声朗读文段，大量背诵古诗，玩成语接龙，绘声绘色地讲述故事，穿着戏服表演小说《西游记》、寓言《郑人买履》、童话《七色花》中的片段或情节……孩子们的这些阅读成果展示都能获得所有同学热烈的掌声，加之老师颁发的奖状、家长的表扬肯定，让这成功的体验带来的不仅是愉悦，更多的是对知识的探求，使阅读成为"悦读"。

学校每学期有分年级举行的读书月汇报演出，班上有阅读之星评比和阅读小达人作品展。这不仅让学生体会阅读带来的甘甜，同时这一次次的阅读实践活动又转化成一股股推动学生多读书、好读书的动力，使课外阅读成为学生学习的需要、生活的需要、成长的需要、发展的需要，以读为乐，在阅读中成长。

参考文献

[1] 朱永新. 改变, 从阅读开始 [M]. 天津: 天津教育出版社, 2007.

[2] 杰罗姆·布鲁纳. 教育过程 [M]. 邵瑞珍, 译. 王承绪, 校. 北京: 文化教育出版社, 1982.

[3] 郭思乐. 教育走向生本 [M]. 北京: 人民教育出版社, 2001.

[4] 陈天兰. 简单带来极致 [M]. 广州: 华南理工大学出版社, 2016.

(二)《千年梦圆在今朝》教学设计

一、教学目标

1. 正确流利朗读课文,理解文中词语。

2. 概括课文主要内容,了解中国航天事业的发展历程和千年梦圆的经过,体会航天人的团结合作、默默奉献、勇于探索和锲而不舍的科学精神,激发民族自豪感。

3. 拓展:当下祖国成就展(组团汇报)。通过用事例阐述观点的活动弘扬科学精神,讴歌科学工作者,激发探索创新精神,树立正确的人生观,树立远大理想。

二、教学重点

了解中国航天事业的发展历程,中华民族千年梦圆的经过,体会航天人的团结合作、默默奉献、勇于探索、锲而不舍的科学精神,激发民族自豪感。

三、教学难点

学习在描述事实中说明道理的写作方法。

四、教学过程

课前三分钟:美文欣赏,说感悟。

板块一:感悟进入,释题

(设计意图:促进思考与表达)

1. 同学们,梦想对于你们来说是怎样的一个概念?你是如何理解的?

2. 读课题,你们知道"千年梦"指什么?"圆在今朝"又指什么呢?

板块二:概括主要内容

(设计意图:提炼概括能力)

1. 说说课文写了哪几件事?用小标题概括。

2. 依据学生回答，板书：梦想飞天　万户试飞　发射卫星　"神五"成功

板块三：品读课文句子

（设计意图：理清课文写作主线，掌握围绕观点摆事实的表达方法）

在圆梦过程中哪件事情让你感受深刻？你有什么感受？由此联想到什么？（举出事例谈感受）

板块四：拓展

（设计意图：推动小组合作探究性学习）

改革开放以来，祖国发生了翻天覆地的变化，在很多领域都取得了卓越的成就，今天我们就来办个"当下祖国成就展"，说说祖国在各个领域取得的辉煌成就。

板块五：小练笔

（设计意图：读写结合，渗透爱国主义教育）

在中华民族的追梦圆梦过程中，你最欣赏和佩服谁？他（她）的什么事迹打动了你？你如何评价他（她）？假如他（她）现在就在你面前，你会对他（她）说什么？（掌握用事例阐述观点的写法）

板书

千年梦圆在今朝

古代	梦想飞天
明代	万户试飞
近现代	发射卫星
现代	"神五"成功
千年梦	今朝圆！

二、吴姝俐老师的论文与教学案例

吴姝俐,广州市陈天兰名师工作室成员,中共党员,广州市天河区骏景小学教师,中小学语文一级教师,研究生学历。始终致力于语文教育教学改革的探索与实践,相信"教育的最终目的是要把作为人的独特本质的创新精神释放出来,使其成为能够自觉、自由创造的人"。在语文教学工作中,坚持走生本语文教学之路,为学生创设轻松愉悦、好学乐学的语文学习氛围,始终以推进大阅读为语文学习的核心任务,鼓励学生在阅览名著、参与读书活动中争做书香少年,在经典中感悟人生。

(一)基于语文核心素养的"1+X"主题阅读实践研究案例

——以部编版小学语文二年级上册第一单元"有趣的动物"主题阅读实践为例

部编版语文教材主张"读书是根本",强调用"1+X"的阅读教学模式将读书活动化繁为简,变得清晰易行。生本语文实践也强调阅读,认为老师要运用一定的策略推动读书,调动学生兴趣,挖掘课内外资源,让阅读变成学生都喜欢参与的活动,从而推进海量阅读,实现深度阅读。本文以部编版小学语文二年级上册第一单元为例,阐述我是如何立足语文学科核心素养,在教学中有效开展"1+X"主题阅读的实践研究的。

1."1+X"主题阅读概念的界定

本文认为"1+X"中的"1"即主题阅读中心,可以理解为单元的文本素材或者单元的语文要素,也可以是两者的结合。"X"为主题延伸阅读,是以"1"为基石的,围绕"1"展开的,可以是筛选的阅读文本、开展的阅读研究、进行的阅读活动以及形成的阅读成果。

部编版语文教材二年级上册第一单元"我爱阅读"的《企鹅寄冰》是一篇有趣的科学童话。课文借南极企鹅给非洲狮子寄冰的趣事,介绍了非洲炎热、南极寒冷的气候特点，以及冰遇热变成水、水遇冷变成冰的常识。课文结尾描述企鹅收到狮子退回的冰时满腹疑惑的神情，给整个故事再添悬念，启发学生积极思考。本单元的"快乐读书吧"用"提示语"的方式引导学生认识图书，通过书的封面来认识书名和作者，渗透读书的策略和方法，帮助学生养成爱护图书的好习惯。

本文以文本素材"我爱阅读"的《企鹅寄冰》和"快乐读书吧"教学内容——认识书的基本常识为主题阅读中心，即"1"；以"有趣的动物"为主题延伸阅读，即"X"，开展了一系列阅读实践研究。

2. 立足学生，整合家长资源，为主题阅读实践研究做充分准备

自一年级以来，班级学生已经养成了每日阅读的好习惯，初步树立了读整本书、读经典书的意识。《昆虫记》和《西顿动物记》是我布置的暑假必读书目，学生兴趣浓厚，开学前基本完成了初次阅读。同时，家长利用暑假时间组织开展了系列与动物有关的读书会，学生广泛阅读了动物类书籍。开学两周内，我要求学生再次选择《昆虫记》和《西顿动物记》中自己感兴趣的部分精读，并做一些相关的阅读研究，以期进一步推进阅读和思考。在开展本次主题阅读实践研究前，我重点抓好了以下几个环节。

（1）提供阅读保障。班级购买了10本《昆虫记》和5套《西顿动物记》，暑假期间让学生以小组为单位轮流阅读，并开展读书分享活动，保证人人都能享受阅读的乐趣。

（2）学生自主选择，制订阅读计划。阅读能力强的学生可以挑战整本阅读《昆虫记》和《西顿动物记》，还在起步阶段的学生可以任选书中感兴趣的篇目阅读。鼓励选择相同阅读内容的学生组建阅读小组，制订阅读计划，进行阅读记录。阅读过程中，鼓励学生进行组内和组间的分享交流。

（3）组织家庭亲子读书会。我借助家长的力量，成立骏慧小学堂，利用暑假时间开展了一系列读书会。比如，开展了"大猩猩观察""大猩猩剧场"以及"大猩猩阅读"等"大猩猩"系列读书会活动，阅读了《你从未见过的新奇科普书：大猩猩的手有这么大》《动物家庭：大猩猩》《我和大猩猩的生活》等书籍。学生全方位了解了大猩猩，并完成了图文并茂的小研究报告。

3. 精心设计，组织主题阅读分享课，推动主题阅读实践研究的深入开展

（1）梳理内容，走近动物。《企鹅寄冰》是一篇非常有趣的科学童话，故事中的企鹅和狮子都非常有意思。课堂鼓励学生用自己的话来讲述这个故事，并简单介绍故事中相关的动物知识。这个环节以教材为引子，引入动物话题；训练学生用自己的话概括文章主要内容，学会抓关键词句。

（2）认识图书，分享故事。课堂上引导学生联系阅读经验，说出对于一本初次接触的书可以如何了解它的基本信息，为三年级"预测"阅读策略的学习做铺垫。阅读是发现之旅，每本书都有它独特的价值。鼓励学生分享《昆虫记》和《西顿动物记》中最感兴趣的动物或者故事，并简单讲述自己的收获。话题开放，让每个学生都有话可讲。学生之间可以互相补充，学会在倾听中思考、在讨论中交流，提高自身的表达能力。

（3）介绍好书，推进阅读。以课文为引子，引导学生阅读《昆虫记》和《西顿动物记》，再进一步引导动物类书籍的主题阅读，是本次阅读分享课的教学意图之一。学生主动推荐其他有关动物的书籍，这些书本可以是读过的，也可以是计划阅读的。其他学生通过同学介绍的书名，试着运用预测策略，初步感知书本的内容，调动阅读的兴趣，实现更多更广的阅读。

（4）阅读迁移，以读引写。课堂鼓励学生在积累和感悟的基础上，将自己在阅读中学会的本领进行迁移，试着模仿《昆虫记》和《西顿动物记》写一写自己喜欢的动物。二年级的学生爱说爱表达是首要的，并不要求他们一定要读写并行。但在课堂上可以试着引导他们读写结合，让他们明白把学到的、说出的稍加整理记录下来就是很好的文章。以读引写，以读促写，会读得更深入，写得更自然。

4. 总结提升，形成更多的"阅读+"，用心培养学生良好的阅读习惯

一次主题阅读实践活动的容量是有限的，而阅读是可以相伴一生的好习惯。活动结束前，我用心做好了以下几个细节，为学生进行更深更广的阅读研究提供更多的"阅读+"。

（1）组织阅读交流活动。鼓励学生通过绘制阅读小报分享自己的阅读收获，或者制作"动物猜猜乐"卡片进行知识问答活动。同时，指导愿意进行更深入研究的学生做好下一步的阅读计划，帮助他们整理阅读书单。例如，有学生计划进行"那些长翅膀的动物"研究，还有学生计划进行"中国传说

中的动物"相关阅读。

（2）进行阅读总结和奖励。对阅读活动中表现出色或者进步大的学生进行表扬，颁发"阅读之星"奖状；对阅读活动中的精彩成果进行张贴展示，为学生提供优秀的阅读成果范例；评选在活动中表现出色的"书香家庭"……实施多样化的阅读评价，让每个学生都有所收获，有所成就。

本文以部编版小学语文二年级上册第一单元"有趣的动物"为例，尝试进行基于语文核心素养的"1+X"主题阅读实践研究，通过教材学习、拓展阅读、读书研究、课堂学习、读书分享、记录写作等方式，培养了学生的语文核心素养。学生学会用自己的话概括故事的主要内容或者复述故事，学会了描写一种动物并感受它的可爱，提升了语言的构建和运用能力。学生学会了通过封面、目录、插图等了解书的基本信息，从不同角度去认识一本书。精读《昆虫记》和《西顿动物记》，学生感受了经典的魅力，进行了思维的发散训练，提升了审美的鉴赏力和创造力。总之，学生学会了更有目的、更有意识地运用阅读知识，从而在海量阅读的基础上，进行更有深度的阅读。学生开启了读整本书的旅程，享受到了静心读书的乐趣。

（二）浅谈生本理念指导下的一年级识字教学策略

生本语文教学提出一年级的主要任务是"一心一意奔识字"，通过"意义识字，推进阅读，全面提高"的方式，达到一年级集中认识约2000个常用字的目标，最终目的是推进学生自觉自主地进行大量阅读。而统编版一年级上下两册语文书要求学生会认会写的字是1000个左右，这对于学生开展大量阅读所要具备的识字量还是有限的。

生本教育认为，"儿童具有与生俱来的语言的、思维的、学习的、创造的本能"。儿童是天生的学习者，潜能无限，是教育教学中最重要的学习资源。"教师要借助于学生的本能力量的调动，从而形成教育的新的动力方式和动力机制"。因此，如何开发学生的潜能并调动学生自主识字的本能，如何用最有效的手段最大限度地扩充学生的识字量，便成了一年级语文教师教学的重中之重。本文试从这些角度展开，介绍如何在生本理念的引领下引导学生进行大量识字实践。

1. 尊重规律，赋识字以乐趣

一年级的学生在认知上仍以形象思维占据主要地位，因此这一阶段的识字教学应以激发学生兴趣为主。同时,一年级的学生刚结束幼儿园以"自我主体"为中心的状态,正逐渐融入集体学习的状态中,他们对于合作学习有极其浓厚的兴趣,因此这一阶段的识字教学也应因势利导,突出小组合作学习。丰富多彩的游戏,人人参与的小组合作,能让识字课堂变得妙趣横生。

(1) 游戏识字

夸美纽斯认为"兴趣是创造一个欢乐和光明的教学环境的重要途径之一"。教育心理学家洛克说:"教导儿童的技巧,是把儿童应做的事也变成一种游戏似的。"学生只有对学习内容产生浓厚的兴趣,才会产生强烈的求知欲望,才会积极主动地投入学习,才会富有创造性地进行学习。将识字变得生动有趣,使认识的生字在不知不觉中转化、迁移,这是一年级识字课堂的关键。而解决这一关键问题的诀窍就是开展识字游戏活动。

在新学期初,我会对家长进行一次集中培训,向他们介绍十几种孩子爱玩、易玩且效果明显的识字游戏,并鼓励他们多与孩子一起玩亲子游戏,一起开发新的识字游戏。

在课堂上,我们班的学生对字卡游戏百玩不厌。一堂课下来,孩子们能整合两课的生字进行游戏,完成初步认识和记忆,并进行简单的运用。我们通过"摆字卡""收字卡""开火车""攻难字""听音点字、挖炸弹""识字大王"等游戏,有步骤、有层次地落实这些生字的认读。除了对单个的生字进行认读、识记,突破识字难点,我还利用词语或句子创造学生熟悉的语言环境加强他们对生字的学习,这样既巩固了课内的生字识记,又起到了拓展延伸的效果。

(2) 合作识字

对于一年级的学生而言,他们合作的意识和能力都是非常有限的,在课堂上要进行小组合作学习,而且要结合游戏来开展,存在一定的困难。结合日常的班级管理以及语文课堂管理,我逐渐摸索出以下几条合作识字的经验。

首先,树立典范,合理分工。在小组合作学习初期,我精心挑选了四位能力较强的学生组成小组,通过单独培训、直观示范的方式给全班同学提供一个小组合作学习范例,然后把这四个学生安排到不同的小组去当小老师。在划分小组时,再按照学生的能力、个性差异进行合理搭配,并给他们编上序号,安排不同的任务。我鼓励学生轮流担任组长,真正做到"人人有事做,人人得发展"。

其次，亲身参与，评价到位。低年级的学生喜欢老师的关注，老师在参与中以身示范，及时解决发现的问题，可与学生一起享受游戏的成果。低年级的学生特别在乎老师的评价，尤其是鼓励性的评价，往往能成为学生学习最有效的动力。

以"识字大王"这一小组合作的游戏为例，每日由不同的学生轮流当组长，并负责游戏的第一轮发牌；决出第一位"识字大王"后，由这位"识字大王"负责第二轮发牌，再决出第二位"识字大王"。游戏结束后，组长总结经验，并给两位"识字大王"小贴纸作为奖励。在这个游戏中，学生品尝到了成功的荣耀，也学会了面对失败所带来的考验。同时，他们还体验到了合作的快乐，巩固了生字的学习。

2. 教会方法，让学生自主识字

著名德国教育家第斯多惠说过，"知识是不应该传授给学生的，而应引导学生去发现它们，独立掌握它们"。生本教育注重学生的实践，强调"先学后教""以学定教"。因此，在生本识字教学中，教师要相信学生，给学生最大的自由识字空间，允许他们用各自喜欢的方式识记生字，教师要做的就是不断肯定和鼓励。这样，学生掌握了识字的方法，减轻了识字的难度，他们对汉字的热爱之情自然而生，学习汉字的兴趣也会倍增。

（1）多种方法识记生字

"授人以鱼不如授人以渔"，对刚入学的学生来说，引导他们探究汉字的秘密、摸索汉字的规律，对于帮助他们掌握识字的方法从而更好地、更多地识字大有裨益。将两课20多个生字整合在一起进行学习，对部分学生来说有一定的难度，让学生体会并掌握、运用记字的方法显得尤为重要。①奇思妙想记汉字。这是学生最喜欢的方式。"猜字谜""编顺口溜"便是此类方法。如学习"聪"时，有学生出了字谜"耳朵总在听"。②举一反三识汉字。将同部首的字、同声符的字、字形相似或声音相同的字整合在一起进行学习，可以通过一个汉字带动一类汉字的学习，实现"以一带多"，既增添了识字的乐趣，又实现了大量识字的目的。③加减乘除认汉字。运用"加一加""合一合""减一减""分一分""换一换"等方法对汉字进行组合、替换、拆分，大大增添了识字的趣味性。

总之，学生可以用自己喜欢的任何方法来记忆生字。教师要做的就是不断肯定和鼓励，并引导学生找到更多更好的、更适合自己的识字方法。

(2) 重视前置性学习

生本教育强调"先学后教""以学定教"，教学只有建立在学生的认知水平和知识能力之上，课堂才能有的放矢。因此，我强调学生带着先学准备进课堂，着力培养学生先学的习惯和能力。识字教学更是如此，我鼓励学生通过查字典、问家长、听录音等方式主动提前学习生字，并运用已经掌握的识字方法识记难认、难记的字。学生有了充分的先学准备，大大减少了课堂识字的压力，课堂便留出了足够的时间以供学生展示、交流、拓展，大量识字得到了充分的保证。

以生本教材一年级下册第11课《春天和秋天》的前置性学习为例，我设计了以下几个环节：①我是朗读小能手（我能借助各种办法自读课文）；②我是识字小状元（我能用喜欢的符号，标出会认的生字）；③我是记字智多星（我能把记字的好方法说给大家听）；④我是妙笔小丹青（我会画喜爱的季节或自然万物，并为它配上仿抄或自编的一首小诗，或配上儿歌、古诗、故事、歌曲或科学知识等）。

回到课堂上，教师应检查学生先学的情况，把学生难认、难记的生字作为教学的重点，启发学生通过奇思妙想识记，真正实现"以学定教"。

3. 拓展延伸，鼓励学生大量识字

(1) 生活中识字

在识字教学中，教师要树立"大语文"观，加强知识与生活实际的整合，把识字延伸到课外，利用社会环境，通过多种途径巩固识字。例如，让学生收集包装袋做剪贴报，以及收集广告牌、商品名、水果名、玩具名、衣服标签等进行识字。鼓励家长带孩子走进动物园、公园、商场等地方加强认字。这样在大语文环境下识字，学生可以在不知不觉中认识很多字，学习并巩固生字的识记。

(2) 阅读中识字

在我们班的语文学习中很少见到重复机械的抄写，孩子们每天在愉快地做着富有创造性和探索性的课外阅读，这类作业往往让学生乐此不疲。可以说"阅读是语文学习的全部奥秘"。阅读和识字互相推动，两者良性循环，学生在积累一定量的汉字后，对阅读的渴望越来越强烈，在体验阅读的乐趣时，

学生认识了越来越多的生字。具体来说，我主要通过以下两方面推动在阅读中识字。

①师生共读，推进海量阅读

一年级，我们班分别确定了师生共读书目《汉字里的故事》（八册）、《你好，艺术！》（十三册）、"快乐读书吧"中的《和大人一起读》（四册）、《读读童谣和儿歌》（二册），以及诵读书目《小学生必背古诗词75+80首》《亲近母语——日有所诵》。同时，我还从课外精选了25篇文章作为补充识字的教材。除了推荐书目，我鼓励学生根据自己的兴趣爱好选择喜欢的书籍。同时，我为学生设计了阅读记录表格，引导学生每日阅读并记录，从细节上培养好的阅读习惯。我会定期对学生的阅读情况进行统计和评价。一年级上学期，我们班阅读量上百万的有7位同学，阅读量最大的达到400多万字，阅读书目达150多本。有些学生阅读面涵盖天文、地理、历史、动物、植物、文学、数学、军事机械等各个方面。学生日常所做的一切都会在期末评研时得到体现，我会对学生的识字量、阅读量进行量化，做出科学有效的评价。

②开展多种阅读活动

班级成立了家庭读书会，宗旨是"培养阅读习惯，共享阅读乐趣，营造书香生活"。我们班定期举行家庭读书会活动，分享阅读的乐趣。此外，"古诗词背诵大比拼""制作识字报""开展识字竞赛""故事大王比赛"也是我们班推进识字和阅读常用的形式。一个学期下来，我们制作了《奇妙的动物》《多彩的春天》《美丽的地球》等图文集，成为孩子们阅读成果的最好见证。"故事大王比赛"更是成了最受孩子们欢迎的活动，孩子们分享阅读的收获，讲述成语故事、童话故事、科学故事，各种故事应有尽有，同时锻炼了口头表达能力，树立了自信心。

生本教育认为，"生本的课堂是高质高效而快乐的"！总之，教师要充分相信学生、依靠学生，相信学生的无限可能，让学生在生动有趣的情境中，选择有效的方法认字，让学生领略阅读的奥妙。在今后的教学中，我将更多地和学生一起分享、一起创造识字的快乐！

三、许敏妮老师的论文与教学设计

许敏妮,广州市陈天兰名师工作室成员,中小学语文一级教师,硕士研究生学历,现任广州市天河区骏景小学语文教师。广州市骨干班主任,广州市优秀少先队辅导员,天河区名班主任培养对象。2019年7月在广州市小学语文统编教材教学设计评比中荣获市一等奖,同年8月获得广东省优秀教学设计三等奖。2021年11月,课例《为中华之崛起而读书》被评为天河区基础教育"精品课"。多年来致力于生本语文课堂实践与改革研究,主持参与多项课题研究,不遗余力推动学生海量深阅读,提升学生的综合素养。

(一)基于核心素养的小学生研学课程的开发与探索

> 【内容摘要】中小学生正处在成长的关键期,关于这一时期的教育,国家明确提出了要坚持培养中小学生核心素养的宗旨。本文从当今学校教育存在的几个问题出发,阐述了核心素养的基本含义,并从什么是研学课程、研学课程开发的有效策略两大方面进行了论述,希冀通过研学课程的开展,提升学生的核心素养。
>
> 【关键词】小学生 核心素养 研学课程

1. 问题的提出

"立德树人"是素质教育的基本任务。素质教育的目的在于培育身体健康的现代社会公民,秘诀在于从"知识核心时代"走向"核心素养时代"。青少年具有旺盛的精力,学习接受能力很强,也具备了较强的社会可塑性,是良好素质产生的启蒙时期。然而在当今的小学素质教育中,依然面临着这样一些问题。

(1) 学生的学习与自然和社会脱节

在提倡素质教育的今天，因为择校、升学困难等各种问题，中小学生的学业压力仍然较重，因此除了部分改革试点学校之外，多数学校的课堂教学仍以老师的讲授为主，学生们只能被动地接触知识点，教师囿于学科知识的教学，不同程度地导致了学生的学习与生活和社会相脱离。学生并没有机会直接进入广袤的大自然和社区中去体验周围所发生的变化，没有真正做到知行合一。

(2) 知识获取的形式单一

从目前的学校教学情况来看，学生知识获取的形式多以教师授课为主，多从课堂教学获得，动手实践、亲身体验、小组合作等研究性学习的方式开展较少。为培养小学生的创新精神和自学能力，知识获取的形式需要更加多样化。

(3) 评价上重学业成绩而忽视提升综合素养

随着教育改革的不断深入，创新的学业评价方式不断提出，过程性评价、档案袋评价有助于弥补单纯学业成绩评价的不足，有利于提升学生的综合素养。但就学校目前的创新性评价的开展来说，情况并不乐观，大部分学校仍然是以学生的学业成绩评价为主，其他评价方式运用较少。

2. 小学生核心素养的基本含义

"核心素养"即学习者所应当掌握的，为满足未来发展与经济社会健康发展所要求具备的必需品格与重要才能，既注重个性培养、社区关爱、家国情感，更注重主动发展、协同参与、创造实践。

中华民族的文化基本素养，以科学性、时代性和民族性为根本准则，以培育"全面发展的人"为重点，包括了人文素养、自主开发、社区活动等三个层面。

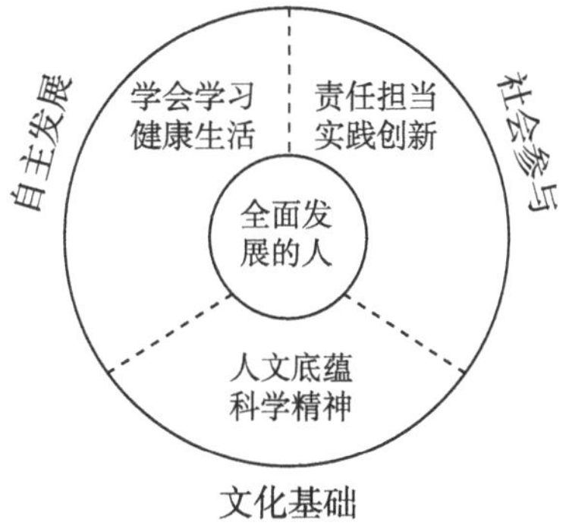

"核心素养"不但强调个人对基础知识和基本技能的掌握，同时更重视个人应对未来社会生活和终身学习所应具备的基本技能素质的培养。"核心素养"的提高

图4-1　"全面发展的人"核心素养构成图

不但重视培养学生的智育，同时也重视培养与提升学生的家国情感。"核心素养"的提高也为学校发展与学生教育改革提供了方向，学校需要在德育教学上做出一定的创新和变革，重视学生心理健康，重视学生理想信念的教育。

3. 研学课程相关概念

学习研究，即研究性学习，国外也通称为探究型教学（hands-on inquiry based learning，HIBL），是指以学习者为核心，在由老师与学习者一起构建的知识情境中，学习者根据自身的知识情况，自主提出问题、自主讨论、主动思考的归纳型教学活动。

研学课堂是将研究性学习与实地感受结合的学校教育项目，是学校、社区、家庭相连接共育学生成长的实用性课堂。研学课堂按照儿童的成长规律和特征，在不同的年龄段设计有梯度的课程内容，通过实地考察、查找资料、小组协作、动脑探索等"教学做合一"的教育理念、方法和模式，培养中小学生的创新和自主学习能力，进而增加社区参与度，目标指向中小学生核心素养的形成。

近年来，研学活动受到越来越多学校和老师的青睐，学生被带出校门，感受不同于学校教育的社区和城市文化。但目前零散的研学活动尚未上升为研学课程，主要有以下几个方面的问题。

（1）活动的目标不清晰，活动设计缺乏系统性

目前，学校开展的研学活动存在随意性，教师没有对其进行统一的规划和安排，没有形成系列的活动和主题，没有相应的课程设计。

（2）活动的评价简单化

研学活动后，教师多给出口头评价，没有对学生参加研学过程中的表现进行分析和评估，不能为学生的后续活动提供更有价值的建议。

（3）活动的收获有限

从上述两点可知，学生在研学项目实践中的获益是非常有限的，而且零散的研学活动也很难带动他们自身素质的总体提高。

4. 研学课程开发的有效策略——以"走读广州"为例

（1）课程设计原则

①开放性原则：充分发挥广州自然、历史、人文资源丰富的优势，反映

发展目标的复杂性、文化内涵的普遍性、时间空间的广泛性，表现多元化和评估的灵活多样性特点。

②综合化原则：以研学信息为依据，根据学习者知识水平与社会实践综合设计教学，提高教学的合理性，体现教学的生成化。

③体验性原则：重视学生的主体地位，以生为本，以小组活动为先，突出体验实践，培育学生创新精神与实践能力，变知识性的活动课堂为发展性的体验课堂。

（2）课程设计目标

研学项目是由学校或小组共同负责，按照自然科学、地理、历史、人文、社会科学、经济这六个层次选取并设定研学课题，在体验和实施研究的过程中，让学生积极掌握知识、运用知识、解决实际问题的集体学术项目。该课程力图从"知、情、意、行"这四个维度促进学生核心素养的提升。

①知：拓展知识的广度

陆游曾有诗云：纸上得来终觉浅，绝知此事要躬行。一直以来，学生所学多为书本知识，而在书本之外，大千世界是如此广阔。研学课程主题的选择，涉及城市的自然、地理、历史、人文、科技等，为研学所做的准备及在研学过程中的所看、所思、所为，都是对书本知识的拓展和延伸。

②情：增强情感的厚度

广州有着2200多年历史，历史文化资源丰富，走读广州课程让学生能够带着思考深入地走进自己每天生活的城市，触摸城市的脉搏，了解广州的昨日与今天，提升社会关爱和家国情怀，增强社会参与感。

③意：锤炼意志的韧度

研学任务能否完成是对学生意志的考核，研学要求小组成员之间精诚合作，团结互助，个人要听从集体的安排，而走读广州课程则在培育学生的集体主义精神、组织纪律价值观、责任担当方面起到了重要的作用。

④行：读万卷书行万里路

创新意识的培育，不但要有创新的理念，也要有创新的实践，因为实践才是意识的源头，更是验证事实的唯一依据。在走读广州的教学中，我们逐步培养出学生的实践能力和创新精神，为创新型人才的养成奠定了扎实的物质基础。

（3）课程内容

根据广州市的历史城区范围，本课程设置了多条研学线路，它们体现了广府文化、红色文化、海丝文化、历史信仰等内涵。

①红色基因线：串起9处充满红色文化的景点，从观音山战斗遗址开始，经过中山纪念堂、杨匏安故居、广州起义纪念馆、广州农民运动讲习所、广州起义先烈公墓、中华全国总工会旧址、团一大纪念公园，最后到达中共三大会址纪念馆。

②商都树轮线：线路以广州市的古代城垣为分界线，涵盖了南越王陵、南汉药洲、明代城垣、镇海塔、北京路中轴线、近代中山大学纪念馆等15处历代文化古迹，沿途涉及国家重点文物保护单位18个、各类不可移动文物110余处，是广州市历史最为丰富的古代和现代早期城市文化古迹的聚集地线路。

③西关韵味线：线路以水、街为主线索，包含了西关历史最有特色的三种面貌——荔枝湾、骑楼、西关大屋，通过穿街过巷寻味西关，可以深度感受"舌尖上的广州"。

④丝路遗风线：广州是海上丝绸之路的主要口岸，史上更有几次担起我国"一口通商"的重任。从白鹅潭起至黄埔港约30千米的前航道，汇集和见证了广州市海丝文化建设发展的千年历程，串起了珠江南北两侧的沙面、西堤、圣心大教堂、海珠公园、海珠大桥、海幢寺等重大历史文化景点。

⑤文宗体验线：佛教传统文化是广州都市文化中的重要组成部分，而许多保留下来的寺院、佛堂既成为佛教文化历史中心，又融入了建筑、美术、雕刻、园林等中国传统文化特色，进一步增加了广州市历史文化名城的魅力。

（4）课程实施

学校或班级每学年可以选择一条线路开展研学活动，课程内容包括研学主题选择、研学任务制定、小组分工、具体实施、活动总结、活动评价等几个方面。以科学研究活动为例，课题、研学方向由学校或小组确定，科学研究活动、项目设置由小组成员自行讨论确定。首先，学校要利用网络检索、老师介绍、走访等方式获取有关信息与资源，形成PPT在各班传播，推荐科学研究景点。然后，学校要规划科学研究活动中的项目，利用活动增进学生对自己的研究活动的认识，提高小组成员的积极性，增强克服困难的勇气等。

再次，他们要把了解、研究的内容制成科学研究手册。在研究活动中，他们要边读边记、边做边思考，最后小组讨论攻克研究手册中的难题。

（5）课程评价

研学阶段，对学生的评估重点为发展性评价。一看其在研学活动中的具体表现，包括情感态度、价值观、兴趣、活动情况等，并分层次记录在案，成为"优秀学生"评估的重要依据。二看学生们的研学效果，学生成绩可通过实践、成果鉴定、竞赛评比、活动表现等形式展示，优秀者评价列入班级成长档案袋内。

5. 结语

近年来，研学课程越来越受到教育者的关注。课程的有效开发是学校、家庭和社会多方面共同努力和坚持的结果，在走读的形式之外，希望大家能更加关注课程的质量，关注学生的自我成长。研学课题与任务的设计应该有助于引导学生对学习、参观、旅行、体验的资源进行更为系统和深刻的研究与了解，以帮助他们取得成果，提升情感体验和价值态度。

(二)《米兰的秘密花园》名著阅读指导课教学设计

> 1. 教材分析
>
> 《米兰的秘密花园》是著名儿童文学作家程玮的代表作品，是"周末与爱丽丝聊天系列"中的一本。程玮自1993年起定居德国汉堡，长期以来，因从事影视和中德文化交流工作，广泛接触了德国各个层面的人士，对中西文化差异有着与众不同的见解。"周末与爱丽丝聊天系列"讲述了一个生活在德国的中国小女孩米兰，和一个德国老人爱丽丝之间发生的对话和故事。这是孩子和老人的对话，是文化和文化的对话，也是东方和西方的对话。《米兰的秘密花园》为礼貌礼仪篇，书中巧妙地用对话的形式讲述了各种礼仪，如说话的技巧，做客、请客的礼仪，吃饭的礼仪以及怎样送礼物，同时还讲了中西礼仪文化的异同。作品内涵深刻，对成长中的孩子有着很大的帮助。

2. 学情分析

自一年级以来，班级学生已养成了每天阅读的习惯，我们要求学生读经典书籍，读整本书。《米兰的秘密花园》是四年级学生寒假必读书目，本班学生对这本书兴趣浓厚，读后收获很大。所以开学后将这本书列为公开课的教学内容，以实现课外阅读课程化，推动学生进一步阅读和思考。

3. 教学目标

（1）推动学生对《米兰的秘密花园》这本书开展深入交流，从中有所感悟和收获。

（2）在阅读、写作和分享中，提升学生的思维能力，以及书面和口头表达能力。

（3）激发学生感受阅读的快乐，进一步推动整本书阅读。

4. 教学重点

（1）重温这本书的内容，发现其独特的价值。

（2）学习在不同场合中的礼貌礼仪，以及待人接物的正确方法。

（3）掌握整本书阅读的方法。

5. 教学难点

（1）开展深入阅读，促进学生思考与表达。

（2）将不同书籍进行横向联系，推动更广泛的阅读。

6. 教学准备

（1）寒假布置阅读《米兰的秘密花园》及"周末与爱丽丝聊天系列"。

（2）完成先学小研究，进行个性化阅读与思考。

7. 教学过程

（1）课堂导入

你在寒假中阅读了哪些书籍，请与大家分享，可以列出书名，也可以简要谈谈自己的阅读收获。

【设计意图】分享阅读书籍有利于形成一种阅读的氛围，激发学生的阅读兴趣，生生之间互通有无，有助于打开阅读面。

（2）梳理内容，谈阅读发现

①请学生简要概括这本书的主要内容。

这本书讲了一个出生在中国、成长在德国的女孩米兰拥有一个秘密花园的故事。她可以在花园里倾诉苦恼，甚至还能解决烦恼。花园的主人爱丽丝，为她讲了社交场合的各种礼仪，米兰收获了成长和快乐。

②阅读是发现之旅，每本书都有其独特的价值。请学生谈谈在本书中有什么与众不同的发现？这些发现可以是关于作者、人物和内容的，也可以是关于创作手法、写作特色、背景等。

【设计意图】阅读本身就是个性化的，正所谓"一千个读者就有一千个哈姆雷特"。这个环节的思考内容比较开放，老师要尽量避免限制学生的思维，应从各个角度打开学生的思考点，让每个学生都有话可讲，学生之间可以相互补充交流，以期实现思维的碰撞与提升。课堂上，学生畅所欲言，为自己的发现感到骄傲，为别人的发言鼓掌叫好，有疑惑的地方相互解答，还来了一场关于"中西方文化异同"的大讨论，推动了深入阅读，课堂效果较好。

（3）感知人物，感悟成长

在这个环节中，希望学生能结合书中的段落内容有理有据地说出本书中哪个人物给自己带来的启发最大。

【设计意图】故事的发展是由人的活动构成的，每个不同的角色都有自己的闪光点，都会发出或强或弱的光芒。在这个环节中，应注重学生的个性化思考，每个学生都可以选择自己的成长点，谈自己的启发。同时，老师也要强调学生谈体会时必须结合书中的段落内容，进一步走入文本，避免空洞的说辞，以提高学生的阅读分析能力，促进语文素养的提升。

（4）阅读迁移，以读引读

阅读的过程是不断与书中人物对话的过程。请学生说一说，在阅读过的其他书籍中，最喜欢哪个人物并说出喜欢的理由。可以是历史人物，也可以是各类书籍中的人物和作者。

【设计意图】温儒敏教授认为一堂成功的语文课一定要延伸到课外阅读，以便学生养成喜欢读书的习惯，否则没有较多的阅读量和阅读面，学生的语文素养就不可能提升。本节课在进行整本书阅读教学的同时，引入学生平时对其他经典书籍的阅读，使书籍之间产生横向的联系，教给学生课外阅读的方法，即书籍之间的对比阅读，以锻炼思维的发散性，促使学生在课外阅读中不再是被动地接受知识，而是主动地思考探究，提升阅读的效果。

8.教学反思

新课标明确提出:"要重视培养学生广泛的阅读兴趣,扩大阅读面,增加阅读量,提高阅读品位。提倡少做题,多读书,好读书,读好书,读整本书。加强对课外阅读的指导,开展各种课外阅读活动,创造展示与交流的机会,营造人人爱读书的良好氛围。"

语文的教学是以单篇课文的教学为主,以单元教学的组合为线,从而成为一个教与学的整体。而名著阅读指导课的教学重在对一部作品化繁为简,通过课堂适当的点拨,使学生对文学作品形成自己独特的理解和感悟,并能在互相交流中产生争论或共鸣。

在上名著阅读指导课时,教师需要注意以下几点:

(1)教师应提前预告阅读任务。在选择阅读书籍时,要充分考虑学生的兴趣点,强调师生共读。文本选择与教学活动的设计如同一面镜子,既是教师水平的反映,也是教师性格、情趣与底蕴的投射。教师在此过程中与文本、与学生、与自身的对话越彻底、越通透,阅读活动的展开就会越高效,学生的收获也会越大。

(2)教师应指导学生读书的方法:教会学生从封面、目录、书脊、封底、正文等各方面了解一本书。教师应教会学生阅读的技巧和方法:默读、浏览、跳读、猜读、精读与略读相结合。阅读的目的不同,方法也会有所差别。

(3)教师需精心设计小研究。首先,尊重每个学生独特的阅读体验,在课堂中可对名著的作者、背景、主要内容、主要人物、情节、思想感情等进行交流。阅读形式可以多样,宜以知识竞赛、辩论赛、小组探究、小组展示等方式进行。其次,要降低标准,尽量让每一个学生都参与,让每一个学生都觉得自己读有所获。再次,教师可以围绕节选部分、精彩之处进行赏析,可以是环境描写、人物形象、遣词造句、主题思想,或是情感倾向等的赏析。

(4)每个年段有不同的教学要求,应找到适合不同阶段学生的思维生长点。低年段重在朗读和复述,中年段重在理解和感悟,高年段重在鉴赏和思辨,课堂应融入师生之间、生生之间、师生与文本之间多层次的对话与思辨。

整本书阅读是当今语文教改的一个重要趋势,在培养学生的阅读能力、阅读习惯和阅读素养等各方面都有着十分重要的作用。阅读能让我们以更宽阔的胸怀拥抱这个世界，让我们的内心充满向上的力量。让我们向经典致敬，与好书同行！

附一：

《米兰的秘密花园》阅读小研究

一、请同学们结合以下问题，谈谈你对《米兰的秘密花园》一书的阅读感悟。

1. 请你简要概括这本书的主要内容。

_____

_____

2. 阅读是发现之旅，每本书都有其独特的价值。在本书中，你有什么与众不同的发现？（可以是关于作者、人物、内容的，也可以是关于创作手法、写作特色、背景的）

_____

_____

3. 本书中哪个人物给你带来的启发最大？请结合书中的段落内容有理有据地说出他（她）所带给你的启发。

_____

_____

二、阅读的过程是我们不断与书中人物对话的过程。你认为在阅读过的其他书籍中，哪个人物最受你欢迎？请说出你的理由。（可以是历史人物，也可以是各类书籍中的人物和作者）

_____

_____

四、李海燕老师的论文与教学案例

李海燕，广州市陈天兰名师工作室成员，语文中小学一级教师，现任教于天河区骏景小学。勤于学习，潜心教育，2015年荣获"天河区优秀班主任"称号。2017年参加天河区班主任专业能力竞赛，荣获小学组综合类三等奖。2021年成为广州市骨干班主任。多次指导学生在"暑假读一本好书""花地新苗"等省、市征文比赛中获奖。主动承担各类公开课、研讨课教学，积极撰写教育教学论文，多篇论文在省、市的评比中获奖。

（一）部编教材小学语文综合性学习活动的策略与思考

> 【内容摘要】新课标指出："语文综合性学习，有利于学生在感兴趣的自主活动中全面提高语文素养，是培养学生主动探究、团结合作、勇于创新精神的重要途径，应该积极提倡。"新课标提出了综合性学习在语文学习中的重要作用，本文结合部编版教材，从开展语文综合性学习活动的必然性、综合性学习活动的策略以及对综合性学习活动的点滴思考等几方面，提出要以文本为载体，努力挖掘活动主题，注意课后延伸学习，适度放手让学生自主策划活动，以提升学生的综合素养。
>
> 【关键词】综合性学习活动　综合素养

新课标指出："语文综合性学习，有利于学生在感兴趣的自主活动中全面提高语文素养，是培养学生主动探究、团结合作、勇于创新精神的重要途径，应该积极提倡。"作为语文教师，我们在语文教学中，要建设开放而有活力的课程，开展丰富多彩的语文综合性学习活动，将课内学习延伸到课外实践，让学生在实践中学习语文，努力提升学生的综合素养。

1. 开展综合性学习活动的必然性

（1）语文学科的实践性特点

语文是实践性很强的课程，具有开放性与多样性的特点，教学内容不但丰富，还具有开放性，教学方式也具有多样性。而语文教学如果限于课堂，势必会导致学生眼界过于短浅。这就要求语文教师要将课内学习延伸至课外实践，开展丰富多彩的语文活动，着重培养学生的语文实践能力，从而促进学生语文水平的提高。因此，语文学科实践性的特点，决定了我们开展语文综合性学习活动是必然的。

（2）适应语文课程标准的要求

新课标提出了"综合性学习"的要求："以加强语文课程内部诸多方面的联系，加强与其他课程以及与生活的联系，促进学生语文素养全面协调地发展。"这个要求的提出，也为语文学科开展综合性学习活动提供了依据。

（3）提升学生语文素养的需要

开展综合性学习，加强语文与各学科、语文与生活等方面的融合和联系，能拓宽语文学习的途径、学习的资源，使学生在丰富多彩的活动中开阔视野，激发思维，培养团结协作、搜集信息、动手操作等各种能力，切实提升语文素养。

2. 综合性学习活动实施的策略

（1）以教材文本为载体，挖掘主题

我们既要以语文教材为载体，又要跳出语文教材教学生学语文。因此，进行综合性学习的教学时，要立足文本，挖掘各类综合性学习的主题，开展丰富多彩的实践活动，在既有的综合性学习活动的基础上，挖掘更多的主题活动，这样才能提高语文综合运用能力。如统编版教材，现在的编排是一个单元一个主题，并不是每一个单元都安排了综合性学习。所以在教学上，除了课本上的综合性学习以外，我们还可以根据单元的主题安排综合性学习活动。如统编版四年级上册第四单元，这个单元是以"神话故事"为主题进行编排的。园地里有一个"快乐读书吧"栏目，我结合这个单元的主题，开展了主题为"神话故事汇演"的语文综合学习活动。活动前，我引导学生读了

《中国古代神话》《古希腊神话》《山海经》《西游记》和《封神演义》等大量的神话故事。在汇报展示活动中，同学们通过各种方式展示自己的成果：有的学生进行神话知识大比拼，有的学生讲神话故事，还有的学生表演了神话剧……这样的语文活动，深受学生喜欢，活动开展得有声有色。在教学中，我们以教材为依托，根据单元主题，努力挖掘丰富的素材，开展综合性学习活动，既能拓宽语文学习的资源，又能开阔学生的视野，培养学生的综合能力。

（2）加强学科之间有机融合，拓宽资源

新课标指出："以加强语文课程内部诸多方面的联系，加强与其他课程以及与生活的联系，促进学生语文素养全面协调地发展。"因此，除了立足教材、挖掘活动主题外，我们还可以加强学科之间相互融合，开发更多的活动资源。现行的部编版教材，增加了大量的人文、自然以及传统文化方面的知识，十分适合用于开展综合性学习活动。如部编版四年级上册《语文》第一单元口语交际"我们与环境"，和部编版四年级上册《道德与法治》第四单元第10课《我们所了解的环境污染》，这两课的主题都是关于环境保护的，所以可以将这两课内容有机融合，设计一个主题为"我们与环境"的综合性学习活动，让学生通过调查、上网、采访等方式了解身边的环境情况，知道有哪些污染问题，以及提出减少污染、保护环境等方面的建议，使学生在活动中加深对环境的了解，为环保建言献策，懂得保护我们生存的环境。学科之间的融合，能整合资源，拓宽活动范围，省时高效，将综合性学习活动落到实处。

（3）注意课后延伸学习，开阔思维

上完了语文课，是不是就意味着课程结束了呢？显然不是。作为语文教师，要有意识地将课堂学习与课外实践相结合，将课内教学延伸到课外，引导学生在生活中学习语文，提高语文素养。教完部编版二年级下册第4课《中华美食》，看着课文介绍的各类菜肴，学生已经垂涎欲滴了。我心想：何不趁此机会开展一次综合学习活动呢？于是，课后我布置了综合性学习活动：美食分享。学生兴趣高涨，马上开始忙碌起来，先自由组合成小组，通过上网查资料、问长辈、阅读书籍等途径了解了自己家乡有哪些美食。我特意安排了一节美食分享课，课堂上，学生通过各种方式展示自己的学习成果，他们有的制作PPT，用图文方式介绍自己家乡的美食以及特点，有的将自己制作美食的过程拍成视频和大家分享，还有的把制作的美食带到课堂上和大家一起品尝……这样有趣的实践活动，开阔了学生的思维和视野。

（4）适度放手，自主策划，锻炼能力

开展综合性活动，要充分调动学生的积极性，可以适当放手，让学生自主策划活动，而老师只起指导作用，这样能锻炼学生的综合能力。我在开展"神话故事汇演"这个语文综合实践活动时，就是充分地放手让学生自主策划。在准备演神话故事时，学生兴趣高涨，都跃跃欲试，想一展身手。他们一开始先自由组合，小组里有写剧本的，有做演员的，有做导演的，还有准备服装道具的……真是忙得不亦乐乎。他们每天利用课间、放学时间进行排练。特别是张梓淇小组的课本剧《大战红孩儿》，从编剧本、选演员、组织演员进行排练到准备服装道具，都是由她和同学一起组织和策划的。张梓淇对我说："老师，张砾文演的红孩儿特别像，我看过她演了，所以就敲定她主演红孩儿。"果真，汇演的时候，这个《大战红孩儿》的剧本表演，获得了大家一致的好评。小演员把人物的神情、语言、动作以及心理都把握得非常到位！张梓淇妈妈不无感慨地说："孩子写剧本写了一天，真的得到了锻炼！"可见，适度放手，让学生主动策划，既能充分调动学生的积极性，又能锻炼他们的综合能力。

3. 关于综合性学习活动的点滴思考

（1）活动内容要有趣味性

兴趣是最好的老师。因为学生只有真正感兴趣了，才会全身心地投入到活动中，所以开设综合性学习活动的主题首先要从学生的角度出发，选取他们真正感兴趣的内容，使他们一听就跃跃欲试想实践。如"神话故事汇演"活动中，孩子都想体验一把当演员的乐趣，所以人人都乐于参与其中。在活动中，他们乐此不疲，为了排练节目，充分利用了节假日、周末等休息时间，虽然忙碌却很快乐，在玩中学习，在玩中收获。

（2）注重指导与自主相结合

在开展综合性学习活动的过程中，虽说让学生自主策划能锻炼其综合能力，但是学生毕竟是学生，他们遇到各种问题时难免会束手无策，所以老师要及时了解各小组的活动进展情况，询问他们遇到了什么问题，指导他们开展相关信息的搜集工作，筛选有价值的信息并以恰当的形式展示，给予他们及时而正确的指导,以确保活动能够顺利开展。

(3)倡导实践活动的探究性

综合性学习活动一定要具有探究性,要能够引导学生主动开展有价值的探索,能提高学生各方面活动的能力。如我们结合各单元主题开发出来的主题活动:引导学生了解中国美食文化的"中华美食",引导学生了解、传承中国传统文化的"中国传统文化知多少",引导学生了解中国神话的"神话故事汇演",引导学生开启诗歌大门的"创编诗歌",引导学生认识动物、与动物和谐相处的"有趣的动物"……这些综合性主题学习活动,都是能引导学生去实践、去探究且有价值的实践活动。这些活动培养了学生与他人合作的能力,搜集信息、处理信息的能力,锻炼了动手实践能力,也开阔了思维和视野,提高了探究能力。

(4)评价要体现多元化

我们在开展综合性学习活动的过程中,要善于发现学生的闪光点,及时表扬在活动中积极参与的学生,对一些有进步的学生要适时给予鼓励和表扬,这样能充分调动学生的学习热情。同时,对学生的评价方式要多元,可以让学生开展自我评价和组员相互评价,乃至家长评价等,正面的、积极的评价,能够使学生身心愉悦,满怀激情投入到学习活动中。

作为语文教师,我们要充分利用好部编教材,合理地开发综合性学习活动的主题,组织丰富多彩的实践活动,拓宽学生的学习资源,适度放手让学生自主去策划活动。我们要做好指导与评价工作,鼓励学生积极参与活动,为他们提供展示的平台,在多姿多彩的实践活动中提升学生的语文素养。

参考文献

[1]中华人民共和国教育部.义务教育语文课程标准(2022年版)[S].北京:北京师范大学出版社,2022.

[2]黎穗红.部编教材下小学语文综合性学习教学策略研究[J].知识文库,2020(7):51-54.

(二)《花儿朵朵开——解读花儿的心事》儿童诗教学案例

教学目标：
1. 帮助学生理解诗歌内容，感受诗歌的画面美和语言美。
2. 诵读诗歌，引导学生感受儿童诗的韵律美。
3. 引导学生练习仿写，培养学生的想象力、创造力。

教学准备：投影、PPT课件

教学重难点：赏析诗歌、创作诗歌

实施过程

1. 创设情境

（1）同学们，还记得《花的学校》一课吗？在课文中，作者的想象真是奇妙大胆，赋予了花儿人的思想。在作者的笔下，花儿也像小朋友一样去上学，也会跳舞狂欢，也会做功课，也会做游戏，也会放假……今天我们就来解读花儿的心事，看看在你的笔下，花儿会干些什么，会有什么不一样的心情。

（2）今天，花朵王国要开展一场比美大赛，选出十大名花。我们来欣赏一组花朵图片，然后解读花儿的心事吧。

2. 赏析图片，解读花儿心事

（1）出示一张喇叭花图片。

师：这是什么花儿呢？花儿在想什么呢？

学生自由发言，但是他们的思维还没有打开。见此情景，我做了示范。

我一边做小心翼翼走动的动作，一边故作紧张地说："走在玻璃栈道上，下面就是万丈深渊，我的心都提到嗓子眼上了。"

师：谁还想发言？

这时，有了示范，学生的思维瞬间被打开了。

生：花儿穿着漂亮的裙子，在风中跳舞，真高兴；她穿着舞裙要去参加十大名花评比大赛；她化好妆要参加宴会；喇叭花在吹着小喇叭，叫大家早起；喇叭花在爬山；喇叭花在漂流……

（2）教师引出话题，自然过渡。

师：同学们，你们的想法真是新奇而又充满童趣，真棒！接下来，我们再来看一幅图,看看这花儿又有怎样的想法。

出示雨中的花朵图片。学生继续畅所欲言。

生:舒舒服服洗个澡,真开心;哎呀,忘记带伞了,淋得我好难受;我快受不住啦,好冷呀……

(4)赏析儿童诗《我错了》。

我错了

雪 野

我知道错了

不该淋雨

衣服湿了

头发湿了

阿嚏

阿嚏

我的鼻孔

也湿了

①我们一起来读读这首诗,看看哪里写得有趣。

②大家齐读。

③畅谈感受。

师:诗人用第一人称的口吻,把花当作自己来写,写出了雨中花朵的心情是后悔的。为什么后悔呀?因为花像人一样会感冒,会打喷嚏,很有童趣,是不是?

(5)师过渡:赏析完雨中的花朵,现在我们来看看烈日下的花儿,又有什么心情呢?

出示烈日下的花朵图片。

师:这是一片花海,这些花儿们又有什么样的心情呢?

生:久违的阳光出来了,我们终于可以大课间了;在温暖的阳光下,舞蹈是多么惬意啊;阳光,求你不要太猛烈了,别灼伤我白皙的皮肤……

师:孩子们的想象真是丰富,富有童趣。

(6)师:我们再来看看雪中的红梅,看看这些梅花在雪中又有什么不一样的心情。

出示红梅图片。

生：好冷呀，我冷得瑟瑟发抖；让风雪来得更猛烈些吧，我不会退缩；真好，可以堆雪人、打雪仗了……

3.发挥想象，补写儿童诗

（1）同学们，今天老师带来了儿童诗《花》的一部分，我们一起来欣赏，并发挥想象力，给诗歌补写续篇吧。

春天的花，

是蜜蜂们歌唱的世界。

夏天的花，

是＿＿＿＿＿＿＿＿＿＿＿＿＿＿＿＿＿＿＿＿＿＿＿＿＿＿＿＿＿＿。

秋天的花，

是＿＿＿＿＿＿＿＿＿＿＿＿＿＿＿＿＿＿＿＿＿＿＿＿＿＿＿＿＿＿。

冬天的花，

是＿＿＿＿＿＿＿＿＿＿＿＿＿＿＿＿＿＿＿＿＿＿＿＿＿＿＿＿＿＿。

（2）学生自由补编诗歌。

（3）师生互相评价、补充。

4.创编诗歌，赏读诗歌

（1）学生创编诗歌，教师巡视。

（2）互相赏析、评比、提建议。

【案例反思】

儿童诗是指以儿童为主体接受对象，适合儿童听赏、吟诵、阅读的诗歌。这学期，学校开展第二课堂教学，在许敏妮老师的邀请下，我们合作开展了"儿童诗歌教学"这一门课程。经过一个学期的摸索，我们的诗歌教学开展顺利，学生写诗兴致盎然，对诗歌有无限的热爱，学生天真烂漫的表达、天马行空的想象，使我们的诗歌教学取得了不错的成效。下面谈谈我在诗歌教学方面的点滴思考。

1.诵读诗歌，体会诗歌的美

引导学生诵读一些优秀的诗歌，营造读诗的氛围，可以为学生创作诗歌打下一定的基础。通过带领学生诵读优秀的诗文，我们让学生在诵读过程中读懂诗歌的语言、韵味，从而体会诗歌的情感，感受诗歌的美。在指导学生诵读诗歌时，不仅要诵读出节奏和韵律美，还要指导学生在读中思考，在读中想象画面，通过反复诵读，体会诗歌蕴含的意义。只有体会诗歌蕴含的意义，才能深入领悟作者表达的情感，当学生与作者产生了情感的共鸣时，学生对诗歌的审美能力就在无形中得到了提升。因此，加强诵读，可以为学生进行诗歌创作打下良好的根基。

2. 赏析诗歌，提升鉴赏诗歌的能力

"儿童是天生的诗人"，当诵读达到了一定的基础，这时，就要提高学生对诗歌的赏析能力。那么我们可以从哪些方面引导学生鉴赏诗歌呢？以下是我们在诗歌赏析方面的几点体会。

（1）富有童言之美

童诗以儿童为对象，符合儿童的心理和审美，应该带有儿童天真无邪的言语特点。所谓童言无忌，用浅显、纯净的儿童化的语言创作的儿童诗，更能打动儿童。

如徐心语《可怜的小雨点》：可怜的小雨点/从天上跳下来/就找不到回家的路了/只能/敲敲你的门/敲敲我的门……

这首诗里，作者用儿童化的语言，写出了下雨时的情景，在作者眼里，雨点找不到家了，所以到处敲门。这样的儿童化的语言天真无邪，也只有儿童才能脱口而出吧。

（2）富有童趣之美

童诗是童年生活的写照，蕴含着儿童的快乐、童年世界的天真烂漫。很多儿童诗充满着童趣美。因此，我在引导学生赏析儿童诗时，会让学生找一找诗中哪些内容写得有趣。

（3）富有童真之美

诗是用来表达情感的，儿童诗更应该以纯真的感情为基础。例如，丁云《我不想吃鱼》：我不想吃鱼/我就是不吃鱼/因为……/因为我属老鼠/猫喜欢的东西/我决不喜欢。

这首儿童诗，作者从儿童的角度，为自己不想吃鱼找到借口，读来使人不禁会意一笑。多么富有童真啊！

3. 创作诗歌，激发无限的创作热情

（1）创设情境，激发兴趣

兴趣是最好的老师，儿童正处于最富想象力的成长阶段，他们善于模仿，因此，激发他们的兴趣，是开启诗歌教学最有效的手段。以《花儿朵朵开——解读花儿的心事》为例,教学开始,我就创设了一个情境:花朵王国要来一场比美大赛,要选出十大名花。创设这样有趣的情境,学生立刻来了精神:花朵王国之间居然有比美大赛,还要选出十大名花啊,真有趣。接下来,我展示名花图片给学生看,一幅幅艳丽花朵的图片让学生进入了一个非常美丽的花朵王国,营造了诗情画意般的浪漫氛围,为接下来的儿童诗教学做好铺垫。

(2)立足生活,选取题材

诗歌源自生活,"生活是创作的源泉"。只有为学生营造富有童趣的意境,把真实的感受通过形象化的语言表达出来,才能创作出富有童真的儿童诗,才能打动儿童。在教授儿童诗时,我们精心地从生活中选取题材,如"落叶""水果""花朵""雪花"等生活中常见的事物,以这些事物为载体,引发学生天真、丰富、浪漫的想象。围绕着这些平常的事物,学生的思维可以自由地驰骋。

(3)激发思维,鼓励表达

诗歌教学应该不断地激发学生的想象思维,使他们的思维得到开阔,情感得到升华。怎么激发学生的思维呢?我们做了以下的探索。

①用童心看事物。

如指导学生解读花儿的心事,教师在引导学生用童心看待花儿的心事时,语言应充满诗意,要鼓励学生勇敢表达。

师出示一张喇叭花图片。

师:这是什么花儿呢?花儿在想什么呢?

生:喇叭花化了妆,要去参加十大名花竞选。

师:你的想象力真丰富!还有谁想发言?

生:喇叭花拿着大喇叭,向花朵王国宣布十大名花比赛开始!

学生都笑了。接着一只又一只小手举了起来。

生:喇叭花穿着漂亮的裙子,去参加名花竞选。

生:喇叭花落选了,她伤心地独自躲了起来。

学生畅所欲言,我不禁由衷赞叹他们那开阔的思维、流畅的表达、大胆的想象。

接下来,我就让学生动笔写下了自己的诗句。

喇叭花

陈思羽

今天是个好日子，
花朵王国要评选十大名花。
喇叭花梳妆打扮，
穿着舞裙出发了……
可是，
她落选了，
独自一人躲在角落里，
偷偷哭泣。

学生丰富的想象力，充满了童真，他们正是用一颗纯粹的童心来看待喇叭花并解读喇叭花的心事啊。在陈思羽同学笔下，喇叭花因为落选十大名花，偷偷哭了起来，读罢让人仿佛看到了一个考试不合格偷偷落泪的学生的形象啊！

喇叭与月季

刘威阳

月季，
我恨你！
你是怎么被选上十大名花之一的？
那也不能偷偷拿走我的参赛资格证！

同样是写喇叭花，刘威阳同学这一首童诗，写出了喇叭花因为被月季偷走参赛资格证而落选的强烈不满与愤恨之情，读来让人想到了一个被取代参赛资格的学生的愤愤不平之情，写出了童心。

②多元视角想问题。

"横看成岭侧成峰，远近高低各不同"，在指导学生写诗的过程中，要引导学生学会从不同角度看待问题，对同一种事物，学生会有各自不同的想法，这时候，要鼓励他们从不同角度想问题，创作诗歌。只有这样，写出来的诗才会别出心裁，独具匠心。如在指导写"雨中的花"时，我鼓励学生从多角度想问题，把这朵雨中的花看作人，琢磨一下这朵花可能会怎么想。有了我们的引导，学生的奇思妙想就涌现出来了。

雨中的花
杨明桦

下雨了,
真好!
不用去学校,
可以玩一会儿水。

下雨了,
真好!
可以穿上花雨衣,
在雨中舞蹈。

下雨了,
真好!
可以痛痛快快
洗个澡。
下雨了,
真好!

在杨明桦同学的眼中,雨中的花,多像一个不想上学的贪玩的孩子啊,下雨了,就是他们最开心的时候。

雨中的花
刘威阳

我在雨中,
经受风吹雨打,
都怪月季拿走我的雨衣!
现在,
我浑身都湿透了,
眼睛也湿了,
呜呜呜……

都是写雨中的花,刘威阳同学眼中的花,就是一个因为被别人拿走雨衣而淋雨的学生形象。

雨中的剑兰

沈世轩

怎么下这么大的雨？

好冷！

瞧瞧住在温室里的花，

它们多好！

不会被风吹雨打。

风真大！

哎呀！

差点把我的枝丫折断。

不过

我宁可在这里饱受风吹雨打，

也不要住在温室里，

因为

风雨过后，

我会勇敢地张开经过洗礼的叶子，

第一个拥抱雨后五颜六色的彩虹！

同样写雨中的花，沈世轩同学用自己的独特笔锋，描写了一个勇于经历风吹雨打的花朵形象，让人感受到花朵的坚强与无畏！读来不禁让人联想到孩子那种坚强、勇敢、无畏的品质。不经历风雨，怎会见彩虹！这是孩子内心最真实的感悟！

③抒写真情实感。

诗歌是表情达意的，儿童诗应该饱含纯真的情感，这种纯真是纯粹的，是以儿童天真烂漫的情感为基础的。在指导学生写诗歌时，要注意引导学生抒写内心的真情实感，因为诗歌是情感的表达，只有抒写真情实感，才能打动人。

喇叭花的心事

姜焯珩

我是一朵喇叭花

开在停车场的墙上

小朋友们常常留意我

那些去上班的大人却置若罔闻

停车场里整天充斥着异味

我的嘴却合不上

我想发出悦耳的声音

却总被刺耳的汽车喇叭声淹没

我向往美丽的原野

可以在枝头尽情绽放

　　姜焯珩同学的笔下，是一朵开放在停车场这样嘈杂环境的喇叭花。喇叭花向往美丽的原野，向往自由，这难道不是孩子最纯真的情感流露吗？

雪梅

杜丞睿

咦？

在我身上的是什么？

白白的

好像棉花糖

尝一尝

呸！呸！

真难吃

这到底是什么东西？

　　杜丞睿同学笔下的雪梅，读来让人不禁会意一笑，这首诗写的也许就是小作者某个尴尬时刻的心情吧。

雪和梅

陈思羽

天上下起了雪

雪真美

像块块棉花糖

一朵梅花看到

心想：

我身为百花之首

什么都吃过

这好看的棉花糖

不行

我定要吃吃

梅花咬了一口雪

呸

真难吃

快快叫天空

为这棉花糖加点糖

再送来

陈思羽同学的这首诗，充满着童趣，读来让人忍俊不禁，一朵梅花贪吃雪花的形象跃然纸上，使人想到一个贪吃的想要吃糖的孩子形象。小作者的想象力真是丰富啊，透过诗句，我们可以看到一个贪吃孩子的内心世界。

喇叭花

郭浚哲

为什么我天天都要早起

别的花都可以睡懒觉

为什么我要早起吹喇叭？

在这首诗中，小作者用自己独特的视角写下了喇叭花的无奈：要早起吹喇叭。孩子很不理解，为什么不能睡懒觉呢？这首诗流露出小作者最纯真的情感。

(4) 开放评价，促进提高

课堂上，孩子创作了童诗后，教师要及时给予他们正面、积极的评价，哪怕一首首童诗，或许稚嫩，或许朴实无华，但孩子们天真烂漫的创作热情都应该得到及时的肯定和鼓励。他们迫切希望得到老师与同伴的肯定和赞赏，因此，及时评价、交流、展示，可以让孩子之间产生思想的交流、碰撞。孩子们都乐于当小诗人和小评委，在自评和互评中，不断得到提升。

在一年的教学中，通过诵读、赏析、创作，孩子们的诗歌鉴赏能力和创作能力都得到了提升。

参考文献

[1] 丁云.丁云的童诗课堂[M].桂林：广西师范大学出版社，2019.

[2] 中华人民共和国教育部.义务教育语文课程标准（2022年版）[S].北京：北京师范大学出版社，2022.

五、任相蓉老师的论文与教学案例

任相蓉,广州市陈天兰名师工作室成员,天河区汇景实验学校教师。2012年毕业于华南师范大学汉语言文学专业,语文中小学二级教师。获2017年天河区班主任专业能力竞赛小学组综合二等奖和主题班会设计优胜奖。获2018年天河区"工匠杯"教师技能大赛小学语文学科三等奖。获2019年第十届广东省中小学规范汉字书写大赛天河区教师硬笔二等奖。获2021年第十二届广东省中小学规范汉字书写大赛天河区教师硬笔二等奖。

(一)试论搭建创意写作平台的三板斧

> 【内容摘要】作文教学是语文教学中的重要组成部分。最大限度地培养学生的写作兴趣与创造性,搭建展示习作的平台,建立起学生的写作自信心,让他们感受习作被同伴欣赏的喜悦,这是所有语文教师摸索实践并为之奋斗的方向。在实践中,我们创设了班级作文报让学生各显身手,收获甚多。
>
> 【关键词】习作教学　创意写作　写作热情

作文教学是语文教学中的重要组成部分。最大限度地培养学生的写作兴趣与创造性,搭建展示习作的平台,建立起学生的写作自信心,让他们感受习作被同伴欣赏的喜悦是所有语文教师摸索实践并为之奋斗的方向。

在小学中年段,学生开始接触习作。初入门时,不少学生把作文和低年段的写话、日记混为一谈。为了引导学生写作时做到主题明确、内容翔实、立意创新,我做了一些努力。每次习作前,我都带领学生回顾单元阅读文章,组织口语交际,展示例文。习作后,我逐字逐句地批改打分,督促学生按要求修改,生成二次作文。然而我发现学生的写作热情并不高,习作也没什么新意,甚至是一听到有习作作业,就如临大敌般紧张。

偶然间，我读到了《莫言——不倦的探索者》一文。在这篇文章中，莫言回顾自己的写作生涯时称："我并非什么了不起的文学天才。和大多数普通文学爱好者一样，我的文学之路也是从阅读和模仿开始的。"一语点醒梦中人。创造始于模仿，模仿是创造的基础。为何我不让学生互相学习、互相借鉴，共同进步继而提升写作水平呢？朋辈心理学告诉我们，在某种意义上，学生之间的影响是家长、老师们无法比拟的。一项关于中小学生的调查结果显示：在回答"我碰到问题首先找谁商量"时，找同伴的占70%，找父母的占10%，找老师的占8%，其他占12%，这表明朋辈群体对学生心理健康的作用不容忽视。在这样的实践与思考中，四年级伊始，我创设了班级作文报。

1. 小试牛刀　第一版班级作文报出炉

四年级上册其中一个单元的习作主题是描写自然景观。学生完成习作后，我将全班8个小组的作文随机交换，交由学生初步批改。批改要求如下：

（1）关注字词与书写。

（2）关注句子，留意修辞。

（3）关注结构，注意自然段的划分是否合理。

（4）关注本单元的训练目标（如第一单元的训练要点为突出景物特点、运用动静结合手法）。

（5）批改人评语与签名。

初步批改后，一个小组的学生互相交换，浏览本组同学拿到的所有作文。

然后，孩子们将批改好的作文上交，由我进行二次批改。我发现孩子们在评语中时常流露出对某篇习作的欣赏与赞美。在孩子们批改的基础上，我轻而易举地选出了好文章。然后我敲击键盘，将它们转为电子版，进行排版。第一期我从打字到装饰花边、排版再到印刷，从头到尾亲力亲为。我将报纸命名为《华年似水，写作如歌——四（3）班班级作文报》，并注明出版日期和编辑事项。

孩子们拿到作文报后非常惊讶。自己和同学的作文居然成了铅字印在了作文报上，这完全出乎他们的意料。接下来，他们个个低头浏览，不少孩子主动拿出笔来圈圈点点做批注。这也完全在我的意料之外。

个人思考批注完毕后，小组讨论开始了，孩子们你一言我一语地交流作文报上的文章。交流完毕后，小组上讲台跟全班分享他们的心得体会。在分享中，孩子们能够提到本单元的训练要点——突出景物特点、运用动静结合手法。看来,学习目标达成了。

2. 精益求精　进化版的班级作文报登场

在孩子们交流完班级作文报后,我布置了一项日记作业,主题是"我看班级作文报"。不少孩子提到他们很喜欢这种分享同伴作文的形式,喜欢活泼有趣的排版,喜欢充满创意的描写,最喜欢的当然是自己的作文登上了作文报。但是,我注意到只有8个孩子表达了自己作文登上报纸的喜悦之情。这引发了我的思考。一期作文报,大小为两张单面A4纸,只能展示8个孩子的文章。全班有47个学生,一期作文报只能让六分之一的孩子的作文精彩亮相,是不是有点少?有些孩子的作文短期内还达不到登上作文报的水准,他们的怎么展示?在思量之后,我想到了一个办法:除了展示完整的优秀习作之外,还可以展示节选的句段。只要作文中有好句子和好段落,我就会节选出来,登在作文报上。这样一来,目前习作还不那么优秀的孩子也有了展示的平台。

鉴于第一期作文报全由我一人编辑,耗时太长,所以我把第二期作文报的打字任务交给了学生。我请他们完成后发给我,我再统一排版。这一期的编排者多了起来,不只有我,还有孩子们。在报头下方,我一一将他们的名字罗列。由于第一期的作文报反响很好,家长们主动承担了帮孩子们彩色打印的任务。班级作文报的制作效率大大提高了。

第二期作文报的主题是描写动物,排版和印刷更精美,更受孩子们的欢迎。一个孩子在日记中写道:"第一期的作文报,我的作文没有上报,我很是失望。可是,在第二期作文报上,我看到我的作文被清清楚楚地印在上面。我上报了!我心里很兴奋,说不出有多快活!我很喜欢班级作文报,下次我还要争取上报!"

3. 不断突破　未来的班级作文报

欣赏前两期作文报,孩子们的习作在一次和二次批改中臻于完善,赏心悦目。那么,怎样提升,才能让孩子们学到更多?

我想,将一篇完美无缺的作文摆在写作能力强的孩子面前,他会想"我也能做到";摆在一位写作能力较强的孩子面前,他会想"经过积累和学习,我能做到"。但是,如果将这种作文摆在一位写作能力较弱的孩子面前呢?他会怎样想?可能他觉得自己永远达不到这样的水平。于是我想,为何不把孩子写作的一稿、二稿,甚至三稿一起登在作文报上做对比呢?这样的展示会让所有孩子体会到好作文是改出来的。

此外,作文报的内容如何更丰富?作文报的边角位置是否可以刊登孩子们自创的名言警句、诗歌、摄影作品呢?

最后,既然孩子和家长非常配合,为何不让他们更多地参与到班级作文报的编排中来?同学的推荐语、家长的推荐语都可以登在作文报上啊,也可以让孩子们以小组为单位承包作文报的编排任务。

几期过后,我逐步放手,孩子们慢慢上手。作文报真正激发起了孩子们的习作热情,提升了他们的写作能力。学习不只是一个知识增长和能力提高的过程,更应该成为学生成长的一段生命历程。自己的作文登上班级作文报,自己编排班级作文报——我希望这些能成为他们作文学习生涯中一段值得回忆的经历。华年似水,写作如歌。希望孩子们在美好的小学生活中谱写出一首首动人的思想之歌。

参考文献

[1] 杨鸥.莫言——不倦的探索者[N].人民日报·海外版,2012-10-13.

[2] 苏巧妙.朋辈心理辅导在小学心理健康教育中的应用[J].校园心理,2015(2):16-18.

[3] 郑文聪.生活是源 快乐引路——浅谈小学语文作文兴趣的培养[J].广西教育,2008(12):12-13.

(二)《方帽子店》教学案例

新课标提出,课程教材要发挥培根铸魂、启智增慧的作用,体现中国和中华民族风格,体现人类文化知识积累和创新成果。

2019年春,陈天兰副校长和工作室给了我宝贵机会——到青岛参加全国第九届和谐杯"我的模式我的课——高效教学模式博览会"大赛。我选择了部编版教材三年级下册第八单元《方帽子店》一课参赛。在中年段的阅读课文教学中强调要有思辨性,要启发学生用变化发展的眼光看待事物,努力创新,锐意进取。在磨课时,我尝试过多种导入方法。第一次是谈话导入,让学生说说自己戴过什么样的帽子。学生兴高采烈说出了非常多的种类,虽与课文标题中的"帽子"相关联,但实际上与文章的高远立意不相关。对该问题的回答占用了宝贵的上课时间。第二次导入，我制作了一顶方帽子，用实物激趣。除了一时的新奇之外，学生也没有什么收获。评课研讨时，陈校长提出将课文与中华传统服饰文化相结合，别出心裁地导入新课，激发学生的学习兴趣。孩子们虽然经常戴帽子，可是对中国古代帽子的了解甚少。我茅塞顿开，决定带领孩子们一同游历"中国古代帽子文化展览馆"。于是，我查阅资料，从先秦到隋唐，找到五种有标志性的帽子，分别是冠、冕、巾帻、幞头、胄（盔）。我决定由这五种帽子导入新课。

教学片段如下：

同学们：大家好！欢迎来到中国古代帽子文化展览馆。我国古代先民发明了帽子，帽子的名称和款式多种多样。我们一起来看看吧！

1. 冠：这是先秦时期出现的帽子，叫作冠。这8幅小图展示了不同年龄、不同身份的人戴不同的冠。右图是冠发展到汉代，最出名的五梁冠。

2. 冕：这是周朝天子戴的帽子，叫作冕。同学们，在电影电视作品中，你见过这样的帽子吗？

（学生：见过。电视剧里的皇帝就戴这样的帽子。）

同学们能够从日常生活娱乐中学习，真不错！

3. 巾帻：这是汉代开始流行的帽子，叫作巾帻。不同身份、年龄的人有不同的戴法。看！这是电影中出现的巾帻。

4. 幞头：从汉代开始，又有一种帽子款式出现了，叫作幞头。到了隋唐时期，幞头成为男子的普遍服饰。因为幞头所用的纱罗通常为青黑色，所以又称"乌纱帽"。

（学生：哦，怪不得乌纱帽代指官员。）

5. 胄（盔）：幞头是用纱罗制成的，而这种帽子是用青铜做的，叫作胄或者盔，是古代将士作战时用于保护头部的帽子。

（学生：现在工地上的工作人员要戴头盔，开电动车也要戴头盔。）

以上只是中国帽子文化展览馆中的一角。中国古代帽子文化博大精深，等待大家去探索。我们今天要学习的课文与帽子有关，它就是《方帽子店》。我们一起来学习吧！请同学们读课题26——《方帽子店》。

在比赛现场，青岛的孩子们对古代帽子很感兴趣，他们聚精会神地看着大屏幕，当我所介绍的内容与孩子们已有的认知相契合时，他们还积极地与我互动。不拖沓，短小精悍并能激发学习兴趣与热情的课堂导入才是有效的。于是我们迅速开展对课文的研读。

经过这一次备赛与比赛，我深刻体会到中国传统文化的魅力与其蕴含的巨大能量。稍稍撷取一二，融入教学，我的课堂可能就会有闪光点闪闪发光。

六、江丽美老师的论文与教学设计

江丽美,广州市陈天兰名师工作室成员,中小学语文二级教师,沙河小学三年级级长,具有丰富的小学语文低年段教学经验,注重优化教学设计及作业设计,曾获区学历案设计三等奖、"一师一优课"三等奖、区"育人奖"等,并参与了多个课题的研究。

促进思维发展,加深阅读感悟

——以《我要的是葫芦》为例谈小学寓言教学策略

> 【摘要】寓言是统编版小学语文教材的重要组成部分,本文以《我要的是葫芦》为例,从联系生活、利用插图、角色扮演、语言表达训练这四方面来探讨小学寓言教学的有效策略。
>
> 【关键词】寓言 《我要的是葫芦》 教学策略

寓言是一种具有深刻思想意义、蕴涵生活哲理的给人以启迪的故事,具有趣味性和教育性,在统编版小学语文教材中,有着重要的地位。在教学中,教师不仅要让学生读懂寓言故事,而且要让他们明白故事中所蕴含的道理。然而,学生受到思维水平、生活阅历等限制,往往不容易准确理解、概括寓意,所以教师在寓言教学中直接揭示寓意的现象较多,导致课堂比较乏味,学生的思维没有得到发展。那么,教师应该采取哪些教学策略开展寓言教学呢?下面我以《我要的是葫芦》为例谈谈寓言教学的几点策略。

1. 联系生活,加深感悟

寓言与社会现实生活密切相关,故事中的场景对于学生而言常常都是非常熟悉的,或许他们也有相同的体验。陶行知先生曾提出:"生活即教育。"

在寓言教学中，理解寓言内容是基础任务，将寓言关联生活、关联自我体验是重点任务，只有这样挖掘寓意，才能更好地体现寓言的文化价值。

在《我要的是葫芦》一文中，我是这样设计导入的：

师：同学们，你们见过葫芦吗？

生：见过！

师：那你们是在哪里见过的呀？

生：我在我外婆家的院子里见过。

生：我是看动画片《葫芦兄弟》知道的。

师：请你把你见到过的葫芦画在黑板上吧！

……

同时，在讲解"种葫芦的人每天都要去看几次小葫芦"时，可以让学生结合实际生活感受文字的特点：种葫芦的人为什么要每天看几回呢？难道是葫芦的生长速度很快？学生可以联系故事内容谈谈自己的种植经验，在生活中找到寓言故事的影子，体会到并不是小葫芦长得很快，而是那个人很喜欢小葫芦。

通过结合学生生活实际，有技巧地将学生的亲身经历运用到课堂上，营造宽松愉快的氛围，让学生根据自身感受表达自己的观点，实现了教学"生活化"，拉近了学生与寓言故事的距离，激发了学生的学习兴趣。

2. 利用插图，鼓励学生独立思考

统编教材的寓言故事中通常配有插图，这些插图不仅贴合文本，还符合儿童审美，幽默风趣，一定会引起学生的兴趣。教学中，教师可以引导学生观察插图，深入画面的细节，了解事物的本质意义，为揭示寓意做铺垫。

《我要的是葫芦》课文中有两幅插图，形成了鲜明的对比：图一展示了葫芦长势良好，种葫芦人满心欢悦；图二展示了葫芦叶子变得枯黄，小葫芦掉落，种葫芦人十分惊诧。我利用这两幅插图，设计了这样的学习任务：比较插图中的叶子颜色、葫芦位置、种葫芦人表情，填写表格。同时，引导学生思考为什么会有这样的变化，并指引学生到课文中的第二、三自然段寻找答案，在提高学生观察能力的同时衔接下文，为接下来的教学"支架子"。

3. 利用情境，角色扮演

寓言通俗易懂、内容有趣，里面通常有多个角色，这些角色往往有令人

发笑的行为和可悲的结局,所以寓言教学具有情境性,而角色扮演是让学生进入情境的有效教学方式。小学生活泼好动,善于呈现,教师可以拿出准备好的头饰和道具,让学生融入情境,引导学生表演课文中人物的动作、神态。演示课文内容,可以激发出儿童的智慧,让他们更切实地理解寓意,拓宽思维。

例如,在《我要的是葫芦》中可以这样设计角色扮演环节:

学习任务:我会演一演

(1)思考:该用什么表情、动作来表演呢?

> 多么可爱的小葫芦啊!
> 你别光盯着葫芦了,叶子上生了蚜虫,快治一治吧!
> 小葫芦慢慢地变黄了,一个一个都落了。

(2)小组分角色进行表演。

上述课堂环节展现了课文中几个重要的片段,"多么可爱的小葫芦啊"一句可以表现出种葫芦人对小葫芦的喜爱;邻居的劝告则从侧面反映了种葫芦人不明白植物叶子与果实之间的关系,只顾"结果"而忽略了"过程";表演"小葫芦慢慢地变黄了,一个一个都落了"这句话,可以让学生体会种葫芦人面对掉落一地的葫芦时伤心不已的感受,更突出故事的悲剧效果。通过上述角色扮演可以将抽象的文字变换成生动活泼的形象,让学生如同身临其境一般投入到课文所描绘的情境中,真切地体会到寓言的语言文字所表达的情感。

4. 增加语言表达训练,促进学生思维发展

大多数寓言篇幅都比较短小,但往往具有无限的张力,必要的拓展启发可以促进学生的思维发展。因此在寓言教学中,不能只停留在对文本的理解与运用层面上,而是要借助文本,努力搭建文本语言和学生思想认知之间的桥梁,从多元的角度进行思维训练,启发学生智慧,在思维的训练与表达中让学生感悟故事的趣味。

例如,我在讲授《我要的是葫芦》第一自然段时设计了这样一个语言训练环节:

师:假如你就是种葫芦的人,你会对小葫芦说什么呢?

生:我会对小葫芦说:"小葫芦,你要快快长大……"

生:我会说:"小葫芦,你放心吧,我会照顾好你的。"

师:种葫芦人每天都要去看几回小葫芦,而你们又会怎样表达对小葫芦的喜欢呢？

生：我会每天为小葫芦唱歌……

又如，在《我要的是葫芦》的教学后半段，可以引导学生思考：假如种葫芦的人第二年又种了一棵葫芦，结果又会怎样呢？然后组织学生进行小组交流，续讲故事。

总之，寓言作为统编版小学语文教材的重要组成部分，教师在进行寓言教学时要充分把握教材的新变化、新理念，充分发挥寓言的作用，促进学生思维发展，加深阅读感悟，把提高教学效率与促进学生思维发展有机结合起来。

参考文献

[1] 肖志武.小学语文低学段寓言教学优化策略的研究[D].上海：上海师范大学，2020.

[2] 孙建国.论儿童文学视野下小学寓言教学的新路径[J].教育导刊，2010(5)：77-79.

[3] 张自强.打造趣味课堂 提高阅读效率——结合《鹬蚌相争》教学案例谈小学寓言教学[J].新课程（上），2017(3)：94.

七、张铭伟老师的教学故事与教学设计

张铭伟,广州市陈天兰名师工作室成员,华南师范大学附属小学语文科组长;广州市综合实践学科和劳动教育学科、天河区小学语文学科和特殊教育学科中心组成员;天河区"骨干班主任"称号和"育人奖"获得者。多次承担市区校级公开课,所教课例获评"一师一优课、一课一名师"广东省优秀课例、广州市优秀课例和天河区优秀课例,所教精品课例获评2021年广东省省级基础教育精品课。荣获第三届广东省中小学青年教师教学能力大赛综合实践学科二等奖,第二届广州市中小学青年教师教学能力大赛综合实践学科和劳动教育学科一等奖,天河区首届中小学思政课程和课程思政教学大赛二等奖,第九届广东省中小学规范汉字书写大赛天河区教师硬笔一等奖。

(一)"孩子,让我和你一起慢些来"生本教育案例故事

燕子去了,有再来的时候;杨柳枯了,有再青的时候;而岁月却是如流水一般一去不复返。转眼间,步入教师这个行业已经有了五个年头,这让我深深地感悟到:为人师表,在三尺讲台上默默地耕耘非常可贵。五年了,许多事都已随着时间的流逝渐渐淡忘了,可也有一些就如同树根一样深深地扎在了我的心上,让我无法忘却。

我,是一个男老师,一个在孩子们眼中严格的男老师,对他们要求严格,事事要求完美,样样要求优秀。我虽然是一个教龄不长的男班主任,但一直深信我的班级一定不会比别的班级差,有些方面甚至会更好。小廖同学,一个品学兼优的孩子,在学校各方面都表现得非常优秀。不仅是成绩,就连老师交代给他的事情几乎每一次都能完美地完成。他也因此成了我这个班主任非常得力的小助手。

有这么一件事,曾让我彻夜难眠,让我不断地陷入深深的反思中。这件事情是这样的:因为孩子们在艺术节舞蹈专场都表现得非常棒,又一次为班级赢得了荣誉,获得了一等奖的好成绩。为了肯定孩子们的优异表现,我给

每个孩子准备了一份小小的礼物。但因为一时太过于高兴，应该颁奖时我却把礼物落在办公室里，忘了拿到教室中。这时候，我便对小廖说："张老师先上去拿一下小礼物，你在班级里帮我看一下纪律，有说话的你要记下来，等下回来我再处理。"小廖坚定地对我点了点头，就疾步走上讲台帮我管理班级。而我，一个转身就跑向办公室去拿小礼物。前前后后也就几分钟时间，没想到当我再次出现在教室的时候，我看到全班同学都在捂着嘴巴笑呢，而小廖被一个低年级的小妹妹追着满教室在跑。我一下子生起气来，对着小廖大声呵斥道："廖某某，你给我站住，叫你管理班级，你管成什么样子，你自己竟然带头跑，给我站到教室外面去好好反省！"小廖看到我来，刚想跟我说明缘由，便被我这机关枪似的话语堵得一个字也说不出来了。当听到我要罚他站在门口的时候，他一下子愣住了，呆呆地望着我。我只用眼睛的余光扫了他一眼，就对他说："还不快去？"

  小廖迈着沉重的步伐慢慢地走出教室，一个人在教室外面罚站，我则继续在教室里不停地数落着。突然，教室外传来一阵哭声，哭声中还伴随着咆哮，让人听了非常不舒服。我快步走到教室门口看了看，惊愕地发现这哭声是小廖发出来的。只见他抱着头，哭得上气不接下气的。

  这是小廖同学第一次在我眼前哭，第一次表现得这么伤心。我慢慢地走到他的面前，试图跟他说话。他却捂着耳朵对我吼道："我不听，我不听！"刚开始我还想着用严厉的语气要求他必须听我说，谁知孩子说道："张老师，你是一个班主任，你是一个高高在上的班主任，你都不能给同学们机会改正。每次我一看到你那严肃的眼神，我的心就非常害怕，我就非常担心会有什么可怕的事情会发生。"听到小廖这么一说，我一时竟然哑口无言，只能默默地看着他。

  就这样，我俩默默地看着对方至少十分钟。等到我俩都冷静下来的时候，我轻轻地将他拉到我的身边对他说："孩子，张老师真的有那么可怕吗？""嗯，真的很可怕。我知道在你眼中，我是一个非常乖的孩子，是一个不会犯错的学生，但我也还是一个孩子呀，我又不是一个十全十美的人，那样的孩子只能叫神童，我不是神童，我只是一个普通的孩子。不仅是你，我爸爸妈妈平时也是对我超级严格，不允许我有一点儿错，在你们眼中就不能容下我一点点的错……"孩子一口气将他心中的委屈全部说了出来，这时的我才意识到我对学生可能太过严格了，甚至可以说是太过严苛。

  我轻轻地抱着他，对他说了句："孩子，对不起，让你受委屈了。今天的事是张老师错了,连个解释的机会都没有给你,就噼里啪啦说了你一通。"我们俩就这样前前后后聊了差不多一个小时。

从跟小廖的聊天中,我知道平时的我在他们看来是要求太严格了,每次他们一有错误就严厉地批评;我也知道有很多家长对于孩子的要求也可以用近乎苛刻来形容,不允许自己的孩子比别的孩子表现差。

身为班主任,我固然希望学生都很优秀,但我却忘了他们还是孩子。他们也有犯错的时候,怎么就不能给一次机会让他们成长呢?在教育他们为人处世的时候,我真需要好好反思一下我的一些做法和要求。

回到宿舍的整个晚上,我一直在想:我要怎么调整跟学生之间的相处关系?我该怎样才能让孩子过得更加快乐和开心呢?脑海中不断地浮现出我和孩子们相处的点点滴滴,也不时地翻阅班主任培训时写下的日记。

想起就在不久前,我参加班主任培训时,三位授课老师分别从资优生、中等生和后进生三个角度给我们分享了班主任管理班级的一些好办法。印象深刻的是钟老师在讲完班主任如何管理班级中等生后分享了一段小诗,写下了自己对中等生的期待和赞美。这时,我也毫不犹豫地拿出纸笔写起了小诗,写下了我的一些反思。

原诗如下:

孩子,让我和你一起慢些来

孩子,让我和你一起慢些来。
我们都走得太快啦!

在父母眼中,
在老师眼中,
在同学眼中,
在所有人眼中,
你很优秀,你也必须很优秀。

然而,
我们大家都忘了,
你还是一个孩子。
你和其他孩子没什么两样,
你也会犯错,

你也有压力。

我们错了，
眼中看不了你一点儿小毛病的我们错了，
心中容不下你一点儿小错误的我们错了。

对不起啦，我的孩子们，
让我和你们一起慢些来，
一起慢慢成长，
一起慢慢绽放。

写完诗的第二天，我便将这首小诗读给了孩子们听，孩子们听完后也陷入了思考中。这时，小廖同学站起来，用很自信的声音跟全班的孩子们说："同学们，我觉得我们的班主任真是一个有智慧的班主任，他对我们的关心和爱护体现得淋漓尽致，让我们和我们的班主任张老师一起成长，一起绽放吧！"全班孩子都点了点头，脸上扬起了花朵般的笑容。

时间一晃已经过了两个星期，这两周里孩子们也有犯错的时候，也有捣乱的时刻，然而，我都会选择静下心来听听孩子们的心声，听听他们的分析和思考，再给予他们改正的机会，最后让他们做一件好事弥补自己的错误。整个班级犯错的孩子少了，做好事的孩子越来越多了。

近一两周的时间里，我经常外出去别的学校上交流课，也经常去外面学习。然而，比起以往胆战心惊地外出的状态，现在的我更加从容，也更加放松。班级里的事情，班干部们会很主动地帮我协调好，整个班级经常得到学校的表扬。

班主任，不仅是班级工作的组织者和领导者，更是学生成长路上的引导者和陪伴者。作为班主任，要用一颗善良宽厚、真诚炽热的心包容他们，只有这样，学生犯了错误才会自我反省。有时，一个合适的机会，一句贴心的话语，就能慢慢成就祖国未来的花朵，让一朵朵花儿开得愈发灿烂美丽。

（二）《玩游戏，识拼音——声母复习》展示课例

课题	《玩游戏，识拼音——声母复习》展示课例	课时	第四课时
执教	华南师范大学附属小学 张铭伟	班级	一（1）班

一、学情分析

《玩游戏，识拼音》是一套致力于让学生通过玩游戏的方式进行拼音学习的教材。在这节课之前，我们的学生已经初步学习了三节的声母课，分别学习了声母歌、声母手指操和摆小卡片。本节课是对之前所学过知识的一次复习和展示。

对于一年级的学生来说，他们还是刚刚从幼儿园过渡到小学的孩子。这些孩子对直观的事物会产生更加浓厚的兴趣。结合他们的年龄，我们知道孩子们具有对声音反应强烈、爱动和爱表达等特点，因此本节课将采用观察图片和摆卡片等形式进行课堂展示。

为了使孩子们正确识记声母，培养爱观察、爱思考的能力，本节课将以多样化的游戏方式开展课堂教学。

二、教学目标

1. 通过辨别图像、摆卡片和表演手指操等形式，让学生正确识记23个声母，并能书写声母。

2. 采用听、说、摆等方式，培养学生观察、表达、记忆等能力。

3. 通过玩游戏学拼音的方式，提高学生对学习拼音的浓厚兴趣。

三、教学重点

通过辨别图像、摆卡片和表演手指操等形式，让学生正确识记23个声母，并能书写声母。

四、教学难点

声母的正确发音、形象记忆以及正确书写。

五、教学准备

PPT、字卡、图片和实物。

教学环节	目标及内容（知识、能力）	教学策略（情境、模式、方法等。注意学生学习方式设计）	设计意图	时间分配
（一）复习声母歌	学生一边听声母歌，一边跟唱声母歌	从门口边听歌边排队入场	用听歌的方式有效激发孩子们学习的兴趣，能快速提升孩子们的专注度	约2分钟

续表

教学环节	目标及内容（知识、能力）	教学策略（情境、模式、方法等。注意学生学习方式设计）	设计意图	时间分配
（二）看图猜读声母	要求学生能通过看图说出声母的相对应的口诀	1.小组合作讨论：图片中藏着什么声母，口诀是什么？ 2.小白兔采蘑菇。 （a.学生挖空猜读声母；b.小老师带读一遍，学生齐读一遍）	1.通过小组合作，让学生学会团结协作，同时让学生巧用图片，联系生活说出声母口诀。 2.巧用随机挖空的方式，让学生猜出所有的声母。小老师带读能树立学生的自信心，表现越来越棒	约10分钟
（三）摆声母卡片	要求学生能够按照声母的顺序摆出卡片	1.学生根据声母顺序摆好声母卡片，同时边摆边说声母。 2.听音举卡片。（学生根据老师说的声母举起相对应的声母卡片）	1.能帮助学生完整地记住所有声母，也能根据声母顺序进行记忆。 2.能巧妙帮助学生区分每一个声母。区别形近和音近的声母	约10分钟
（四）做声母手指操	要求学生根据视频，用手指摆出声母	1.看图用手指摆声母。 2.跟着手指操的视频完整做声母手指操	1.学会观察，巧用双手摆出所有的声母，既能帮助记住声母的形状，又能激发学生的学习兴趣。 2.学生完整地展示所有的声母，巩固和强化对声母形状的记忆	约8分钟
（五）指导观察，书写声母	要求学生根据声母的描写顺序，写写擦擦	学生选择自己喜欢的4个声母进行描红书写，并说说喜欢的声母的描写顺序	学会观察，学会表达	约5分钟

教学反思：

上完这一课，可以发现学生的课堂参与度非常高。所有课堂环节的设置都是围绕学生的自主学习和小组合作学习而展开的。在复习声母歌时，学生既能复习旧知识，又能快速激起兴趣进入课堂，拍拍手唱唱歌，遵循学生幼升小的课堂学习规律。看图猜字母，让学生大胆结合生活经历，根据图片提示为所有声母编辑一条条快速记忆的小口诀；学生通过小老师带读，加上做动作认读等方式快速整体感知所有声母。听音举卡片和手指操则加强学生课堂自主动手的能力，小组间一起合作，拍一拍、唱一唱，有唱声母歌的，有举卡片指认的，加强了互动学习。书写声母，让学生选择自己喜欢的字母写一写，既学会了观察，又学会了表达。可以说，整堂课下来，生本理念贯穿着课堂的每一个环节，学生作为课堂的小主人，有着丰富多样的生成，促进了分享、交流和进步。

八、张梓渤老师的论文

张梓渤，广州市陈天兰名师工作室成员，广州市黄埔区物理骨干教师，2019—2022年间，发表了两篇论文，并在说课、微课、实验技能、课件、教具制作、青年教师教学能力等比赛中，获得32个省市区级奖项。2020年参与广州市《阳光学评》编写，2020年和2021年分别完成了广州市科技项目"纸趣"和"电子制作"课程教学任务，并编辑完成校本教材《纸趣》和《电子制作》。

小学习作与科学融合课程的开发

——以综合实践整合课程"纸趣"为例

> **【内容摘要】** 小学习作与科学融合教学可以有效提高学生的习作能力，有趣的科学实验可以激发学生的学习兴趣，并为学生积累各种写作素材。为了实现习作与科学融合教学的有效性，学校自主开发课程是可行的。"纸趣"就是一门习作与科学的融合课程。
>
> **【关键词】** 纸趣　课程开发　融合教学

听、说、读、写一直以来被认为是语文的四项基本能力，而"写"占据着核心的地位，写作能力是语文综合能力的体现。对于很多学生来说，语文四项基本能力中，写作文的难度是最大的。很多学生拿到作文题目后，不知道写什么、怎么写、为什么写，于是就通过假想编造一些不切实际的事情，想到哪写到哪，像记流水账一样把字数凑够就算了。其实小学生作文就是把自己观察到的、经历过的、思考过的事情用语言文字进行再现。但是由于小学生缺乏一定的实践经历，写出的作文不够深刻，并且写得越多，素材重复使用的概率就越大，长此以往，部分学生对写作就会越来越不感兴趣。那么怎样改变这一现象呢？学科的融合教学可以有效地解决这一难题。

1. 小学语文与科学融合教学的可行性

建构主义学习理论认为，学生的知识是在一定的情景（社会文化背景）下借助教师或同伴的帮助，利用必要的学习资料，通过主动意义建构获得的。教师的角色发生了变化，不再只是知识的传授者，更是学生学习的辅导者。在学生学习的过程中，教师应该为学生提供真实的情境。在真实的情境中学习被誉为最有效的学习方式。如何让学生在真实的情境中写作呢？

教师可以将科学与习作进行融合教学。小学科学包含了很多有趣的实验学科，在实验的过程中，学生要观察实验现象，动手实验，亲历实验的过程，在实验中写出来的作文思想会更深刻。同时，语文与科学的融合教学还有另一更重要的收获：正所谓"知之者不如好之者，好之者不如乐之者"，有趣的实验可以激发学生的学习兴趣。学生的学习动机分为附属提高内驱力、自我提高内驱力、认知内驱力几方面，但是驱动学生学习的不是任务，也不是教师，而是学习者本身，认知内驱力才是学生真正自觉学习的动机，有趣的科学实验可以很好地激发这一学习动机。

2. 开发课程的必要性

融合教学其实也存在一些困难，具体如下：

①只有不断强化学生的学习动机，才能让学生形成稳定的内驱力。虽然习作在语文教学中占据重要的地位，但是一般不可能每周都进行习作教学。

②习作与科学融合教学是由科学老师和语文老师同堂授课，还是只由语文老师单独授课呢？正所谓"术业有专攻"，语文老师对科学实验的掌握可能会存在一些困难，但是如果由科学老师和语文老师同堂授课，就要双方协调好各自的上课时间，而且科学老师要寻找合适的科学实验，并与语文老师沟通实验的操作与原理。所以要满足这两个条件一直同堂授课是不太现实的。

针对以上问题，可以将习作与科学的融合教学以校本课的形式每周开展一次，并且学校要立足自主开发习作与科学的融合课程。其实，教师开发课程的过程本身就是一个自我提高的过程，就是教师提高自身教学能力和丰富各方面知识的过程。融合课程的开发要注意遵循以下原则。

①可以结合学校特色来开发课程,特别注意设计的科学实验成本要低、实验器材要易获取、要适合语文老师操作,这样课程才更容易在学校推广,也可以避开科学老师和语文老师要同堂授课的问题。

②体现学科的融合性。科学与习作的融合教学不是单纯为了习作而做科学实验,融合教学的目的一方面是提高学生的写作能力,另一方面是普及科学教育。科学实验激发学生的写作兴趣,习作又促进了学生对科学原理的理解,二者是相辅相成、相互促进的。

③科学实验富有趣味性。富有趣味性的实验更能激发学生的学习动机。

3. "纸趣"课程的框架

"纸趣"课程顾名思义,是以生活中最常见的纸张为载体开设的一门融合课程。纸张在生活中无处不在,这也使得"纸趣"课程更贴近生活,课程更容易开设。虽然纸张看起来唾手可得,但实际上与纸张有关的活动却并不简单。因为纸张的种类有许多种,如凸版印刷纸、新闻纸、胶版印刷纸、铜版纸、书皮纸、字典纸、拷贝纸、板纸等,不同的纸张有不同的用途,这也是开发融合课程的一个切入点。"纸趣"课程的开发按照图4-2步骤进行。

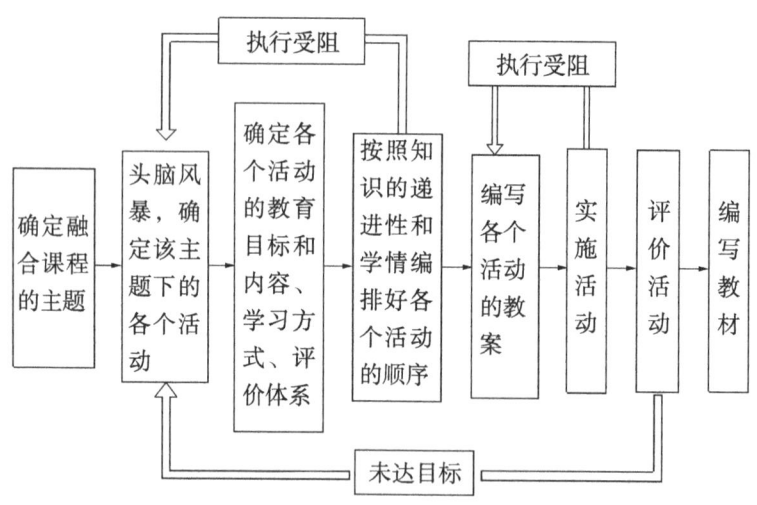

图4-2 "纸趣"课程开发步骤

首先,从与纸有关的活动来思考,将与纸有关的活动一一列出来,如造纸术、纸飞机、纸结构、纸建筑、纸电路等。其次,查阅资料,结合授课对象的知识储备和学校的资源情况,对各个活动涉及的知识或可以进行研究的问题进行扩充,确立各个活动的教学内容、目标以及评价体系。然后,根据教学目标和各个活动所涉知识的纵向和横向的对比，编排好各个活动的顺序。有了"纸趣"的整个活动框架后，就可以设计各个活动的详细流程了。值得注意的是，活动的设计要经过仔细推敲，要遵从融合课程开发的原则。活动实施后的评价和反思是修改课程的重要依据，教师要严格做好教学过程记录。

目录

第一单元	造纸术	1
	活动一 造纸术	2
	活动二 各种各样的纸	5
	活动三 熟宣的制作	8
第二单元	纸结构	12
	活动一 纸桥	13
	活动二 纸柱	16
	活动三 纸圆柱体	19
第三单元	纸建筑	22
	活动一 立体大厦的建造	23
	活动二 多层次立体大厦的建造	26
	活动三 阶梯式立体大厦的建造	30
第四单元	纸电路	33
	活动一 点亮二极管	34
	活动二 做一个手电筒	39
	活动三 你的笑脸，点亮世界	43
第五单元	遥控纸飞机	46
	活动一 伯努利定理	47
	活动二 升降舵的秘密	50
	活动三 遥控纸飞机	55
第六单元	纸编程	60
	活动一 荧光点点	61
	活动二 百变猫眼	64
	活动三 蝉鸣	68

图4-3 "纸趣"教材目录

图4-3所示为"纸趣"教材的目录，第一单元"造纸术"主要让学生熟悉各种纸张，并且让学生知道不同纸张的制作原理和用途，为后续活动的开展打下基础。第二单元"纸结构"主要让学生明白，即使是脆弱的纸张，只要设计合理，也可以有强大的承重能力，如图4-4为两张A4纸制作的15厘米长的纸柱的承重实验图。学生学习了相关的力学原理之后，就可以进入第三单元"纸建筑"的学习，这一章要求学生有一定的空间想象力，能在A4纸上制作出立体建筑，如图4-5所示。美丽的大厦怎么能缺少绚丽的灯光呢？进入第四单元"纸电路"的学习，学生就可以设计出美丽的灯光点缀立体纸建筑。学生掌握了部分电路原理和力学知识后，第五单元"遥控纸飞机"就可以实现学生的梦想了，哪个小孩不希望自己折叠的纸飞机飞得更远更高呢？

从经费上来看，第一、二、三单元各个活动所需器材费在 50 元以内，第四单元在 100 元以内，第五单元在 300 元以内。可以看到，五个单元的活动教学所需要的经费是较低的，所以至少从经费上来看，"纸趣"是适合大部分学校开展的融合课程。其次，"纸趣"中的科学实验富有趣味性，操作简单，但又很有探究意义，适合语文老师教学。

图4-4　承重实验图

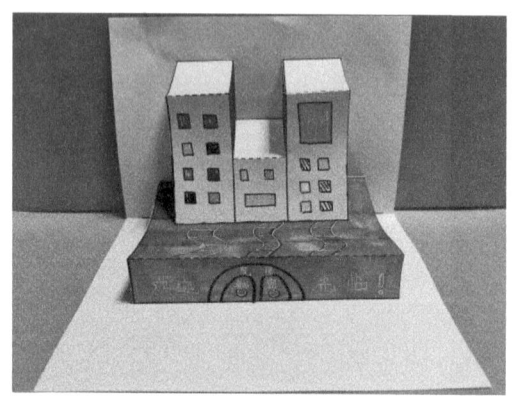
图4-5　立体建筑

4. 融合课程的活动设计

下面以第二单元活动一"纸桥"为例，简述融合教学活动的设计。

（1）创设情景

情景学习理论认为，学习不是个体单纯的意义建构的心理过程，而应该是一个实践性的、社会性的、以差异资源为中介的参与过程。学习不是将情景化的知识从一个人传递给另一个人，而是一个社会性的过程，知识在这个过程中由众多学习者共同建构。所以知识应该在实际应用的情景中呈现，也就是知识的学习和应用应该结合起来，让学生体会到"学有所用"，学生才能像专家一样思考和实践，在社会性互动和协作中学习。

在学生的认知中，纸张是脆弱的，更不要说有承重能力了，教师可以在进行科学实验前，引导学生说出对纸张承重能力的一些看法。大部分学生都会认为纸的承重能力很弱，此时教师可以创设一个学习情景："有一只小狗想要过河，可是小狗不会游泳，同学们能不能用 A4 纸和少量的玻璃胶为小狗搭建一座纸桥，让小狗能顺利过河呢？假设小狗重量为 2.5 千克，制作的纸桥长度不能小于 15 厘米"，有关要求如图 4-6 所示。

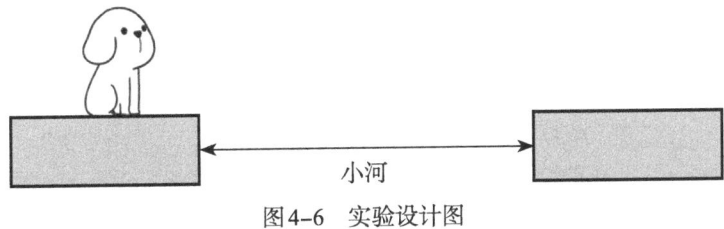

图4-6 实验设计图

（2）实验探究

针对学习问题，各小组展开讨论，并记录讨论结果，为后面的习作做准备。各小组根据讨论结果进行实验，并记录好实验过程。教师在学生探究实验的过程中，给予适当的指导。学生在规定的时间完成桥梁的制作后，各小组依次上台展示纸桥，如图4-7、图4-8、图4-9所示。实验结果很明显，脆弱的纸张通过改变结构，可以极大地提升自身的承重能力。实验结果改变了学生的认知，也让学生意识到知识的力量，可以激发学生的学习兴趣。

图4-7 作品展示1　　图4-8 作品展示2　　图4-9 作品展示3

（3）习作练习

在实验的过程中，学生掌握了很多写作的素材，教师引导学生根据实验记录单进行习作。值得注意的是，习作的形式有很多，可以让学生自由发挥，比如：

①记叙文：以写故事的方式呈现建纸桥的过程。

②说明性科学写作：学生通过收集资料和做实验验证，写作解释通过改变纸结构能够提高纸的承重能力的原因。

③引文：在学生完成建造纸桥的科学实验后，让学生将建造纸桥实验过程中的各个步骤记录下来，给未做过这项实验的同学做导引。

④辩论或演说稿：不同的小组在建造纸桥的过程中会有不同的方案，学生可以写一篇阐明自己观点的演说稿，讲述自己的方案。

参考文献

[1] 孙雷.学科融合，双赢教学——浅谈小学科学与语文的整合策略[J].天天爱科学（教学研究），2019（2）：92.

[2] 钟展艳.学科融合促写作——以习作《我做了一项小实验》为例[J].课程教材教学研究（教育研究），2020（Z6）：33-34.

九、林春梅老师的教学案例

林春梅，广州市陈天兰名师工作室成员，中共党员，广州市天河区骏景小学教师，负责语文教学及班主任工作。2015年荣获广东省小学教育优秀论文二等奖；2017年荣获广州市少先队辅导员岗位技能大赛天河赛区二等奖；2018年荣获广州市天河区中小学STEM项目优秀案例展评活动三等奖；2019年在天河区小学四年级语文教研活动上作题为"课外阅读纳入到语文课程内容实践探究"的发言；2019年荣获天河区少先队辅导员第三届岗位技能大赛三等奖；2020年荣获天河区"育人奖"；2021年被评为广州市少儿书写大会"优秀辅导老师"。

（一）部编版语文教材的创意使用

——以部编版小学语文二年级下册课文《中国美食》为例

语文是一门学习祖国语言文字运用的综合性与实践性学科。部编版语文教材是以"双线"来组织单元内容的，即"宽泛的人文主题"和"语文要素"两条线均衡递进。在使用部编版语文教材的过程中，教师应当关注学科特点，以学生为本，创意而又高效地进行教育教学。

1. 我的教学理念

教育应当以生为本。学生是学习的主体，是教师进行教育教学的对象，教师应当因材施教，根据学生的学习情况开展教学活动。语文教材是一个导向，教师应当根据教材内容进行教学整合，牵一发而动全身，形成学生喜欢的教学活动。生本教育认为，教育应当是为学生好学而设计的教育，应当让学生在教师的引导下进行自主学习，让学生成为学习的主人，自己去体验、阅读、积累、思考、感悟。在教学中给学生创造最大的空间，教师收获的将是学生自我生命的蓬勃生长。

新课标明确提出"鼓励自主阅读、自由表达",倡导"多读书、好读书、读好书、读整本的书"。温儒敏教授认为,语文教学若说有弊病,那最大的弊病就是学生不读书、读书少。教材只能提供少量的课文,老师光是教课文、学生只是读课文是远远不够的。因此,在课堂教学中,我始终坚定地大力推进阅读,重视先学小研究的设计,先学后教,以学定教,做到根本、简单、开放,让每一个学生都能畅所欲言。我会根据教材内容开展主题读书分享会、故事大王大比拼、诗歌朗诵会、成语接龙我最棒、语文经典诵读、我是演员、绘本创作、小组循环创作、识字小游戏等一系列活动,让学生的语言表达能力、思辨能力、创新能力、动手能力、小组合作能力等在活动中得到提高,在海量阅读中拓展知识,在玩中学,在玩中悟,为学生提供充分展示自我的舞台。

在我的教育教学中,我尊重我的学生,相信我的学生,大胆放手让学生进行自主学习,因为他们是天生的学习者,他们身上具有无限的潜能。我不愿意轻易否定任何一个学生的努力,每个人都具有主观能动性,既然我们有幸成为一名教师,就应当竭尽所能,不断开发学生的智慧,激发学生的无限潜能,让学生积极、主动、活泼、健康地发展。教育本就是一个人影响另一个人的行为,我们的做法直接影响着学生的成长。我非常感谢生本教育给我自身的教学理念带来的转变,"以生为本"让我从最初的手足无措变成现在的信心十足。原来,教育就是这么简单,这么快乐。在生本教育理念的影响下,创意使用语文教材,我开始期待学生在课堂上的表现,他们总能让人心满意足、喜笑颜开。

2. 我的《中国美食》教学案例

《中国美食》是部编版语文教材二年级下学期的其中一课,本课美食包括7种菜肴和4种主食,含有菜肴名、主食名及相关图片。在备课时,我发现每种菜肴名之后都有一种烹饪方式介绍,那么让孩子们在识菜名的同时又能了解制作方法、理解字义应该是不错的尝试。于是,各种各样与美食相关的教学活动开始活跃于脑海,我相信,这一节课一定是令人惊叹的关于美食盛宴的拓展课。

(1)阅读拓展,积累感悟

在准备这节课的一段时间里,我鼓励学生阅读与美食相关的各类书籍,以读引读,一篇带多篇,一本带多本,进行主题阅读,从而让语文课堂向课外阅读延伸。在课堂上,我让学生介绍自己阅读的书目,分享自己最感兴趣的部分及收获。分享阅读，整合资源，我为学生搭建了交流的平台，让他们有大量的知识输入，同时也能得到知识输出的机会，这样就能拓宽视野，收获更多。

（2）以读引言，以读引思

本节课，我借助教材图文，引导学生说出自己最喜欢的美食。以读引言，学生们在老师的引导下自由发言，不仅能说出自己喜欢的美食，还能说出相关美食的营养价值、做法、相关诗句及自己与美食之间的小故事，从而让语文课堂向生活延伸。民以食为天，美食必定是学生最感兴趣的话题之一，我借着对美食的讨论，引发了学生的联想，以读引思，然后结合学生的阅读情况、生活经历让他们学习新知识，既能够使教学中饱含的"营养"最大限度地进入学生内心，也能使学生在学习活动中传承中华民族博大精深的美食文化，发挥教材的育人功能，育人于无形。

（3）形成活动，发展能力

我还开展了"向家人学做一道菜"的美食活动，让课堂实实在在地走进学生的生活。果然，看到家长们把孩子亲手做的美味佳肴照片展示在班群里时，我垂涎欲滴。实在是太了不起了，二年级学生竟然能够做出这么好的菜肴，还真是潜力无限啊！课前，我根据学生的情况精心设计好先学小研究，让学生自由选择小组活动：小组合作完成一道菜，了解粤菜、川菜、湘菜、鲁菜、苏菜等的美食文化，研究烹饪方式，研究甜品糕点的相关知识，研究中餐、西餐礼仪，分享与美食相关的故事或诗句，报菜名相声表演。在课堂上，粤菜研究组汇报了自己对粤菜的研究，有一个孩子甚至用粤语介绍了广州特色菜，其特色展示赢得了全场称赞，也让身在广州的学生更加了解这里的美食文化，更爱粤菜粤味了。还有一个小组展示了他们合作完成的水果拼盘，他们懂得合理分工、互相帮助，熟悉制作方法，还懂得摆盘，色香味俱全的水果拼盘呈现在大家眼前，真是令人赏心悦目。还有一个小组给大家介绍了中餐礼仪文化。这次活动无疑是有益于孩子成长的探究，更是一次生动有趣的劳动教育，中华传统美食文化也在孩子们的活动中得到了继承与发扬。形成美食课题的相关活动，极大地提高了每一个孩子学习的积极性及参与度，他们学会搜集资料，进行生活实践，懂得寻求帮助，懂得小组分工合作，综合实践能力得到了发展。

（4）学以致用，激发创意

这次活动最后一个环节的设计是让学生继续把学习向生活延伸，我让学生自己当一个小老板,为饭店设计一份菜单。学生精心设计了自己心中的最佳菜单,从饭店名到菜系再到招牌美食,从美食品种到价格,从版面设计到文字故事,无一不花心思。一份份精美的菜单映入眼帘,我看到了学生自主设计的喜悦,我看到了学生进行创意设计的潜能,我看到了学生做事情一丝不苟的投入。

我想,好的教育教学活动一定是学生喜闻乐见的、愿意全力付出的活动,因为热爱,所以追求极致。在进行生本教育的实践过程中,我在学生的身上看到了教学成果,我将继续坚持生本教育理念,创意而高效地使用教材,把潜力无限的学生引向广阔的学习海洋。教育之道,路漫漫其修远兮,吾将上下而求索。

3.《中国美食》学生活动图文记录

(1) 学生学做一道美食(略)

(2) 学生设计饭店菜单

根据活动要求,学生们将创意巧思引入课堂,设计了多种饭店菜单(图4-10、图4-11)。

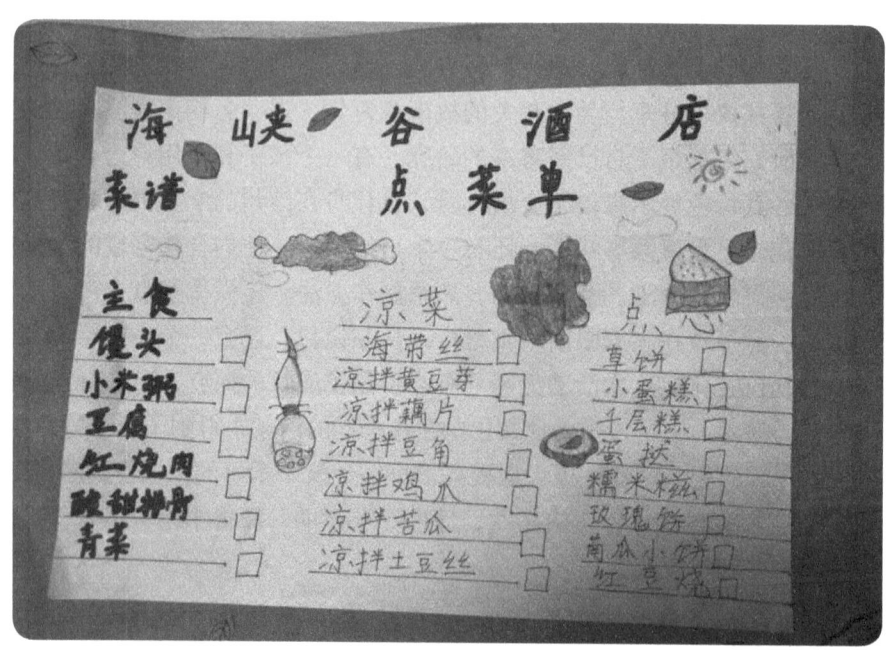

图4-10　学生作品1

图 4-11　学生作品 2

（二）以读引读，以读促写

——以部编版小学语文五年级上册课文《四季之美》教学为例

1. 我的教学理念

部编版语文教材"人文主题"与"语文要素"双线组织的单元结构特点，使学生语文能力的发展有了清晰的目标，使教学更加有章可循。在小学语文教学过程中，我们不仅要关注其中的人文主题，也要关注和研究小学语文的核心素养，而激发学生对阅读的兴趣，结合教材内容开展课外大阅读，这恰恰是提高学生对语言的理解能力、运用能力、思维能力及初步的审美能力的"金钥匙"。

生本语文课堂的"金标准"是推进阅读，生本语文教学以"以读引读，以读引说，以读引研，以读引写"为主要教学模式。在小学语文教学中，教师应当立足教材，将课内课外阅读进行融合，以教材作为引子，有方向地进行随文拓展。我们还可以从单元导读、相关人物、作者及名家评论等方向推进阅读。在低年段，我们可以引导学生利用大阅读拓展识字；在中年段，则以读引读，一篇带多篇，一本带多本，可以通过课题和作者拓展到课外阅读，也可以从学生对课文内容的理解拓展到课外阅读；到了高年段，我们可以根据教材内容引导学生进行专题研究，从而推进大阅读。正如黄玉峰教授所言："语文教学，千万别被教科书捆住了手脚！四十五分钟和几本教科书怎能捆住我们的手脚呢？"

在我的语文教育教学过程中，我始终坚定地推动学生进行海量阅读，努力为学生推荐好书，做到阅读方式灵活多样，阅读交流及时有效，读写结合，引导学生在阅读中悟学法。

2. 我的《四季之美》教学案例

（1）通读梳文脉

《四季之美》是部编版语文教材五年级上册第七单元的第二篇课文，是一篇文质兼美的精读课文，本单元的主题是"自然之趣"，语文要素是初步体会课文中的静态描写和动态描写，习作要素是学习描写景物的变化。课文按一年四季的顺序描写了春天的黎明、夏天的夜晚、秋天的黄昏和冬天的早晨等不同时间的景致。作者用细致的笔触描写出不同时间、不同景物的动态变化，营造了美的氛围。作者感受细腻、选材视角独特，文章字里行间蕴含着独特的韵味，篇幅虽短，所写景致不多，但作者善于捕捉景致瞬间微妙的动态变化进行描写。本文的教学重在引导学生初步体会文中的动态描写，体会作者对自然的热爱和对美好生活的向往，引导学生学习描写景物的变化。在课堂准备过程中，我便结合单元主题及本课需要引导学生掌握语文要素推进大阅读，引导学生通读课文，梳理文章脉络，再推动学生阅读课文作者清少纳言的另一著作《枕草子》及其他名人作家笔下的四季景色名篇，一篇带多篇，引导学生进行对比阅读，欣赏名家笔下的四季之美。

（2）研读赏文美

在课堂教学中，我通过PPT课件引导学生品读"春之美"段落，领悟景物写法，如抓住景物特点、抓住关键词、动态描写和静态描写结合等，再由学生组成小组品读文中的"夏、秋、冬"段落，最后进行小组汇报，边读边品，归纳写作方法。这实际上是以读引说、以读引研的体现。我在课上先扶后放，引导学生借助关键词句，联系上下文，体会景物中的动态描写，体会四季之美的独特韵味，最后让学生发现清少纳言是如此善于捕捉瞬间的动态之美，从而体会作者对自然的热爱及对美好生活的向往。在这个环节中，我们真切感受到了春日黎明的光辉、夏天夜晚的灵动迷人、秋日黄昏的心旷神怡和冬日早晨的闲逸和谐。

（3）引读会文意

品析文中四季之美后，我导入了课前师生共读的著作——作者清少纳言的《枕草子》，引导学生用在课堂所学的方法继续品读《枕草子》片段，大家相互补充交流。由教材到作者相关著作，再到其余名家名篇品读，层层推进，引导学生欣赏名家笔下的四季之美，以读引读，以读引研，向课外阅读延伸，引导学生运用在课文中学到的方法品读写景片段，体会写法。

（4）引写促练笔

在读写结合这一环节，我先通过PPT课件展示一些美景图片，引导学生留心观察，用所学到的动态描写和静态描写等方法修改自己的小练笔，然后同学之间互相分享、点评。以读引写，向学生的生活延伸，引导学生观察生活中的景物，学以致用，学习描写景物的变化。也许留在我们脑海中的画面最初是静止的，但通过这堂课的学习，我惊喜于我的学生能用文字让这些画面动起来，多么美妙啊！学生也通过这堂课发现，只要留心观察，我们同名家一样都会发现生活处处是美景！我们也在用手中的笔描绘着一幅幅美好的画面。

我想，这就是以学生为本的语文课堂吧！我们的学生紧紧围绕着单元的能力训练点，立足教材，进行了海量的阅读，并在阅读中悟得了学法，学生对语言的理解能力、运用能力、思维能力及初步的审美能力都在悄然提高。

参考文献

[1] 人民教育出版社课程教材研究所小学语文课程教材研究开发中心.义务教育教科书教师教学用书·语文五年级·上册[M].北京：人民教育出版社，2019.

[2] 中华人民共和国教育部.义务教育语文课程标准（2022年版）[S].北京：北京师范大学出版社，2022.

十、王新芸老师的教学设计

王新芸，广州市陈天兰名师工作室成员，华南师范大学教育硕士，天河区优秀教师，天河区骨干班主任，天河区"育人奖"获得者。任教期间因学生曾分获省市区书法、主题读书征文、演讲比赛的各类奖项而获得各级各类"优秀辅导老师"称号。在教育教学中践行"挖掘孩子无限潜能，展现孩子无限精彩"的育人理念。

语文综合性学习教学设计

——了解中国传统节日，传承中华优秀传统文化

1. 教材分析

本单元以"中华优秀传统文化"为主题，从不同侧面展现了中华优秀传统文化的魅力：有描绘春节、清明节和重阳节时人们过节的情景，有表现相关中华传统节日民间习俗的《古诗三首》，有介绍中国古代四大发明之一——造纸术的《纸的发明》，有表现中国古代劳动人民智慧才干的《赵州桥》，还有再现北宋汴京古都风貌的《一幅名扬中外的画》。"综合性学习——中华传统节日"被安排在部编版教材三年级下册的第三单元里，这次综合性学习是在小学阶段第一次出现的学习栏目，主要围绕学生生活中的传统节日展开，这不仅和本单元主题相关，还和学生的生活紧密结合。活动要求学生通过不同渠道收集我国传统节日的资料，并通过描写过节的过程和交流节日的风俗习惯等方式，展示学习成果，进一步了解中华优秀传统文化，感受中华优秀传统文化的魅力。新课标指出："语文课程围绕核心素养，体现课程性质，反映课程理念，确立课程目标。"义务教育语文课程培养的核心素养，是学生在积极的语文实践活动中积累、建构并在真实的语言运用情境中表现出来的，

是文化自信和语言运用、思维能力、审美创造的综合体现。因此，小学阶段的语文综合性学习应旨在培养学生对于语文知识的综合运用，特别重视语文书本知识与实践活动相结合，着眼于综合性、自主性、探究性、开放性和实践性等特点，在综合性学习中通过考察和培养学生整合知识的能力，从而达到提高学生的综合学习能力和语文素养的目标。

2. 教学目标

①学生能基本了解语文综合性学习的特点和要求。

②学生能通过个人或小组合作的形式开展综合性学习，能用不同方式搜集有关中国传统节日的资料，并记录这些节日的相关风俗，从而了解中国传统节日，培养对中国传统文化的兴趣。

③引发学生对中国传统文化的进一步了解，感受中华文化的魅力，增进对中华文化的认同与自豪感，继承和弘扬中华优秀传统文化。

④学生能用适当的方式展示综合性学习的成果。

3. 教学重点难点

①指导学生运用不同方式搜集、记录有关中国传统节日的相关资料，了解中国传统节日，培养对中国传统文化的兴趣。

②在学生对中国传统节日有了一定了解的基础上，引导学生阅读推荐书《了不起的中华文明》，深刻感受中华文化的魅力。

③学生能用适当的方式展示综合性学习的成果。

4. 教学措施及手段

①指导学生用不同方式搜集我国传统节日的资料，并记录这些节日的相关风俗。

②引导学生以适当的方式展示综合性学习成果。呈现方式有PPT、视频、图片、思维导图等。

③推荐一套书籍《了不起的中华文明》，让学生进一步了解中华文化。

④指导学生为接下来的单元习作做准备。

5. 教学设计以及课堂实录

（1）课前三分钟：唱诵《千字文》

设计意图：周兴嗣所编的《千字文》让儿童在启蒙之始就充分接受中华传统文化的熏陶，将这学年学生积累背诵的《千字文》以唱诵的形式呈现出来，能把师生一同带入中华传统文化的氛围中。

（2）回顾单元课文《古诗三首》，进行古诗积累

设计意图：本次综合性学习与本单元的主题有关，《古诗三首》更属于这次综合性学习的内容，以一首带动多首古诗的学习，让学生从古诗的角度进入中国传统节日的文化氛围里。

师：我们在这个单元学习了课文《古诗三首》，里面描绘了春节、清明节和重阳节时人们过节的情景。描写传统节日的古诗可不少，同学们，你们还知道哪些有关传统节日的诗歌呢？

生：我知道唐代黄巢的《不第后赋菊》，这是描写重阳节的诗句。

生：唐代诗人李峤的《中秋月》，这是描写中秋节的。

生：《乞巧》为唐代诗人林杰所作，讲的是七夕节。

生：《端午》为唐代诗人文秀所作，讲的是端午节。

师：这些诗歌都是诗人借由特定的节日表达自己思绪或感情的艺术形式，一定程度上也让我们了解到一些传统节日的特点和风俗习惯。这段时间，我们做了一次综合性的学习研究，多方面了解了我们的传统节日。这节课就请大家一起来展示和分享吧。

（3）小组或个人上台汇报展示综合性学习成果

第一小组上台展示（这个小组以表格的形式呈现学习成果）。

我国传统节日的相关资料

节日	过节时间	主要习俗	有关的传说和诗句
春节			
元宵节			
清明节			

续表

节日	过节时间	主要习俗	有关的传说和诗句
端午节			
乞巧节（七夕节）			
中秋节			
重阳节			
冬至			
除夕			
少数民族传统节日	过节时间	主要习俗	有关的传说和诗句
泼水节			
藏历节			
三月三祭龙节			
河灯节			

生：我们小组今天给大家介绍的是中国的传统节日（包括少数民族的传统节日）。我们小组是从每个传统节日的时间、过节习俗、有关的传说和相关联的古诗来介绍中国传统节日的。以上是我们整理的表格。欢迎各位同学补充说明。

师：老师要肯定这个小组以列表的形式呈现搜集和整理的资料，这种整合资料的能力值得大家学习。

生：少数民族的传统节日有泼水节、藏历节、三月三祭龙节、河灯节等。少数民族的传统文化也是中华民族优秀文化的重要组成部分。

师：第一个汇报小组列举了中国传统节日的习俗以及相关的传说，还带领大家走近少数民族同胞的身边，相信同学们对我们国家的传统节日有了更系统的了解，感谢同学们的努力付出。

生：大家好，今天我们小组研究的是：对比古人，我们是怎样过元宵节的（这个小组用手抄报的形式来呈现学习成果，如图4-12）。

图4-12 学生手抄报作品

生：大家好，我们小组研究的主题是"元宵节"。通过资料的整理，我们发现：古代人和现代人不仅在习俗上有差距，连美食上也有差别。古代人都比较贫穷，能吃上肉是相当不容易的，所以古代的美食比较单一。而如今就不同了，现在不仅有非常好玩的活动，连美食都是各种各样的，显示了古人与现代人的生活存在较大的差距。元宵节从过去是特别盛大的节日至现在稍显平常，是与人们生活方式的改变、现代节日的增多息息相关的。

生：我来补充刚才同学没有提及的腊八节。俗语说，过了腊八就是年，说明以前人们早早就开始备办年货了。而现在忙碌的生活已不允许早早准备过年事宜，所以国家才没有在腊八节专门放假的规定。传统文化的传承是随着时代的发展而变化的，顺应时代发展、符合人们需要的习俗才会更好地流传下来。

师：古今传统节日习俗的对比，非常考验小组成员的学习能力，你们能在那么多的资料中提炼出重要的线索完成相关研究，让我们知道了从古至今中国传统节日的演变过程以及内在的文化记忆，非常棒！

（4）小组之间互相交流，分享学习成果

师：还有很多同学想上台交流分享，由于时间有限，我们可以在小组间进行交流分享，然后思考一个问题，为什么老师要让同学们进行这次综合性学习呢？

设计意图：由于时间关系，没办法在课堂上一一展示学生的学习研究成果，为了让学生保持学习的热情、满足分享展示的欲望，所以创造机会让大家努力付出得来的学习成果在同学间展示，促进学生在交流的过程中产生碰撞的火花。同时也让学生进一步体会这次综合性学习的重要意义。

生：老师之所以让我们研究中国传统节日，是因为这些节日都包含着中华民族的文化内涵，很多节日已经慢慢淡出我们的视线了，如果我们不及时开展这样一个综合性的学习，那么这些节日文化就可能会被慢慢遗忘。

生：这些传统节日是中华民族世世代代约定俗成的特色节日，有着几千年厚重的历史文化积淀，是全人类宝贵的文化传承，作为中国人，千万不能忘。

（5）《了不起的中华文明》课外书籍拓展汇报

师：同学们说得真好。这是老师让同学们做综合性学习的一个重要原因。中华民族璀璨的文明不仅体现在中国传统节日上，还包括丰富的历史文化遗产、哲学思想和艺术成就。我们最近读了《了不起的中华文明》这套书，我相信很多同学看了之后心里会有不同的感悟，那接下来的时间就让我们一起来分享吧。

设计意图：在《了不起的中华文明》这一整套书中，包含了文学、艺术、神话、政治、习俗、技术等方面的内容，阅读这套书，可让学生在感知中国传统文化的基础上，了解更多的中华文明，认同并热爱中华文化，对中华文化强大的生命力有自信心和自豪感。

生：大家好，今天我给大家分享《了不起的中华文明》中有关"丝绸之路"的读书笔记。

我的感悟是：丝绸之路把东方文明和西方文明连接起来，中华文化是无数智慧勇敢的中国人奋斗努力的结晶，我们作为华夏儿女应该继承和发扬这样的精神和成果。我们国家倡议共建"一带一路"（"丝绸之路经济带"和"21世纪海上丝绸之路"），也是一种文化的传承和创新。

师：非常感谢你的分享，有兴趣的同学都可以去了解。

生：我给大家谈的是这套书中的《你好，中医》，这里面我关注了两大点，第一点是中医的由来。关于中医的由来可以追溯到远古时期，从神农尝百草到扁鹊的"望闻问切"，人们在与疾病斗争的过程中逐渐积累和丰富了医学知识。

第二点是"不治已病，治未病"。《你好，中医》里面给我们推荐了两种可以强身健体的有效方法，第一种是太极拳，第二种是五禽戏。我以前生病吃中药，感觉中药都比西药苦很多，读了《你好，中医》后，如果我以后当上一名中医的话，我会让中药做得不再那么苦，谢谢大家。

生：读了《你好，中医》后，我对中医有了新的认识：以前我认为中医"苦大仇深"——整天就用十分苦味的中药给人治病，现在我认为中医是救死扶伤、神通广大的大侠。在抗击新冠疫情期间，中医有效的疗法对新冠肺炎的防治起到了显著作用。中医能传承千百年，自有其存在的道理。今天我的分享完毕，谢谢大家。

师：这一套书真是一座巨大的宝库，不仅让我们增长了见识，感受了中华优秀传统文化和伟大的中华文明，更增加了我们对祖国的深厚情感。一节课的时间是短暂的，我们的分享也是有限的，但我想，这节课带给大家的感动是无限的，这就是中华文化的魅力。中华文化的传承和发扬需要我们在座每一个人的努力，衷心祝愿祖国的优秀文化瑰宝代代相传，源远流长！